주 예수여, 오시옵소서

주 예수여, 오시옵소서

지은이   존 파이퍼
옮긴이   조계광
펴낸이   김종진
초판 발행 2024. 1. 12.
등록번호   제2018-000357호
등록된 곳 서울시 서초구 서초중앙로24길 55, 407호
발행처   개혁된실천사
전화번호   02)6052-9696
이메일   mail@dailylearning.co.kr
웹사이트   www.dailylearning.co.kr

책값은 뒤표지에 있습니다.
ISBN 979-11-89697-52-5 03230

Come, Lord Jesus

주 예수여, 오시옵소서

예수 그리스도의 재림에 관한 묵상

존 파이퍼 지음 | 조계광 옮김

개혁된실천사

목차

1부 그리스도의 나타나심을 사모해야 할 이유

2부 그리스도께서 나타나실 시기

3부 어떻게 살아야 할까

1부

그리스도의 나타나심을
사모해야 할 이유

우리가 구하는 기적 : 사랑

이 책의 목적은 예수 그리스도의 재림을 사모하도록 돕는 데 있다.
이 책의 내용과 제목은 "주 예수여 오시옵소서"(계 22:20)와 "우리 주
여 오시옵소서"(고전 16:22)라는 성경의 기도에서 어느 정도 영감을 얻
어 결정한 것이지만, 그런 기도들에 담겨 있는 간절한 마음이야말로
가장 주된 영감의 원천이라고 말할 수 있다. 바울은 그 마음을 이렇게
표현했다.

> "이제 후로는 나를 위하여 의의 면류관이 예비되었으므로 주 곧 의로
> 우신 재판장이 그 날에 내게 주실 것이며 내게만 아니라 주의 나타나
> 심을 사모하는 모든 자에게도니라"(딤후 4:8).

의의 면류관이 그리스도의 재림을 사모하는 모든 자에게 약속되었
다. 우리가 그리스도의 나타나심을 위해 기도하는 이유는 그분의 나
타나심을 사모하기 때문이다. "주 예수여 오시옵소서"라는 기도의 이
면에는 좀 더 깊은 무엇인가가 감추어져 있다. 그것은 바로 주님의 나
타나심을 사모하는 마음이다.

이 책은 그런 사모함을 일깨우는 현실에 대해 다루며 그런 마음이 어떻게 생겨나는지에 대해 다룬다. 이 간절함은 열망과 갈망과 소망으로 이루어져 있다. 이것은 육체의 행위가 아닌 마음의 영적 감정이다. 여기에서 '영적'이란 성령을 통해 생겨나고, 형성되었다는 뜻이다. 성령께서 그리스도의 나타나심을 사모하는 마음을 일깨우신다는 것은 너무나도 당연한 일이다. 왜냐하면 예수님을 영화롭게 하는 것이 인간의 마음속에서 행하시는 성령의 가장 본질적인 사역이기 때문이다. 예수님은 성령에 대해 "그가 내 영광을 나타내리니"(요 16:14)라고 말씀하셨다.

따라서 성령께서 일으키신 감정, 곧 그리스도의 나타나심을 사모하는 마음은 그리스도를 무시한 채 사건에만 집착하는 마음과는 거리가 멀다. 그것은 그리스도께 온전히 매료되어 그분의 임재와 영광을 열망하는 마음을 가리킨다. 이 마음은 그리스도를 사랑하는 마음의 연장선에 있다. 그리스도께서는 "아버지나 어머니를 나보다 더 사랑하는 자는 내게 합당하지 아니하고 아들이나 딸을 나보다 더 사랑하는 자도 내게 합당하지 아니하며"(마 10:37)라는 말씀으로 그런 사랑을 요구하셨다. 예수님을 사랑하는 이런 최상의 감정과 무관한 채, 단지 그리스도의 재림만을 사모하는 것은 그리스도를 높이는 성령의 사역과는 거리가 멀다. 그런 열정은 바울이 면류관을 약속한 열정도 아니고, 내가 목표로 하는 열정도 아니다.

이 책은 단지 이 책만으로는 이룰 수 없는 기적, 곧 성령께서 일으키시는 애정에 목표를 둔다. 그러나 이 목표는 예수님을 믿는 믿음을 갖도록 이끌고, 하나님의 심판으로부터 사람들을 구원하며, 그리스도를 높이는 의를 추구하게 만드는 모든 형태의 기독교적 가르침과 설교와 상담과 섬김의 사역이 추구하는 목표와 조금도 다르지 않다. 그런 믿음과 구원과 의는 모두 다 성령의 일에 해당한다(롬 5:9, 엡 2:8, 빌 1:29, 살후 1:11). 결정적인 요인은 책과 같은 인간의 수단이 아닌 하나님이시다.

그러나 인간의 수단도 하나님이 정해주신 것이다. 하나님은 영적으로 눈먼 자들의 눈을 열어 그리스도의 영광과 그분의 오심을 보게 하기를 의도하실 때마다, "내가 너를…그들에게 보내어 그 눈을 뜨게 하여 어둠에서 빛으로…돌아오게 하고"(행 26:17-18)라는 말씀대로 인간을 자신의 사자로 보내신다. 하나님은 그런 식으로 그리스도의 재림을 사모하는 마음을 일깨우신다. 그분은 눈먼 자들의 눈을 열어 그리스도의 영광스러운 재림의 위대함과 가치를 보게 하신다. 그분은 그리스도의 재림에 관한 성경의 진리를 가르치는 인간 교사들을 통해 그런 일을 이루신다. 바로 이것이 내가 이 책에서 목표로 하는 것이다.

1.
그리스도의 나타나심을
사모하는 모든 자

이 책에서 주장하는 내용의 근거가 되는 성경 본문은 매우 심중한 의미를 담고 있다.

> "전제와 같이 내가 벌써 부어지고 나의 떠날 시각이 가까웠도다 나는 선한 싸움을 싸우고 나의 달려갈 길을 마치고 믿음을 지켰으니 이제 후로는 나를 위하여 의의 면류관이 예비되었으므로 주 곧 의로우신 재판장이 그 날에 내게 주실 것이며 내게만 아니라 주의 나타나심을 사모하는 모든 자에게도니라"(딤후 4:6-8).

8절의 '나타나심'은 그리스도의 재림을 가리킬까, 아니면 그분의 초림, 곧 성육신을 가리킬까? '나타나심(에피파네이아)'이라는 용어 자체만을 고려하면, 이것은 그리스도의 초림을 가리킬 수 있다. 바울 사도는 다른 곳에서 이 용어를 모두 다섯 차례 사용했는데 그 가운데 네 번은 재림을 가리켰지만(살후 2:8, 딤전 6:14, 딤후 4:1, 딛 2:13), 한 번은 초림을 가리켰다.

"하나님이 우리를 구원하사 거룩하신 소명으로 부르심은 우리의 행위 대로 하심이 아니요 오직 자기의 뜻과 영원 전부터 그리스도 예수 안에서 우리에게 주신 은혜대로 하심이라 이제는 우리 구주 그리스도 예수의 나타나심으로(에피파네이아스) 말미암아 나타났으니 그는 사망을 폐하시고 복음으로써 생명과 썩지 아니할 것을 드러내신지라"(딤후 1:9-10).

위의 말씀에서 '나타나심'이라는 용어는 재림을 가리키지 않는다. 그러나 다른 네 번의 경우를 생각하면, 바울이 "주의 나타나심을 사모하는 모든 자"(딤후 4:8)라고 말했을 때의 '나타나심'은 재림을 가리키는 의미인 것이 분명해 보인다. 그 이유는 다음과 같다.

첫째, 디모데후서 4장 8절과 가장 가까이에 있는 성경 구절에 사용된 용어가 재림을 가리킨다. "하나님 앞과 살아 있는 자와 죽은 자를 심판하실 그리스도 예수 앞에서 그가 나타나실 것과 그의 나라를 두고 엄히 명하노니 너는 말씀을 전파하라"(딤후 4:1, 2).

둘째, 바울은 10절에서 "주의 나타나심을 사모하는"(딤후 4:8) 자들과 "이 세상을 사랑하여 나를 버린" 데마를 대조했다. 이 세상을 사랑한 데마와 그리스도의 재림을 사모하는 사람들을 대조시킨 이유는 재림이 '세상의 종말'을 가져올 것이기 때문이다(마 13:40, 24:3, 28:20). 재림으로 인해 데마가 가장 사랑했던 것이 종말을 고할 것이다. 그러나 재림을 사모하는 자들은 이 세상이 줄 수 있는 모든 것보다 그리스도의 강림을 더 좋아한다.

셋째, 바울은 '그 날에' 자기가 상급을 받을 것이라고 말했다(딤후 4:8). 그의 말에는 '그 날,' 곧 그리스도께서 재림하실 날과 관련되어 이루어지게 될 일에 대한 기대감이 담겨 있다(바울이 '그 날'을 그리스도의 재림을 가리키는 의미로 사용한 사례들을 살펴보려면 다음의 성경 구절들을 참조하라. 살전 5:4, 살후 1:10, 2:3, 딤후 1:12, 18). 바울이 이런 사고의 흐름을 거슬러 그리스도의 초림을 언급하는 데로 되돌아갔을 리는 만무하다.

넷째, 디모데후서 4장 8절을 그리스도의 초림이 아닌 재림을 가리키는 의미로 이해해야 할 또 하나의 이유는 바울이 그분의 초림이 정확히 그분의 재림을 맞이할 준비를 하게 할 목적으로 의도된 것이라고 말했기 때문이다. 그는 디도서 2장 11-13절에서 이렇게 말했다.

"모든 사람에게 구원을 주시는 하나님의 은혜가 나타나(에피파네, '나타나심'을 뜻하는 헬라어 명사의 동사형이다) 우리를 양육하시되 경건하지 않은 것과 이 세상 정욕을 다 버리고 신중함과 의로움과 경건함으로 이 세상에 살고 복스러운 소망과 우리의 크신 하나님 구주 예수 그리스도의 영광이 나타나심(에피파네이안)을 기다리게(프로스덱소메노이)[1] 하셨으니."

간단히 말해, 바울은 하나님의 은혜가 처음 나타난 이유는 의로움과 경건함으로 그리스도의 두 번째 '나타나심'을 기다리게 하기 위해서라고 말했다. 우리는 그리스도의 첫 번째 '나타나심'을 매우 기쁘게 받아들인다. 그러나 예수님의 십자가와 부활로 정점에 이른 그 나타나심이 아무리 위대하더라도 결국은 재림을 통해 완성될 새로운 현실

---

[1] '프로스덱소마이'라는 헬라어 동사는 대개 '열정적으로,' 또는 '기꺼운 태도로' 기다린다는 의미로 사용된다(막 15:43, 눅 2:25, 38, 23:51, 롬 16:2, 빌 2:29, 히 10:34, 유 1:21).

과 새로운 백성을 일으키려는 목적에 이바지하는 역할을 할 뿐이다.

따라서 나는 바울이 그리스도의 초림에 관한 우리의 온당한 애정을 그분의 재림에 관한 우리의 애정의 척도로 간주했다고 생각한다. 바꾸어 말해, 이미 나타나신 그리스도에 대한 사랑이 앞으로 나타나실 그리스도에 대한 열망의 정도를 결정한다. 따라서 사람들이 그리스도의 재림을 사모하도록 돕는 것이 이 책의 목표라고 말할 때 나는 견고한 토대 위에서 집을 짓고 있는 것이라고 믿는다. 의로운 재판관이신 그리스도께서는 그리스도의 재림을 사모하는 사람들에게 의의 면류관을 허락하실 것이다.

주의 나타나심을 사모하는 자들에게 면류관이 주어지는 이유

바울이 의의 면류관과 그리스도의 나타나심을 사모하는 것을 연관시킨 이유는 무엇일까? 그는 왜 "의로우신 재판장이…(의의 면류관을) 주의 나타나심을 사모하는 모든 자에게" 주실 것이라고 말했을까? 그는 왜 '달려갈 길을 마친 모든 자에게'나 '선한 싸움을 싸운 모든 자에게'나 '믿음을 지킨 모든 자에게'라고 말하지 않았을까? 디모데후서 4장 7-8절을 읽어보면 바울이 마치 그런 식으로 말하려고 했던 것처럼 보인다.

"나는 선한 싸움을 싸우고 나의 달려갈 길을 마치고 믿음을 지켰으니 이제 후로는 나를 위하여 의의 면류관이 예비되었으므로 주 곧 의로우신 재판장이 그 날에 내게 주실 것이며 내게만 아니라 …하는 모든 자에게도니라."

다시 말하지만, 바울이 마치 "선한 싸움을 싸운 내가 면류관을 얻는 것처럼 선한 싸움을 싸우는 모든 사람이 그것을 얻을 것이다"라거나 "달려갈 길을 마친 내가 면류관을 얻는 것처럼 달려갈 길을 마친 모든 사람이 그것을 얻을 것이다."라거나 "재판장이 믿음을 지킨 내게 면류관을 주시는 것처럼 믿음을 지킨 모든 사람에게 그것을 주실 것이다."라는 식으로 말할 것처럼 보인다. 그러나 바울은 그렇게 말하지 않았다.

그는 "선한 싸움을 싸우고, 달려갈 길을 마치고, 믿음을 지킨 내가 면류관을 얻는 것처럼 주의 나타나심을 사모하는 모든 자도 그것을 얻을 것이다."라고 말했다. 왜 그랬을까? 바울은 왜 '싸움을 싸우고, 달려갈 길을 마치고, 믿음을 지킨 것'을 '주의 나타나심을 사모하는 것'으로 대체했을까?

그 이유는 바울이 자신의 싸움과 경주와 믿음에 관해 말하면서 주의 나타나심을 사모했던 마음이 평생토록 그렇게 할 수 있었던 원동력을 제공했다는 생각을 떠올렸기 때문이다. 그는 일평생 싸워 온 싸움과 마라톤과 같은 삶이 요구하는 인내심과 믿음을 버리고 세상의 쾌락을 누리고 싶었던 온갖 유혹을 생각하면서 주님의 나타나심을 사모하는 귀한 열정이 자기를 끝까지 지탱해주었다는 사실을 떠올렸을 것이 틀림없다. 그를 지켜준 것은 바로 그런 사랑의 열정이었다.

데마가 끝까지 완주하지 못했던 이유

문맥에서 발견되는 두 개의 실마리를 통해 바울이 그런 생각을 했다는 것을 확실하게 알 수 있다. 하나는 이미 말한 대로 디모데후서 4장 8절과 데마에 관한 말(10절)의 연관성이다.

"이제 후로는 나를 위하여 의의 면류관이 예비되었으므로 주 곧 의로 우신 재판장이 그 날에 내게 주실 것이며 내게만 아니라 주의 나타나 심을 사모하는 모든 자에게도니라 너는 어서 속히 내게로 오라 데마 는 이 세상을 사랑하여 나를 버리고 데살로니가로 갔고"(딤후 4:8-10).

데마는 끝까지 싸우지도 않았고, 달려갈 길을 마치지도 않았으며, 믿음을 지키지도 못했다. 그는 바울이 디모데와 우리에게 권고했던 것과 정반대로 행동했다. 그는 디모데에게 "고난을 받으며(싸우며)… 네 직무를 다하라(마쳐라)"라고 당부했다. 이것은 싸움과 경주를 멈추 지 말라는 뜻이다. 바울은 자기 자신은 디모데가 본받아야 할 본보기 로, 데마는 본받아서는 안 될 본보기로 제시했다. 그러나 그가 데마의 믿음을 묘사할 때 사용한 용어는 싸움이나 경주나 지킴의 언어가 아 닌 사랑의 언어였다. 데마가 싸우는 것과 달리는 것과 지키는 것을 포 기한 이유는 이 세상을 사랑했기 때문이었다. 그는 주님의 나타나심 을 사모하지 않았다.

바울은 데마를 본보기로 내세워 자신이 6-8절에서 생각했던 것, 곧 우리가 사랑하는 것과 끝까지 완주하는 것 간의 상관관계를 묘사 했다. 그는 주님의 나타나심을 사모하는 모든 자에게 의의 면류관이 주어질 것이라는 약속(딤후 4:8)과 선한 싸움을 싸우고, 달려갈 길을 마 치고, 믿음을 지킨 자기에게 그와 똑같은 면류관이 주어질 것이라는 약속이 서로 완벽하게 조화를 이루고 있다는 것을 보여주었다. 그 둘 이 조화를 이루는 이유는 주님의 나타나심을 사랑하는 것이 그가 끝 까지 인내할 수 있었던 원동력을 제공했기 때문이다. 후자가 열매라 면 전자는 뿌리에 해당한다.

귀가 가려운 자들이 경주를 끝내지 못하는 이유

문맥에서 발견되는 또 하나의 실마리는 바울이 주님의 나타나심을 사모하는 마음을 선한 싸움을 싸우고, 달려갈 길을 마치고, 믿음을 지킬 수 있는 원동력으로 간주했다는 것이다. 이 점은 본문 앞에 있는 구절들에서 분명하게 확인된다.

> "때가 이르리니 사람이 바른 교훈을 받지 아니하며 귀가 가려워서 자기의 사욕을 따를 스승을 많이 두고 또 그 귀를 진리에서 돌이켜 허탄한 이야기를 따르리라"(딤후 4:3, 4).

바울은 여기에서 데마에 관해 말할 것을 미리 암시했다. 그리스도인을 자처하는 사람들이 진리에서 '돌이킬' 것이었다(데마는 한때는 바울의 충실한 동역자였던 것으로 보인다. 골 4:14). 그들은 '허탄한 이야기를 따를' 것이었다. 그렇다면 그런 일이 일어나는 이유는 무엇일까? 바울이 언급한 이유는 지성적인 갈등이나 관계상의 불화나 진지한 의심이 아니었다. 그가 말한 이유는 '귀가 가려워서' '자기의 사욕'에 부합하는 가르침을 따를 것이기 때문이었다.

'사욕'이라는 용어는 '욕망(에피투미아스)'을 뜻한다. 이것은 사랑의 언어다. 디모데후서 4장 8절('주의 나타나심을 사모하는')과 10절('이 세상을 사랑하여')은 그 의미가 비슷하다. 그들이 '돌이켜 허탄한 이야기를 따르는' 이유는 그릇된 것들을 사랑하기(탐하고, 갈망하고, 바라기) 때문이다. 그들은 싸우기를 멈추고, 달리기를 중단하고, 믿음을 지키기를 포기한다. 그들은 데마처럼 이 세상을 사랑한다. 그들은 주님의 나타나심을 사모하지 않는다.

따라서 바울이 자기가 싸움을 싸우고, 경주를 마치고, 믿음을 지킨 것 때문에 면류관을 받을 것이라고 말하면서 다른 사람들이 주님의 나타나심을 사모하기 때문에 똑같이 면류관을 받을 것이라고 말한 것은 조금도 이상하지 않다. 이 둘은 서로 다른 상급의 기준이 아니다. 이 둘은 똑같은 상급의 기준이다. 전자에서는 인내심을 가지고 싸우는 결과적인 것에 초점을 맞췄고, 후자에서는 주님과 그분의 재림을 사모하는 영적 애정에 초점을 맞췄을 뿐이다.

주님의 재림을 사모하는 것이 얼마나 중요한가

'사랑'과 '싸움'의 관계를 이해하는 것이 매우 중요한 이유는 그것이 주님의 재림을 사모하는 것이 얼마나 중요한지를 일깨워주기 때문이다. 이 사랑은 지엽적인 것이나 선택적인 것이 아니다. 이것은 그리스도인의 타락을 방지하는 필수 수단이자 데마의 경우처럼 우리를 멸망으로 이끄는 그릇된 사랑, 곧 세상을 향한 파괴적인 사랑으로부터 우리를 보호해줄 기독교적 심령 상태의 필수 조건이다. 이 사랑을 지니고 있어야만 앞에 있는 상급을 설레는 마음으로 바라보면서 마라톤과 같은 인생이 끝날 때까지 계속해서 달려나갈 수 있다(빌 3:14). 주님의 재림을 사모하는 것은 지금 그분을 사랑하는 마음의 연장선에 있다. 그리고 지금 그리스도를 사랑하는 것은 그리스도인이기 위한 필수 조건이다.

디모데후서 4장 8절과 가장 비슷한 신약성경의 구절은 야고보서 1장 12절이다.

"시험을 참는 자는 복이 있나니 이는 시련을 견디어 낸 자가 주께서 자기를 사랑하는 자들에게 약속하신 생명의 면류관을 얻을 것이기 때문이라."

야고보서 1장 12절	디모데후서 4장 7-8절
시험을 참는 자	선한 싸움을 싸우고, 달려갈 길을 마친 자
생명의 면류관	의의 면류관
주님을 사랑하는 자	그분의 나타나심을 사모하는 자

핵심적인 표현들의 차이는 주님의 나타나심을 사모하는 데 얼마나 많은 것이 걸려 있는지를 분명하게 보여준다. 야고보는 주님을 사랑하는 자라고 말했고, 바울은 주님의 나타나심을 사모하는 자라고 말했다. 또한, 야고보는 생명의 면류관을 약속했고, 바울은 의의 면류관을 약속했다. 둘 다 주님과 그분의 나타나심을 사모하는 것으로 최종적인 구원이 결정된다고 가르쳤다. '생명의 면류관'은 영생이라는 궁극적인 기업을 의미하고(딛 4:7 참조), '의의 면류관'은 이 영생이 의의 열매를 통해 구원 신앙을 지닌 것으로 입증된 자들이 받게 될 기업이라는 것을 보여준다.[2]

---

2) '의의 면류관'이라는 표현은 하나님이 마지막 날에 최종적으로 우리를 의롭다고 선언하시는 것을 의미할 수도 있다. 그러나 나는 이 표현이 의의 열매를 통해 의롭게 하는 믿음을 지닌 것으로 입증된 사람들이 받게 될 상급을 가리킨다고 생각한다. 한 가지 이유는 바울이 디모데후서 4장 8절에서 언급한 '의로우신 재판장'이 법정(칭의 선언)이 아니라 심판관이 운동선수들이 규칙을 지켜 겨루고, 달리는지를 옳게 판단하는 경기장의 상황을 염두에 둔 표현으로 보이기 때문이다. "경기하는 자가 법대로 경기하지 아니하면"이라는 말씀이 디모데후서 2장 5절에서 발견된다. 또 다른 이유는 바울을 비롯해 다른 모든 신약성경의 저자들이 의의 열매를 통해 믿음을 입증한 자들은 상급을 받게 될 것이라고 가르쳤기 때문이다. 그들은 "행함이 없는 믿음은 죽은 것이니라"(약 2:26), "성령의 거룩하게 하심으로 구원을 받는다"(살후 2:13), "거룩함이 없이는 아무도 주를 보지 못하리라"(히 12:14), 의를 행하지 아니하는 자는 하나님께 속하지 아니하니라"(요일 3:10)라고 가르쳤다. 이것은 완전주의와는

따라서 그리스도를 사랑하는 마음과 그것의 연장선에서 이루어지는 그분의 나타나심을 사모하는 마음은 참된 그리스도인의 본질적 표징이다. 바울은 고린도전서 마지막 부분에서 "만일 누구든지 주를 사랑하지 아니하면 저주를 받을지어다 우리 주여 오시옵소서"(16:22)라고 말했다. 그리스도를 사랑하지 않는 사람은 그리스도인도 아니고, 구원받을 수도 없다. 놀랍게도 바울은 디모데후서 4장 8절에서 주님을 사랑하는 것과 그분의 재림을 연관시킨 것처럼, 여기에서는 주님을 사랑하지 않는 것과 그분의 재림을 연관시켰다("저주를 받을지어다 우리 주여 오시옵소서"). 그리스도를 사랑하는 자들은 그분이 재림하실 때 의의 면류관을 받고, 그분을 사랑하지 않는 자들은 그 날에 저주를 받을 것이다.

은혜의 역할

어떤 사람은 고린도후서 16장 22절의 바로 다음 구절이 "주 예수 그리스도의 은혜가 너희와 함께하고"라고 말씀하고 있는 사실을 보고 당혹스러워할 수도 있다. 아마도 그는 "어떻게 그리스도를 사랑하는 마음이 하나님의 저주를 피하는 데 꼭 필요한 요소라고 말해놓고서 곧바로 그리스도께서 자기 백성과 '은혜로' 관계를 맺으신다고 말

거리가 멀다. 주 예수님을 얼굴을 직접 마주하고 보기 전까지는 우리는 결코 완전해질 수 없다(빌 3:12, 요일 3:2). 우리는 행위로 의롭다 하심을 받지 않는다. 천국에 들어가려면 예복을 입어야 하는데(마 22:11-14), 그 예복은 다름 아닌 '성도들의 옳은 행실'(계 19:8)이다. '옳은 행실'은 천국에 들어가는 공로도 아니고, 하나님이 친히 우리를 위해 제공하신 유일한 수단인 믿음을 대체할 수도 없다. 그것은 '믿음에서 나오는 복종'(롬 1:5, 히 11:8 참조), 곧 '믿음의 역사'(살후 1:11)에 해당한다. 다시 말해, 그것은 성령의 열매다(갈 5:22-23). 바울은 빌립보서 1장 10-11절에서 그리스도인들은 그리스도의 날에 의의 열매가 가득해야 한다고 말했다.

할 수 있을까?"라고 생각할는지도 모른다.

이 물음에 대해서는 두 가지로 대답할 수 있다. 첫째, 은혜는 우리에게 영적 생명을 가져다주는 하나님의 능력이다(엡 2:5). 은혜의 역사가 먼저 있어야만 우리의 마음이 그리스도를 사랑할 수 있다. "우리주의 은혜가 그리스도 예수 안에 있는 믿음과 사랑과 함께 넘치도록 풍성하였도다"(딤전 1:14). 둘째, 은혜로 인해 생겨난 그리스도를 사랑하는 마음에서 은혜의 축복이 계속해서 우리에게로 흘러들어온다. 이것이 바울이 에베소서 6장 24절에서 "우리 주 예수 그리스도를 변함없이 사랑하는 모든 자에게 은혜가 있을지어다"라고 말한 이유다. 그리스도와 그분의 재림을 사랑하는 마음은 더 많은 은혜가 우리에게 흘러들어오는 통로다. 이런 이유로 야고보와 베드로는 "하나님이 교만한 자를 물리치시고 겸손한 자에게 은혜를 주신다"고 말했다(약 4:6, 벧전 5:5). 간단히 정리하면, 은혜를 통해 처음에 겸손한 마음이 생겨났고, 하나님은 그런 마음을 지닌 사람에게 더 많은 은혜를 주신다는 것이다(약 4:6). 하나님의 은혜가 그리스도를 사랑하는 자와 겸손한 자에게 주어진다는 사도들의 말은 겸손한 마음과 사랑하는 마음이라는 서로 다른 두 가지 마음을 언급한 것이 아니다. 그리스도인의 마음은 하나뿐이다. 그 마음은 겸손할 뿐 아니라 그리스도와 그분의 나타나심을 사모한다.

따라서 주님을 사랑하지 않는 사람은 그분이 다시 오셨을 때 저주를 받고, 그분을 사랑하는 사람은 의의 면류관을 받는다는 바울의 말은 주권적인 은혜의 역할을 훼손하거나 부인하지 않는다. "하나님이 우리를 구원하사 거룩하신 소명으로 부르심은 우리의 행위대로 하심이 아니요 오직 자기의 뜻과 영원 전부터 그리스도 예수 안에서 우리에게 주신 은혜대로 하심이라"(딤후 1:9)라는 말씀이 암시하는 대로, 하나님의 은혜는 창세 전부터 신자들의 구원을 확실하게 보장하는 강력한 능력이자 작정된 수단이었다. 우리에게 생명을 주고, 그리스도의 무한히 보배로운 영광(즉 그분의 인격과 강림)을 나타내 보여준 은혜가 우주가 창조되기 전에 우리에게 주어졌다.

그리스도의 재림을 사모하는 마음이 필수적이다

여기에서의 강조점은 당신이 그리스도인이라고 말할 수 있으려면 예수님을 사랑하는 마음과 그것의 연장선에 있는 그분의 나타나심을 사랑하는 마음이 반드시 있어야 한다는 것이다. 예수님도 이 진리를 여러 차례 가르치셨다. 예수님은 하나님을 안다고 주장하면서 자기를 거부하는 유대인 지도자들에게 "하나님이 너희 아버지였으면 너희가 나를 사랑하였으리니"(요 8:42)라고 말씀하셨다. 이 말씀은 "너희가 나를 사랑하지 않으면 하나님은 너희 아버지가 아니시다."라는 뜻이다. 앞서 말한 대로, 예수님은 "아버지나 어머니를 나보다 더 사랑하는 자는 내게 합당하지 아니하고 아들이나 딸을 나보다 더 사랑하는 자도 내게 합당하지 아니하며"(마 10:37)라고 말씀하셨다. 이 말씀에는 예수님을 사랑하는 것은 그분이 명령하신 외적인 의무를 이행하는 것에만 국한되지 않는다는 의미가 담겨 있다. 아버지와 어머니나 아들과 딸을 사랑한다는 것은 그런 의미가 아니다. 그런 사랑은 몸으로 행하는 일련의 행위보다는 우리가 '마음의 애정(affection)'으로 일컫는 것과 관련이 있다. 예수님과 그분의 나타나심을 사랑하는 것은 영적 애정을 의미한다. 그 감정은 우리의 삶 속에서 역사하는 성령님을 통해 생겨난다. 이런 사랑이 없으면 하나님은 우리의 아버지가 아니시고, 예수님은 우리의 구원자가 아니시다.

기적을 일으키는 수단

따라서 내가 더욱 깊고, 참되고, 확고부동한 마음으로 그리스도의
나타나심을 사모하고, 다른 사람들에게도 그렇게 하라고 권해야 할
이유는 더할 나위 없이 명백하다. 우리의 목표는 그리스도께 온전히
매료되어 그분의 임재와 영광을 열망하는 것이다. 우리의 마음속에서
하나님의 역사가 일어나야만 그렇게 될 수 있기 때문에 이번에는 책
을 쓰거나 읽는 것과 같은 자연적인 행위가 어떻게 그런 기적적인 목
적을 이루는 수단이 될 수 있는지를 잠시 살펴보기로 하자.

2.
어떻게 한 권의 책이
그리스도의 나타나심을 사모하는
마음을 일깨워줄 수 있을까

이 책의 목적은 그리스도의 재림을 사모하는 마음을 갖도록 돕는데 있다. 그렇다면 어떻게 그런 일이 일어날 수 있는 것일까? 어떻게 책을 쓰고, 읽는 자연적인 행위가 그리스도와 그분의 재림을 사모하는 초자연적인 경험을 일으킬 수 있을까?

그리스도의 나타나심을 사모하는 마음은 성령의 사역을 통해 주어진다

앞장에서 살펴본 대로, 그리스도의 재림을 사모한다는 것은 단지 그 놀라운 우주적 사건에 마음을 빼앗기는 것을 의미하지 않는다. 그것은 그리스도께 온전히 매료되어 그분의 임재와 영광을 열망하는 것을 의미한다. 그리스도께 매료되어 느끼는 열망은 초자연적인 경험이다. 그것은 타락한 인간의 부패한 마음에서는 절대로 생겨날 수 없는 영적 감정이다. 그것은 성령의 사역이다.

바울은 "육에 속한 사람은 하나님의 성령의 일들을 받지 아니하나니 이는 그것들이 그에게는 어리석게 보임이요, 또 그는 그것들을 알 수도 없나니 그러한 일은 영적으로 분별되기 때문이라"(고전 2:14)라고 말했다. '육에 속한 사람'이란 마음속에 거하며 믿음으로 인간의 심령을 변화시키시는 성령을 소유하고 있지 않은 자연 상태의 인간을 가리킨다. 유다는 그런 자연 상태의 인간을 "이 사람들은…육에 속한 자며 성령이 없는 자(프슈키코이 프뉴마 메 엑숀테스)니라"라고 묘사했다(유 1:19).

아울러 자연 상태의 인간은 '육신에' 있는 자 혹은 '육신의 생각'을 지닌 자로 묘사되기도 한다. 바울이 사용한 '육신'이라는 용어는 대부분 하나님으로부터 독립되어 있고, 내주하시는 성령의 영향력과도 무관한 타락한 인간의 본성을 가리킨다. 이런 상태에 있는 사람들은 하나님과 반목한다. 그들은 하나님으로부터 멀어져 반항하는 상태에 있기 때문에 하나님의 명령에 복종하지도 않고, 복종할 수도 없다. 바울은 이렇게 말했다.

> "육신의 생각은 하나님과 원수가 되나니 이는 하나님의 법에 굴복하지 아니할 뿐 아니라 할 수도 없음이라 육신에 있는 자들은 하나님을 기쁘시게 할 수 없느니라 만일 너희 속에 하나님의 영이 거하시면 너희가 육신에 있지 아니하고 영에 있나니 누구든지 그리스도의 영이 없으면 그리스도의 사람이 아니라"(롬 8:7-9).

'자연인' 혹은 '육신의 생각'에 관한 바울의 가르침은, 한 마디로 우리의 마음속에서 성령의 사역이 일어나지 않으면 그리스도의 재림의 위대함과 아름다움과 가치를 분별하거나 받아들일 수 없다는 것이다. 사람들은 예언적인 사상에 매료되거나 두려운 미래를 생각하며 동요할 수 있다. 그러나 그런 일들은 인간의 타락한 마음의 초자연적 변화 없이도 얼마든지 일어날 수 있다. 성령의 역사가 없으면, 그리스도의 재림을 사모할 수 없고(딤후 4:8), 그리스도께 온전히 매료되어 그분의 임재와 영광을 열망할 수 없다.

그리스도의 나타나심의 영광스러움을 알면 그 영광을 맛볼 수 있다

이번에는 앞에서 제기한 "어떻게 책을 쓰고, 읽는 자연적인 행위가 그리스도와 그분의 재림을 사모하는 초자연적인 경험을 일으킬 수 있을까?"라는 두 번째 물음을 생각해 보자. 1장에서 말한 대로, 하나님은 영적으로 눈이 먼 자연 상태의 인간의 눈을 열어 그리스도의 나타나심의 영광스러움과 가치를 보게 하신다. 그분은 그리스도의 나타나심에 관한 성경의 진리와 그 진리를 가르치는 인간 교사들을 통해 그 일을 행하신다. 예를 들어, 그분은 책들을 통해 그 일을 하신다.

그리스도의 나타나심을 진정으로 사모하는 마음은 그분의 나타나심이 지닌 위대함과 영광과 가치를 아는 지식을 통해 생겨나고, 강화된다. 간단히 말해, 알면 맛볼 수 있다. 영적인 빛이 갈망의 감미로움을 일깨운다. 바울은 "너희 마음의 눈을 밝히사 그의 부르심의 소망이 무엇이며…알게 하기를 구하노라"(엡 1:18, 19)라고 말했다. 이 지식은 마귀가 알고 있는 지식이 아니다. 마귀도 심판의 날과 재림에 관해 알고 있다. 예수님이 마귀의 영역에 발을 들여놓으시자 귀신들은 "때가 이르기 전에(즉 정해진 마지막 심판의 날 이전에) 우리를 괴롭게 하려고 여기 오셨나이까"(마 8:29)라고 불평했다. 그들은 그리스도의 재림이 자신들에게 어떤 영향을 미칠 것인지를 잘 알고 있었다.

우리의 목표는 그런 사변적 지식이 아니다. 하나님이 우리의 눈을 밝히시는 이유는 귀신들이 아는 지식을 알게 하기 위해서가 아니다. 그것은 자연적인 지식이기 때문에 성령의 사역이 필요하지 않다. 바울은 에베소서 1장 18절에서 우리의 마음의 눈을 밝혀 귀신들의 지식을 공유할 수 있게 해달라고 하나님께 기도하지 않았다. 그는 오직 성령께서만 주실 수 있는 지식을 구했다. 그가 구한 것은 소망 가운데서 즐거워할 수 있도록 우리 소망의 현실에 관한 지식을 달라는 것이었다. 그는 우리의 소망을 바라보고, 사랑할 수 있는 초자연적인 경험을 위해 기도했다. 그는 그리스도의 나타나심을 사모하는 마음을 위해 기도한 것이다.

영적인 조명을 통해 진리를 알면 그 결과로 사랑하는 마음이 생겨난다. 진리를 아는 지식과 무관한 방법을 통해 생겨난 재림을 사모하는 마음은 그리스도를 영화롭게 하는 사랑과는 거리가 멀다. 오직 그리스도를 아는 참된 지식의 빛을 통해 생겨난 애정(affections)만이 그분을 영화롭게 하는 애정이다. 이는 그분의 재림과 관련해서도 마찬가지다. 그리스도의 나타나심에 관한 참된 지식을 통해 그분의 나타나심을 사모하는 마음이 생겨나야만 진정으로 그분을 영화롭게 할 수 있다.

이런 책을 쓰는 것은 지식을 제공하는 자연적인 행위에 해당한다. 그러나 그런 지식을 통해 그리스도의 위대하심과 영광과 가치를 아는 초자연적인 경험이 이루어질 수 있다.

좋은 소식, 영광. 빛

바울은 진리에 관한 자연적인 지식과 영광을 보는 초자연적인 경험의 연관성을 다음과 같이 구체적으로 묘사했다.

"그 중에 이 세상의 신이 믿지 아니하는 자들의 마음을 혼미하게 하여 그리스도의 영광의 복음의 광채가 비치지 못하게 함이니 그리스도는 하나님의 형상이니라 우리는 우리를 전파하는 것이 아니라 오직 그리스도 예수의 주 되신 것과 또 예수를 위하여 우리가 너희의 종 된 것을 전파함이라 어두운 데에 빛이 비치라 말씀하셨던 그 하나님께서 예수 그리스도의 얼굴에 있는 하나님의 영광을 아는 빛을 우리 마음에 비추셨느니라"(고후 4:4-6).

4절은 사람들이 눈이 멀어 보지 못하는 것을 묘사하고, 6절은 하나님의 초자연적인 개입을 통해 눈이 열리는 것을 묘사한다. 4절은 세 가지 요소로 구성되어 있다.

첫째는 복음, 곧 '좋은 소식'이다. 이것은 사실에 입각한 실제 소식이다. 그리스도의 신분과 그분이 행하신 일에 관한 객관적인 사실들이 존재한다. 바울은 고린도전서 15장 1-4절에서 "형제들아 내가 너희에게 전한 복음을…알게 하노니…이는 성경대로 그리스도께서 우리 죄를 위하여 죽으시고 장사 지낸 바 되셨다가 성경대로 사흘 만에 다시 살아나사"라고 말했다. 이것은 사실에 입각한 객관적인 실제 소식이다.

둘째는 '영광'이다. 바울은 '그리스도의 영광의 복음'(고후 4:4)이라고 말했다. 소식은 객관적인 사실이지만 단순히 일어난 사건들 이상의 의미를 전달한다. 그 안에는 영광, 곧 그리스도의 아름다우심과 광채와 가치와 위대하심이 있다. 정확히 말하면, 그리스도에 관한 소식은 그분의 영광을 들여다보는 창이다. 소식만 듣고, 영광은 보지 못하는 사람이 있을 수 있다.

셋째는 '빛'이다. 이 빛은 영광의 소식을 듣는 사람들이 볼 수도 있고, 못 볼 수도 있다. 바울은 '그리스도의 영광의 복음의 광채'(고후 4:4)라고 말했다. 이 빛은 '이 세상의 신'인 사탄이 어떻게 하든 감추려고 애쓰는 것이다(요 12:31, 14:30, 16:11, 엡 2:2 참조). 사탄은 '소식'은 그것이 설혹 그리스도의 영광을 가리키는 소식이더라도 사람들이 듣거나 말거나 크게 신경 쓰지 않는다. 물론, 사탄은 그 소식과 그 영광을 미워한다. 하지만 '그리스도의 영광의 복음'을 듣고서도 여전히 사탄에게 단단하게 속박되어 있는 사람이 얼마든지 있을 수 있다. 그러나 영광의 복음의 '광채'를 본 사람은 더 이상 사탄에게 속박되지 않는다. 그는 거듭나서 하나님께 속한 사람이 된다. '빛'을 보는 것은 초자연적인 경험이다.

보는 기적은 6절에 잘 묘사되어 있다. 여기에도 똑같이 세 가지 요소가 있다.

첫째는 소식인데 이번에는 '지식'으로 불린다. 이것은 그리스도와 그분이 행하신 일에 대한 객관적인 내용을 가리킨다.

둘째는 '영광'이다. 4절이 '영광의 복음'을 언급한 것처럼 6절은 '영광을 아는 것'에 대해 언급한다. 4절에서는 '하나님의 형상이신 그리스도의 영광'이고, 6절에서는 '그리스도의 얼굴에 있는 하나님의 영광'이다. 성부의 형상이신 그리스도의 영광과 그리스도의 얼굴에 나타난 하나님의 영광은 하나의 동일한 신적 영광이다.

셋째는 '빛'이다. 하나님은 마음(heart)에 빛을 비춰 보게 하신다. 사탄에게 속박되어 눈 멀어 있던 상태가 극복된다. '어두운 데에 빛이 비치라 말씀하셨던 그 하나님'이 예수 그리스도의 얼굴에 있는 하나님의 영광을 아는 빛을 우리의 마음에 비추신다. 하나님의 개입을 통해 '영광을 아는 지식'의 빛이 주어지고, 그로 인해 그것을 보는 자의 마음에 그 영광이 영광스럽게 나타난다. '육에 속한 사람'이나 사탄은 마음으로 이 빛을 경험할 수 없다. 봄으로써 그 맛을 알고, 그것을 더 없이 소중히 여기게 된다.

봄으로써 그리스도의 재림의 영광을 알면 즉시 사모하는 마음이 생겨난다. 우리 가운데 누구든 '그리스도의 나타나심을 사모하게 되었다면'(고후 4:8) 바로 그런 역사가 일어났기 때문이다. 하나님은 우리의 마음에 자신의 영광을 아는 빛을 비춰 그리스도의 나타나심을 사모하게 하신다. 바울은 하나님이 마음에 빛을 비추시는 경험을 주님의 나타나심을 사모하는 것으로 일컬었다. 그것은 성경에 계시된 실제적이고, 영광스럽고, 객관적인 사실들에 근거한 영적 애정이다. 그런 애정은 그런 사실들을 아는 참된 지식을 통해 생겨난다. 이것이 책이 그리스도의 재림을 사모하게 만드는 수단이 될 수 있는 이유다. 지식을 제공하는 자연적인 행위가 그리스도의 나타나심을 통해 드러나는 그분의 위대하심과 영광과 가치를 깨닫는 초자연적 경험과 밀접하게 연관된다.

베드로와 세례 요한의 사례

고린도후서 4장 4-6절이 가르치는 진리가 예수님의 가르침을 통해 사뭇 다른 방식으로 또 한 번 분명하게 드러났다. 우리의 목표가 객관적인 현실에 관한 초자연적인 경험이라면, 여기에서도 똑같이 두 단계를 거쳐야만 그 목표에 도달할 수 있다는 것을 알 수 있다. 하나는 자연적인 것이고, 다른 하나는 초자연적인 것이다. 전자는 자연적인 수단을 통해 우리의 생각 속에 현실을 제시하는 것이고, 후자는 하나님이 초자연적인 역사를 일으켜 그 현실 안에 존재하는 신적 영광을 볼 수 있게 해주시는 것이다. 이 두 단계가 예수님의 사역 안에서 구체적으로 드러났다.

어느 날, 세례 요한은 예수님의 사역이 자기가 기대했던 메시아의 사역에 미치지 못하는 듯한 인상을 받았다. 메시아의 왕국이 곧 도래할 텐데 그는 감옥에 갇혀 있었다. 그것은 그 자체로 괴로운 일이었다. 따라서 그는 감옥에서 예수님께 전갈을 보내 "오실 그이가 당신이오니이까 우리가 다른 이를 기다리오리이까"(마 11:3)라고 물었다. 이것은 예수님을 메시아로 믿었던 세례 요한의 믿음이 달린 문제였다.

아마도 예수님은 세례 요한을 위해 하나님이 초자연적인 역사를 통해 그의 마음을 밝혀 그가 이미 알고 있는 사실들 속에 드러난 자신의 자명한 영광을 볼 수 있게 해달라고 기도하셨을 것이다. 물론, 이것은 단순한 추측일 뿐 정확히는 알 수 없다. 하지만 우리는 예수님이 분명히 하신 일을 알고 있다. 예수님은 요한의 제자들에게 이렇게 말씀하셨다.

"너희가 가서 듣고 보는 것을 요한에게 알리되 맹인이 보며 못 걷는 사람이 걸으며 나병환자가 깨끗함을 받으며 못 듣는 자가 들으며 죽은 자가 살아나며 가난한 자에게 복음이 전파된다 하라 누구든지 나로 말미암아 실족하지 아니하는 자는 복이 있도다"(마 11:4-6).

간단히 말해, 예수님은 요한에게 객관적인 사실들, 곧 소식과 지식을 말씀하셨다.

예수님과 세례 요한 사이에서 일어난 일과 그분과 베드로 사이에서 일어난 일을 한 번 비교해 보라. 예수님은 베드로가 자신이 메시아인지 아닌지를 물을 때까지 기다리지 않고, 세례 요한이 물었던 것처럼 직접 제자들에게 "너희는 나를 누구라 하느냐"라고 물으셨다. 베드로는 그 물음에 "주는 그리스도시요 살아 계신 하나님의 아들이시니이다"라고 대답했다. 그러자 예수님은 "바요나 시몬아 네가 복이 있도다 이를 네게 알게 한 이는 혈육이 아니요 하늘에 계신 내 아버지시니라"라고 말씀하셨다(마 16:15-17).

예수님은 베드로의 대답을 듣고 기적이 일어났다는 것을 인정하셨다. 하나님이 베드로에게 '혈육'이 볼 수 있는 것을 뛰어넘는 무엇인가를 '알게 해 주셨다.' 그것은 사람들이나 마귀가 혼자 힘으로 알 수 있는 사실적인 지식을 초월하는 지식이었다. 그 지식은 예수님이 하나님의 아들이시라는 단순한 사실을 아는 것에 그치지 않았다. 마귀도 예수님이 하나님의 아들이시라는 것을 안다. 더러운 귀신은 예수님을 향해 "나는 당신이 누구인 줄 아노니 하나님의 거룩한 자이니이다"(막 1:24)라고 말했다. 그러나 마귀의 지식은 사랑의 지식이 아닌 증오의 지식이다. 그는 '알고 있지만,' '마땅히 알 것을 알지 못한다'(고전 8:2).

마귀는 예수님을 영광스럽고, 보배롭게 생각하지 않았다. 그는 예수님을 위협적인 존재로 간주했다. 그는 예수님의 장엄하심을 귀하게 여기지 않았다. 예수님에 대한 베드로의 지식은 자연 상태의 인간과 귀신들이 알 수 있는 것을 능가했다. 그가 아는 지식은 '복되었지만,' 마귀의 지식은 그렇지 못했다. "시몬아 네가 복이 있도다." 그가 복이 있는 이유는 하나님이 그에게 변화를 일으키는 그리스도의 빛을 비춰 '보게' 하셨기 때문이다. 그는 고린도후서 4장 6절에 언급된 기적을 경험했다. 하나님이 '예수 그리스도의 얼굴에 있는 하나님의 영광을 아는 빛을' 그의 마음에 비추셨다.

세례 요한과 베드로의 사례가 자연적인 지식과 초자연적인 사랑에 관해 무엇을 가르치고 있는지 생각해 보라. 우리의 목표가 객관적인 현실을 초자연적으로 경험하는 것이라면, 거기에는 항상 두 단계(자연적인 단계와 초자연적인 단계)가 존재한다. 세례 요한과 베드로도 예수님에 관한 사실적인 지식이 필요했다. 즉 그들의 생각 속에 현실을 제시하는 자연적인 과정이 필요했다. 베드로는 예수님의 친밀한 제자로서 그분과 함께 지내면서 그 지식을 얻었고, 세례 요한은 '너희가 가서 듣고 보는 것을 요한에게 알리되'라는 말씀대로 예수님을 통해 그것을 새롭게 상기했다. 아울러, 두 사람 모두 예수님이 한갓 유대인 기적가가 아닌 무한한 가치를 지닌 보화와 같은 존재이시라는 사실을 알려면(마 13:44), 하나님의 초자연적인 개입을 통해 자연적인 지식에 빛이 비치는 역사가 일어나야 했다.

그렇다면 이번 장 서두에서 제기한 물음에 대한 대답은 무엇일까? 이 책의 목표가 그리스도의 재림을 사모하는 마음을 갖도록 돕는 것이라면 그런 일이 실제로 어떻게 일어날 수 있는 것일까? 책을 쓰고, 읽는 자연적인 행위가 어떻게 그리스도와 그분의 나타나심을 사모하는 초자연적인 경험을 일으킬 수 있는 것일까? 우리는 이미 대답을 알고 있다. 이 책이 그리스도의 나타나심을 통해 드러날 그분의 영광에 관한 '좋은 소식'과 '지식'을 정확하게 전달하고, 하나님이 우리의 마음에 그 영광의 빛을 비추시면(고후 4:6), 그런 일이 일어날 수 있다. 내가 성경에 계시된 재림의 영광을 정확하게 전하고, 하나님이 혈육으로는 할 수 없는 것, 곧 우리의 마음을 만족시키는 가치를 일깨워주시면 그런 일이 일어날 수 있다(마 11:1-6, 16:17). 다시 말해, 나의 글을 통해 객관적인 진리를 알고, 하나님이 이 책을 읽는 독자들에게 영적 빛을 비추시면 그렇게 될 수 있다.

재림의 진실성을 뒷받침하는 토대

내가 방금 한 말 속에는 하나의 암묵적인 전제가 내포되어 있다. 나는 약간의 설명을 덧붙여 그 전제를 분명하게 밝히고 싶다. 나는 재림에 관한 성경의 가르침의 진실성을 전제하고 있다. 내가 그것을 아무런 이유 없이 전제하는 것은 결코 아니다. 나는 내가 저술한 또 다른 책에서도 그 이유를 분명하게 밝힌 바 있다.[1] 나는 성경이 재림에 관해 가르치는 것을 사실로 전제한다. 만일 그에 대해 의문점이 있다면, '범사에 헤아려 좋은 것을 취하기' 위해 이 책을 읽기 바란다(살전 5:21). 내가 성경을 정확하게 다루는지 잘 살펴보고, 하나님이 당신의 마음과 생각 속에 무엇이 사실인지 확증해 주시기를 기도하라. 아무쪼록 이 책이 성경에 대한 믿음을 증대시키는 하나님의 도구가 될 수 있기를 바란다.

내가 여기에서 성경의 진실성을 강조하려는 이유 가운데 하나는 베드로 사도가 자신의 두 번째 편지에서 그리스도의 재림에 관한 문제를 다루기 시작하면서 취했던 태도 때문이다. 그는 재림을 의심하며 "주께서 강림하신다는 약속이 어디 있느냐"(벧후 3:4)라고 묻는 사람들을 다루면서, 그들의 회의적인 생각에 대답하기 전에 먼저 자신이 맞다는 것을 뒷받침하는 근거를 제시했다.

그가 제시한 근거는 두 가지였다. 첫째는 변화산에서 그리스도를

---

1) John Piper, *A Peculiar Glory: How the Christian Scriptures Reveal Their Complete Truthfulness* (Wheaton, IL: Crossway, 2016).

직접 목격한 경험이었고, 둘째는 하나님의 영감으로 기록된 구약성경의 증언이었다. 나중에 20장에서 재림에 관한 베드로의 가르침을 살펴볼 예정이기 때문에 여기에서는 그가 자신이 가르친 것의 진실성을 뒷받침하는 근거를 제시하려고 노력했다는 점만을 짚고 넘어가고 싶다. 그것은 내가 하고 싶은 일이기도 하다.

먼저 그는 "우리 주 예수 그리스도의 능력과 강림하심을 너희에게 알게 한 것이 교묘히 만든 이야기를 따른 것이 아니요 우리는 그의 크신 위엄을 친히 본 자라"(벧후 1:16)라고 말했다. 그는 사람들이 그릇된 종말 신화에 미혹되고 있다는 것을 알았다. 그는 그런 일에 연루되고 싶은 생각이 조금도 없었다. 그는 그런 신화를 만들어 내는 자나 추종하는 자가 아니었다. 진리에 대한 그의 주장은 예수님의 가르침과 행위를 직접 목격한 경험에 근거했다.

그리스도의 '위엄'을 보았다는 그의 말은 변화산에서 그리스도와 함께 있었던 경험을 가리킨다(마 17:1-8). "지극히 큰 영광 중에서 이러한 소리가 그에게 나기를 이는 내 사랑하는 아들이요 내 기뻐하는 자라 하실 때에(마 17:5)…이 소리는 우리가 그와 함께 거룩한 산에 있을 때에 하늘로부터 난 것을 들은 것이라"(벧후 1:17, 18). 13장에서 베드로가 그리스도의 변형과 재림("우리 주 예수 그리스도의 능력과 강림하심"-벧후 1:16)을 연관시킨 이유를 좀 더 자세히 살펴볼 생각이기 때문에 여기에서는 그가 자신의 가르침이 사변적인 신화와 전혀 다르다는 점을 말하려고 했다는 점만 살펴보는 것으로 만족하고 싶다. 그는 충분한 근거를 지닌 진리만을 가르치려고 했다. 그는 자신의 말을 뒷받침해 줄 합리적인 근거를 제시하기를 원했다. 나의 목표도 그와 똑같다.

둘째, 그는 예수님을 직접 목격한 경험을 근거로 제시하고 나서 또 하나의 근거, 즉 성경이 하나님의 영감으로 기록되었다는 사실을 제시했다(그는 베드로후서 3장 16절에서 바울의 편지를 성경으로 인정했지만, 여기에서의 성경은 구약성경을 가리킨다). 그는 이렇게 말했다.

> "또 우리에게는 더 확실한 예언이 있어 어두운 데를 비추는 등불과 같으니…너희가 이것을 주의하는 것이 옳으니라…예언은 언제든지 사람의 뜻으로 낸 것이 아니요 오직 성령의 감동하심을 받은 사람들이 하나님께 받아 말한 것임이라"(벧후 1:19, 21).

위의 말씀은 구약성경이 하나님의 영감으로 기록되었다는 것을 입증하는 가장 확실한 성경의 증언 가운데 하나다. 베드로는 구약성경의 저자들이 자기 마음대로 말했다고 믿지 않았다(이것은 예수님도 마찬가지이셨다. 마 5:17-18, 요 10:35 참조). 그들은 성령의 감동하심을 받았다. 그들이 기록한 것은 그들의 말이 아닌 하나님의 말씀이었다. 이처럼 베드로는 재림에 관한 자신의 가르침을 뒷받침해 줄 두 가지 근거(예수님을 직접 목격했던 경험과 하나님의 영감으로 기록된 성경)를 제시했다. 나도 베드로의 그런 열정을 공유하며, 예수님을 직접 목격했던 경험과 하나님의 영감으로 기록된 성경에 대한 확신을 함께 공유한다.

영원히 흔들리지 않을 말씀

여기에서 꼭 말하고 싶은 것 하나는 예수님도 우리가 자신의 가르침을 재림에 관한 우리의 이해를 떠받치는 바위처럼 단단하고, 확고부동한 토대로 간주해 주기를 바라셨다는 것이다. 예수님은 신약성경에서 마지막 때를 가장 길고 상세하게 논의한 대목(즉 마태복음 24장)

에서 "천지는 없어질지언정 내 말은 없어지기 아니하리라"(35절)라고 말씀하셨다. 예수님은 온갖 종류의 거짓 예언과 거짓 그리스도와 거짓 가르침이 재림에 관한 올바른 이해를 방해할 것을 알고 계셨다(마 24:10-11, 24). 따라서 그분은 장차 세상이 온통 뒤흔들리는 격변이 일어나더라도 자신이 가르친 진리는 조금도 훼손되지 않을 것이라고 힘주어 말씀하셨다. 이처럼 재림에 관해 우리가 알아야 할 진리는 확고한 토대 위에 서 있다.

우리가 보는 진리를 맛보는 것

앞서 말한 대로, 내가 이 책을 통해 객관적인 진리를 제시하고, 하나님이 이 책을 읽는 독자들에게 영적 빛을 비추시면 이 책은 그리스도의 나타나심을 사모하는 마음을 일깨워주는 수단이 될 수 있다. 그렇게 말할 때 내가 염두에 둔 객관적인 진리는 다름 아닌 성경의 가르침이다. 나는 내 자신의 권위를 주장할 생각이 조금도 없다. 내가 성경의 가르침을 충실하게 전한다면, 하나님이 기꺼이 빛을 비추는 기적을 일으켜 많은 사람이 그리스도의 재림에 관한 사실들을 알고, 또 그것들을 이 세상보다 더 영광스럽고, 보배롭게 여기도록 인도해주실 것이 틀림없다. 우리가 보는 진리를 맛봄으로써 우리 모두 '주의 나타나심을 사모하는 자'가 되는 것, 이것이 나의 목표다.

3.
그리스도의 영광,
재림의 궁극적인 현실

앞서 말한 대로, 주 예수님의 나타나심을 사모하는 것은 영적 애정, 즉 성령의 사역을 통해 형성된 애정 혹은 감정을 가리킨다. 여기에 함축된 한 가지 사실은 그분의 나타나심을 사모하는 마음은 여러 종류가 있다는 것이다. 그 가운데는 영적이지 않거나 바울이 의의 면류관을 약속하지 않은 사랑의 감정들이 존재한다(딤후 4:8 참조). 따라서 그리스도의 재림을 사모하는 감정 가운데 불행한 결과를 가져오게 될 감정을 예방하는 것도 이 책의 목표 중 하나이다.

그리스도께서 재림하셨을 때 불행한 결과가 초래되는 것을 피해야 한다

'불행한 결과'란 그리스도께서 마태복음 7장 21-23절에서 경고하신 것을 가리킨다. 그분은 '그 날,' 곧 자기가 다시 와서 세상을 심판할 날에 자신의 나타남을 사모하는 것처럼 보였던 사람들이 자기 앞에서 쫓겨나는 충격적인 결말을 맞이하게 될 것이라고 말씀하셨다.

"나더러 주여 주여 하는 자마다 다 천국에 들어갈 것이 아니요 다만 하늘에 계신 내 아버지의 뜻대로 행하는 자라야 들어가리라 그 날에 많은 사람이 나더러 이르되 주여 주여 우리가 주의 이름으로 선지자 노릇 하며 주의 이름으로 귀신을 쫓아내며 주의 이름으로 많은 권능을 행하지 아니하였나이까 하리니."

내가 이 거짓 제자들이 주님의 나타나심을 사모하는 것처럼 보였다고 말한 이유는 그들이 자기들도 '그 날에' 구원받기를 바랐을 것이기 때문이다. 그들은 내가 1980년대에 불렀던 찬양("주님, 사랑해요. 목소리를 높여 주님을 경배합니다. 오, 나의 영혼이여 기뻐하라")을 불렀을지도 모른다. 그러나 예수님은 그들을 거절하셨다. 그들은 예수님을 주님으로 받들었고, 많은 권능을 행하는 업적을 이루었지만, 그분은 그들의 사역이 불의한 영을 힘입은 것이라고 말씀하셨다. 그들은 하나님과 그분의 율법에 겸손히 복종하지 않고, 독자적으로 주도권을 행사했다. 예수님은 사실상 그들의 찬양에 대해 "이 백성이 입술로는 나를 공경하되 마음은 내게서 멀도다…나를 헛되이 경배하는도다"(마 15:8, 9)라고 말씀하셨다. 그렇다면 어떻게 그리스도의 나타나심을 사모해야만 그분이 재림하셨을 때 불행한 결과가 초래되는 것을 피할 수 있을까?

문제의 핵심

한 가지 방법은 우리가 주님의 나타나심과 관련해 무엇을 진정으로 사랑하는지를 솔직하게 묻고, 그것을 그분이 재림을 통해 실제로 가져오실 현실과 비교하는 것이다. 바꾸어 말하면, "그리스도의 나타나심을 사모하는 마음이 그분의 나타나심을 통해 이루어질 그분의 목적에 잘 부합하는가?"라고 묻는 것이다. 어떤 점에서는 이 책 전체가 이 질문에 대답하도록 돕는 데 초점이 맞춰져 있다고 말해도 무방하다. 그러나 이번 장에서는 문제의 핵심, 곧 재림하시는 그리스도의 궁극적인 목적을 살펴보는 데 집중하고 싶다. 바로 이 목적이 주님의 재림을 사모하는 우리의 마음이 그분의 다시 오시는 목적에 잘 부합하는지를 판단하는 시금석이다.

먼저, 문제의 핵심은 주님의 재림을 통해 드러날 주된 객관적 현실과 관련이 있다. 그것은 바로 그분의 영광이다. 이것은 그분이 자신을 영광스럽게 나타내실 것을 의미한다. 이 책에서 우리는 재림과 관련된 모든 것이 주님의 영광에 초점을 맞춰져 있음을 향후에 살펴볼 것이다. 이것이 내가 이 영광을 '주된' 객관적 현실로 일컫는 이유다. 그러나 내가 말하려는 문제의 핵심에는 단지 그리스도의 객관적인 영광만이 아니라 재림을 통해 드러날 그 영광에 대한 우리의 경험도 아울러 포함된다.

이 두 가지, 곧 그리스도의 영광과 그에 대한 우리의 경험의 관계가 내가 말하려는 문제의 핵심이다. 문제의 핵심은 그리스도의 재림을 통해 드러날 영광을 어떻게 경험할 수 있느냐 하는 것이다. 그리스도께서는 자신의 영광을 드러낼 뿐 아니라 우리가 그것을 경험하게 하신다. 자신의 영광을 드러내려는 그리스도의 목적과 그것을 경험하게 하려는 그분의 목적이 어떤 관계를 맺고 있는지를 이해하면, 그분의 나타나심을 사모하는 우리의 마음이 진실한지 아닌지를 알 수 있다. 우리의 마음은 과연 주님의 다시 오시는 목적에 부합하는가?

예수님은 자신의 초림을 그릇된 태도로 사모했던 잘못을 어떻게 드러내 보이셨는가

그리스도의 재림에 관한 성경 본문들을 근거로 위에서 제시한 문제를 살펴보기 전에 먼저 그분의 초림과 관련된 핵심 문제를 잠시 살펴보는 것이 좋을 듯하다. 거의 모든 이스라엘인이 메시아의 초림을 고대했다. 많은 사람이 그분의 나타나심을 사모했다. 그러나 그 가운데 그분의 나타나심을 보고 실망한 사람들이 허다했다. 그들이 바라거나 사모했던 방식이 그리스도의 초림과 관련된 그분의 목적과 일치하지 않았다. 스스로 충실한 유대인을 자처했던 많은 사람들의 마음속에서 무엇인가가 크게 잘못되었다. 하나님을 사랑하는 그들의 마음, 그리고 메시아의 강림을 사모하는 그들의 마음에 큰 문제가 있었다.

예수님은 그런 잘못을 드러내 보이셨다. "이 말씀이 우리가 그리스도의 재림을 진정으로 기뻐할 것인지 아닌지를 판단하는 데 어떤 도움을 줄까?"라는 물음을 염두에 두고 다음의 성경 본문을 주의 깊게 읽어보기 바란다.

"그 말씀이 너희 속에 거하지 아니하니 이는 그가 보내신 이를 믿지 아니함이라 너희가 성경에서 영생을 얻는 줄 생각하고 성경을 연구하거니와 이 성경이 곧 내게 대하여 증언하는 것이니라 그러나 너희가 영생을 얻기 위하여 내게 오기를 원하지 아니하는도다 나는 사람에게서 영광을 취하지 아니하노라 다만 하나님을 사랑하는 것이 너희 속에 없음을 알았노라 나는 내 아버지의 이름으로 왔으매 너희가 영접하지 아니하나 만일 다른 사람이 자기 이름으로 오면 영접하리라 너희가 서로 영광을 취하고 유일하신 하나님께로부터 오는 영광은 구하지 아니하니 어찌 나를 믿을 수 있느냐"(요 5:38-44).

그들은 하나님을 사랑한다고 말했을 테지만, 예수님은 "하나님을 사랑하는 것이 너희 속에 없음을 알았노라"라고 말씀하셨다. 그들은 메시아의 나타남을 사모한다고 말했을 테지만, 예수님은 자신이 그들 앞에 서 있는데도 "너희가 영접하지 않는다"라고 말씀하셨다. 도대체 무엇이 문제였을까?

예수님은 44절의 말씀("너희가 서로 영광을 취하고 유일하신 하나님께로부터 오는 영광은 구하지 아니하니 어찌 나를 믿을 수 있느냐")을 통해 문제의 핵심을 지적하셨다. 이것은 요점을 말하기 위한 수사학적 질문이다. '믿을 수 있느냐'라는 말은 '믿을 수 없다'라는 뜻이다. 그들은 예수님을 믿을 수 없었고, 그분을 영접할 수 없었다. 왜 그랬을까? 그 이유는 그들이 영광을 경험하는 방식과 관계가 있다.

예수님은 "너희가 서로 영광을 취하고 유일하신 하나님께로부터 오는 영광은 구하지 아니하니"라는 말씀으로 그들의 마음의 성향을 묘사하셨다. 이 말씀은 무슨 의미일까? 그것은 그들이 하나님께 칭찬받는 것보다 다른 사람들에게 칭찬받는 것을 더 좋아한다는 뜻이다. 그들은 왜 그랬을까? 그 이유는 그들이 하나님의 위대하심보다 인간의 위대함을 추구하는 것을 더 좋아했기 때문이다. 그들이 하나님의 칭찬과 그분의 위대하심을 추구하는 것에 무관심했던 이유는 그분을 우주에서 가장 보배로운 보화로 여기지 않았기 때문이다. 이것이 예수님이 "하나님을 사랑하는 것이 너희 속에 없음을 알았노라"(요 5:42)라고 말씀하신 이유다. 이는 "너희는 하나님의 영광을 다른 어떤 것보다 귀하게 여기는 마음이 없다"라는 뜻이다.

예수님의 말씀에는 "그것이 바로 너희가 나를 영접할 수 없는 이유다. 너희의 마음이 그런 성향을 띠고 있는 한, 너희는 나를 영접할 수 없다."라는 의미가 담겨 있었다. 아울러, 예수님은 "만일 다른 사람이 자기 이름으로 오면 영접하리라"(요 5:43)라는 말씀을 덧붙이셨다. 왜 일까? 그 이유는 그 사람이 그들처럼 자기를 높이기에, 그의 존재가 자기를 높이는 그들의 태도를 비난하는 것처럼 느껴지지 않을 것이 기 때문이다. 예수님은 '아버지의 이름으로' 겸손히 복종하며 희생적 인 자세를 취하셨다(요 5:43). 그분의 존재 자체가 인간의 영광을 구하 며 자기를 높이기를 좋아하는 사람들의 태도를 비난하는 것처럼 보였 다. 이것이 그들이 예수님을 영접할 수 없었던 이유였다. 그들은 예수 님처럼 성부 하나님의 영광을 그 어떤 것보다 더 보배롭게 여길 마음 이 없었다.

이처럼, 요한복음 5장 38-44절은 심지어 메시아의 초림 때에도 '그 의 나타나심을 사모했던' 사람들 가운데 불행한 결과를 당하게 된 사 람들이 많았다는 사실을 생생하게 보여준다. 그런 일이 일어났던 이 유는 그들이 기대했던 메시아와 그들이 보았던 메시아가 달랐기 때문 이다. 예수님이 나타나신 목적과 그들의 욕망이 일치하지 않았다. 그 들은 그릇된 방식으로 '그분의 나타나심을 사모했다.' 아마도 그들은 인간의 영광을 사랑하고, 하나님의 영광을 무시하는 자신들의 태도를 인정해줄 메시아가 나타났다면 매우 행복해했을 것이다. 그러나 그것 은 예수님이 나타나신 목적이 아니었다.

예수님의 초림과 관련된 유대인들의 이런 경험은 그분의 재림과 관련된 문제의 핵심이 무엇인지를 잘 보여준다. 문제의 핵심은 그분 의 재림을 통해 드러날 그분의 영광을 경험하는 방식과 관련이 있다. 이제 그리스도의 재림을 통해 드러날 그분의 영광을 다룬 성경 본문 들을 살펴보고, 그 영광에 어떤 식으로 반응하는 것이 그리스도의 목 적에 부합하는지를 생각해 보기로 하자.

바울: 그리스도의 영광이 나타날 것이다

바울 사도는 다른 성경 저자들보다 더욱 분명한 어조로 그리스도의 영광을 재림의 핵심으로 묘사했다. 예를 들어, 그는 그리스도인들이 "복스러운 소망과 우리의 크신 하나님 구주 예수 그리스도의 영광이 나타나심을 기다린다"고 말했다(딛 2:13). 우리의 소망이 복스러운 소망(마카리안 엘피다), 즉 행복한 소망인 이유에 대해 바울은 수십 가지 이유를 댈 수 있었을 것이다. 그러나 그가 여기에서 언급한 것은 '영광(곧 우리의 크신 하나님 구주 예수 그리스도의 영광)의 나타나심'이 우리의 소망을 행복한 소망으로 만든다는 것이다. 예수님은 우리의 구원자요 하나님이시다. 그분은 위대하시다. 따라서 그분이 나타나시면, 그 위대하심이 온 세상에 영광스럽게 드러날 것이다. 이런 이유로 바울은 그리스도의 나타나심이 복스러운 소망이 되는 다른 많은 이유를 제쳐두고, 영광에 초점을 맞추었다.

이 영광의 탁월성은 그리스도인들을 행복하게(마카리오스) 만드는 것 안에서 드러날 뿐 아니라, 이 영광을 떠나는 것이 불신자들에게 가져오는 멸망 안에서 확연하게 드러난다.

"주 예수께서 자기의 능력의 천사들과 함께 하늘로부터 불꽃 가운데에 나타나실 때에 하나님을 모르는 자들과 우리 주 예수의 복음에 순종하지 않는 자들에게 형벌을 내리시리니 이런 자들은 주의 얼굴과 그의 힘의 영광을 떠나 영원한 멸망의 형벌을 받으리로다"(살후 1:7-9).

인간은 하나님의 형상으로 창조되었다(창 1:27). 이것은 우리가 하나님의 영광을 나타내기 위해, 곧 그것을 보고 사랑하며 그것으로 변화되어 그것을 반영하기 위해 창조되었다는 의미를 지닌다. 따라서 하나님이 창조하신 인간은 이를 통해 가장 깊고, 가장 고귀하고, 가장 지속적인 기쁨을 누린다. 하나님의 영광에서 떠난다는 것은 우리가 창조된 목적과 관련된 경이감과 기쁨을 모두 잃는다는 것을 의미한다. '영원한 멸망'이란 곧 그런 불행한 슬픔을 겪는다는 뜻이다. 이처럼, 바울은 영광을 재림의 핵심으로 간주했다. 그것은 신자들에게는 '복스러운 소망'이지만 불신자들에게는 가장 큰 상실에 해당한다.

베드로: 처음에는 고난, 나중에는 영광

베드로 사도는 하나님이 영원 전부터 그리스도의 고난(그분의 초림)과 영광(그분의 재림)을 계획하신 사실에 초점을 맞춰 영광의 중요성을 드러냈다. 그는 이 점을 세 차례나 언급했다.

> "이 구원에 대하여는 너희에게 임할 은혜를 예언하던 선지자들이 연구하고 부지런히 살펴서 자기 속에 계신 그리스도의 영이 그 받으실 고난과 후에 받으실 영광을 미리 증언하여 누구를 또는 어떠한 때를 지시하시는지 상고하니라"(벧전 1:10, 11).

선지자들은 메시아의 고난과 영광이 서로 연결되어 있다는 것을 어렴풋이 의식했다. 그들은 "연구하고 부지런히 살폈다." 그들은 그분이 고난을 받은 후에 영광을 얻으실 것이라고 말했을 것이 틀림없다. 그분은 결국 승리하실 것이고, 그분의 나라는 영원할 것이었다(사 9:7). 그러나 그들은 고난과 영광이 어떻게 연관되어 있는지, 또 고난 뒤에 영광이 나타날 때까지 얼마나 많은 시간이 걸릴지는 분명하게 알 수 없었다. 그들이 볼 수 있었던 것, 곧 베드로가 분명하게 보았던 것은 그리스도의 영광이 우리가 기대하는 미래의 궁극적인 현실이 되리라는 것이었다.

> "사랑하는 자들아 너희를 연단하려고 오는 불 시험을 이상한 일 당하는 것 같이 이상히 여기지 말고 오히려 너희가 그리스도의 고난에 참여하는 것으로 즐거워하라 이는 그의 영광을 나타내실 때에 너희로 즐거워하고 기뻐하게 하려 함이라"(벧전 4:12-13).[1]

바울이 '예수 그리스도의 영광의 나타나심'(딛 2:13)을 재림의 핵심으로 간주했던 것처럼, 베드로도 그것을 그리스도의 고난받는 백성의 소망에 가장 중대한 영향을 미치는 요소로 간주했다. 그리스도께서 고난을 거쳐 '나중의 영광'에 이르신 것처럼, 그분의 백성도 동일한 과정을 거친다. "너희가 그리스도의 고난에 참여하는 것으로 즐거워하라 이는 그의 영광을 나타내실 때에 너희로…기뻐하게 하려 함이라." 베드로의 말에는 우리가 현재의 고난에 어떻게 반응하느냐에 따라 나중에 어떻게 영광을 경험할 것인지가 결정된다는 의미가 담겨 있다. 우리가 고난 가운데서 즐거워해야 할 이유는 영광 가운데서 즐거워할 것이기 때문이다.

---

1) 베드로가 '나타남'이라는 용어를 사용한 방식을 고려하면, "그의 영광을 나타내실 때"는 재림을 가리키는 것이 분명하다. 예를 들어, 그는 베드로전서 1장 7절에서 "너희 믿음의 확실함은 불로 연단하여도 없어질 금보다 더 귀하여 예수 그리스도께서 나타나실 때에 칭찬과 영광과 존귀를 얻게 할 것이니라"라고 말했고, 베드로전서 1장 13절에서도 "그러므로 너희 마음의 허리를 동이고 근신하여 예수 그리스도께서 나타나실 때에 너희에게 가져다주실 은혜를 온전히 바랄지어다"라고 말했다.

셋째, 베드로는 그리스도의 고난에 대한 자신의 직접적인 경험을 토대로 다가올 영광의 중요성을 또다시 강조했다.

> "너희 중 장로들에게 권하노니 나는 함께 장로 된 자요 그리스도의 고난의 증인이요 나타날 영광에 참여할 자니라"(벧전 5:1).

이처럼, 베드로는 그리스도의 영광이 재림의 핵심이라는 바울의 가르침을 삼중으로 재확인한다. (1) 그는 메시아의 초림은 '고난'에, 그분의 재림은 '영광'에 각각 초점을 맞추어 선지자의 메시지를 간략하게 요약했다(벧전 1:11). (2) 그는 '그의 영광을 나타내실 때'라는 말로 그리스도의 재림을 묘사했다(벧전 4:13). (3) 그는 '영광에 참여할' 것이라는 소망이 가득한 현실로 재림에 대한 자신의 기대감을 묘사했다(벧전 5:1). 선지자들도 영광을 기대했고, 고난받는 그리스도인들도 영광을 기대했다. 베드로도 마찬가지였다. 그리스도께서 나타나실 때 드러날 영광이 재림의 핵심적인 현실이다.

재림의 삼중 영광을 언급하신 예수님

예수님이 자신의 재림을 묘사하신 방식을 고려하면, 재림을 통해 나타날 신적 영광의 탁월성에 모든 초점이 맞춰져 있는 것이 조금도 놀랍지 않다. 예수님은 세상을 떠날 때가 가까이 다가왔을 즈음에 현재와 미래의 제자들을 위해(요 17:20) "아버지여 내게 주신 자도 나 있는 곳에 나와 함께 있어 아버지께서 창세 전부터 나를 사랑하시므로 내게 주신 나의 영광을 그들로 보게 하시기를 원하옵나이다"(요 17:24) 라고 기도하셨다.

이 영광은 주님의 재림을 통해 나타날 영광만을 가리키지 않는다. 재림의 영광은 그 영광의 일부일 뿐이다. 예수님은 누가복음 9장 23-27절에서 재림을 통해 나타날 삼중 영광을 언급하셨다.

"아무든지 나를 따라오려거든 자기를 부인하고 날마다 제 십자가를 지고 나를 따를 것이니라 누구든지 제 목숨을 구원하고자 하면 잃을 것이요 누구든지 나를 위하여 제 목숨을 잃으면 구원하리라 사람이 만일 온 천하를 얻고도 자기를 잃든지 빼앗기든지 하면 무엇이 유익하리요 누구든지 나와 내 말을 부끄러워하면 인자도 자기와 아버지와 거룩한 천사들의 영광으로 올 때에 그 사람을 부끄러워하리라 내가 참으로 너희에게 이르노니 여기 서 있는 사람 중에 죽기 전에 하나님의 나라를 볼 자도 있느니라."[2]

'삼중 영광'이란 26절에 언급된 세 가지 영광을 가리킨다. "인자도 자기와 아버지와 거룩한 천사들의 영광으로 올 때에 그 사람을 부끄러워하리라(즉 인자의 영광, 아버지의 영광, 천사들의 영광)." 영광이 이렇게 삼중으로 나타나는 이유는 무엇일까? 그 이유는 '왜냐하면'(for, 헬라어 가르)이라는 접속사로 시작하는 이 구절의 논리적 구조 안에 내포되어 있다(원어에는 가르라는 접속사가 24절 초두에 존재하며 영역 성경에는 for라는 접속사가 존재함—편집주).

26절은 그리스도를 위해 자기를 부인하지 않고 목숨을 구원하려는

---

2) 이 책 13장에서 27절이 변화산 사건 및 예수님의 재림과 어떤 관계를 맺고 있는지를 좀 더 자세히 살펴볼 예정이다.

시도가 헛된 이유를 설명하는 근거로 제시되었다(눅 9:23). 이 세상에서 예수님을 부끄러워하며 사람의 영광을 추구함으로써 자기 목숨을 구원하고, 온 세상을 얻으려고 애쓴다면(눅 9:24-25) 돌이킬 수 없는 실수를 저지르는 셈이 된다. 왜일까? 이 질문에 답하는 것이 누가복음 9장 26절의 요점이다. 그 이유는 그리스도를 위해 수치를 당하는 것을 피하고, 온 세상을 얻음으로써 얻게 될 영광은 그리스도의 재림을 통해 나타날 삼중 영광, 곧 신자가 보고, 즐거워하며, 참여하게 될 영광에 비하면 더할 나위 없이 하찮기 때문이다.

바꾸어 말해, 예수님은 그리스도와 성부와 천사들의 영광(이 모든 영광이 그리스도의 재림을 통해 나타날 그분의 위엄을 높이 드러낼 것이다)을 재림의 가장 중요한 현실로 강조하셨다. 그분이 자신의 영광을 그렇게 묘사하신 이유는 우리가 현세에서 무엇에 가치를 두어야 할지를 옳게 이해하게 하기 위해서였다. 수치를 피하고 세상의 영광을 얻는 것에 가치를 두는가, 아니면 그리스도의 영광과 그분의 재림을 통해 나타나게 될 현실에 참여하는 것에 가치를 두는가?

큰 영광으로 재림할 것을 예고하신 그리스도

예수님이 재림의 영광을 어떤 식으로 묘사하셨는지를 보여주는 또 하나의 실례가 그분이 마지막 심판을 묘사한 대목에서 발견된다. 마태복음 25장 31-46절은 이렇게 시작한다.

"인자가 자기 영광으로 모든 천사와 함께 올 때에 자기 영광의 보좌에 앉으리니 모든 민족을 그 앞에 모으고 각각 구분하기를 목자가 양과 염소를 구분하는 것 같이 하여"(마 25:31, 32).

예수님은 마지막 날에 '자기 영광'을 드러내며 '영광의 보좌'에 앉아 양과 염소를 구분하는 심판을 베푸실 것이다. 재림을 묘사한 예수님의 말씀에서 영광이 가장 중요한 현실로 간주되고 있는 것을 다시금 확인할 수 있다.

주님의 재림에서 영광이 얼마나 큰 중요성을 차지하는지는 다음 두 곳의 성경 본문만 살펴보아도 충분히 알 수 있다.

"일월 성신에는 징조가 있겠고 땅에서는 민족들이 바다와 파도의 성난 소리로 인하여 혼란한 중에 곤고하리라 사람들이 세상에 임할 일을 생각하고 무서워하므로 기절하리니 이는 하늘의 권능들이 흔들리겠음이라 그 때에 사람들이 인자가 구름을 타고 능력과 큰 영광으로 오는 것을 보리라"(눅 21:25-27).

"그 때에 인자의 징조가 하늘에서 보이겠고 그 때에 땅의 모든 족속들이 통곡하며 그들이 인자가 구름을 타고 능력과 큰 영광으로 오는 것을 보리라"(마 24:30).[3]

이 두 본문 모두 그리스도께서 "큰 영광"으로 오실 것을 강조한다. 예수님의 재림을 통해 고난이 영광으로 바뀌는 극적인 반전이 온 세상이 지켜보는 앞에서 이루어질 것이다. 그것은 나중에 다시 뒤집혀

---

3) 이 책 16장에서는 이 성경 본문들이 예루살렘의 멸망(AD 70년)을 통해 성취되었고, 말세에 있을 그리스도의 재림과는 아무런 관계가 없다고 주장하는 견해에 대해 자세히 살펴볼 예정이다. 그곳에서 내가 그런 견해가 틀렸다고 생각하는 이유를 설명할 계획이다.

없어질 일시적인 영광이 아닌 "영원한 영광"이 될 것이다(딤후 2:10, 벧전 5:10).

이처럼 예수님이 재림의 영광을 강조하신 사실은 바울과 베드로가 그리스도의 영광을 재림의 가장 중요한 현실로 간주했던 이유를 분명하게 보여준다. 바울은 우리의 "복스러운 소망"을 "우리의 크신 하나님 구주 예수 그리스도의 영광의 나타나심"으로 요약했고(딛 2:13), 베드로는 그리스도의 재림을 그분의 영광의 나타나심으로 요약했다(벧전 4:13).

종말에 이루어질 영광의 경험

지금까지 살펴본 대로, 바울과 베드로와 예수님은 모두 재림을 통해 나타날 주님의 영광에 초점을 맞추었다. 재림의 가장 중요한 객관적인 현실은 그리스도의 영광, 곧 큰 영광으로 나타나실 그리스도이다. 이번에는 주님의 재림하실 때 신자들이 경험하게 될 영광의 현실에 초점을 맞춰보기로 하자. 이것을 살펴보면 내가 문제의 핵심으로 일컬은 것, 곧 그리스도의 영광과 그것에 관한 우리의 경험의 상호관계를 이해하는 데 도움이 된다. 이 상호관계를 옳게 이해하면 그리스도의 재림을 그릇 사모하는 잘못을 피할 수 있다. 그렇다면 성경은 과연 그리스도의 재림을 통해 나타날 그분의 영광에 관한 우리의 경험을 어떻게 묘사하고 있을까?

4.
큰 기쁨과 놀라움을 자아낼
그리스도의 영광의 경험

이번 장도 앞장처럼 그리스도의 재림과 관련된 문제의 핵심을 다룬다. 재림의 가장 중요한 현실인 그리스도의 영광과 하나님의 백성의 마음속에서 이루어지는 영광의 경험의 상호관계가 문제의 핵심이라는 것이 나의 생각이다. 3장에서 살펴본 대로, 바울과 베드로와 예수님이 모두 그리스도의 영광을 재림의 가장 중요한 현실로 간주했다. 그분의 재림은 곧 그분의 영광의 나타나심이다(벧전 4:13). 재림은 "우리의 크신 하나님 구주 예수 그리스도의 영광의 나타나심"이다(딛 2:13). 그리스도께서는 "자기 영광"으로 나타나 "자기 영광의 보좌"에 앉으실 것이다(마 25:31).

이번 장에서는 영광 자체가 아닌 그리스도의 재림을 통해 드러날 영광을 경험하게 될 하나님의 백성에게 논의의 초점을 맞춰보기로 하자. 하나님의 백성은 그리스도의 영광이 나타났을 때 어떻게 반응할까? 나타남과 반응의 관계가 재림과 관련된 문제의 핵심인 이유는 무엇일까?

"내게 엎드려 경배하면 천하만국의 영광을 네게 주리라"

아이러니하게도 마태복음 4장 8-10절에 언급된 사탄의 유혹은 그리스도의 재림을 통해 나타날 그분의 영광과 그분을 보고 영광을 경험하게 될 사람들의 관계를 이해하는 데 도움이 되는 통찰력을 제공한다.

> "마귀가 또 그를 데리고 지극히 높은 산으로 가서 천하만국과 그 영광을 보여 이르되 만일 내게 엎드려 경배하면 이 모든 것을 네게 주리라 이에 예수께서 말씀하시되 사탄아 물러가라 기록되었으되 주 너의 하나님께 경배하고 다만 그를 섬기라 하였느니라."

이 말씀이 그리스도의 재림을 통해 나타날 그분의 영광과 그것에 대한 우리의 경험과 어떤 관련이 있는지를 이해하려면, 앞서 3장에서 살펴보았던 성경 본문들에 함축되어 있는 것을 분명하게 파악해야 할 필요가 있다. 예를 들어, '인자가 와서 자기 영광의 보좌에 앉을 것'(마 25:31)이라는 예수님의 말씀에는 왕과 재판장으로서의 통치가 그 영광에 포함되어 있다는 의미가 함축되어 있다. 그것이 '보좌'가 의미하는 것이다. 이 말씀을 비롯해 그리스도의 영광을 가리키는 다른 모든 말씀에는 그분이 세상의 나라들을 통치하실 것이라는 의미가 함축되어 있다. 그리스도께서는 경쟁자들과 자신의 통치권을 공유하지 않으실 것이다. 그분의 영광은 우주의 보좌('자기 영광의 보좌') 위에 앉아 계시는 만유의 주의 영광이다.

이번에는 사탄이 어떤 식으로 예수님께 이 우주적인 통치권을 제시했는지를 잠시 생각해 보자. 그는 "천하만국과 그 영광을 보여 이르되 만일 내게 엎드려 경배하면 이 모든 것을 네게 주리라"라고 말했다(마 4:9-10). 마귀는 이 현실, 곧 "천하만국과 그 영광"을 다스리는 통치권을 가져다줄 복종과 고난의 길에서 벗어나도록 예수님을 부추겼다. 그것은 하나님의 아들께서 온전한 복종을 통해 차지하게 될 당연한 권한이었다. 다시 말해, 예수님이 통치자가 되셔야 할 이유는 고난을 받으셨기 때문이다. 그분은 죽기까지 순종하셨다. "이러므로 하나님이 그를 지극히 높여…모든 무릎을 예수의 이름에 꿇게 하시고"(빌 2:8-10). 예수님은 이 점을 잘 알고 계셨다. 죽기까지 순종하면 사탄이 제시한 것이 그분의 것이 될 것이었다. 이것은 분명한 사실이었기 때문에 그분은 조금도 흔들리지 않으셨다.

그러나 사탄이 펼친 논리에는 또 다른 의미가 함축되어 있었다. 그의 말은 "만일 내게 경배하면 천하만국과 그 영광을 다스릴 통치권을 주겠다."라는 의미와 같았다. 예수님은 사탄이 그런 능력을 지녔다는 것을 부인하지 않으셨다. 그분은 사탄이 세상 나라들에 대해 아무런 권한이 없는 것처럼 그의 말을 웃어넘기지 않으셨다. 예수님은 세 차례나 사탄을 "이 세상의 임금"으로 일컬으셨다(요 12:31, 14:30, 16:11). 바울도 그를 "이 세상의 신"(고후 4:4)과 "공중의 권세 잡은 자"(엡 2:2)로 일컬었고, 요한은 "온 세상은 악한 자 안에 처한 것이며"(요일 5:19)라고 말했다. 이 말씀들은 모든 곳에 계시며, 모든 것을 다스리시는 하나님의 섭리와 모순되지 않는다. 하나님은 특별한 목적을 염두에 두고 사탄이 현세에서 많은 통제권을 행사하도록 허락하셨다.[1] 예수님이 사탄에게 대응하신 방식은 세상 나라들에 대한 그의 지배권을

---

1) John Piper, *Providence* (Wheaton, IL: Crossway, 2021), 255-86의 18장과 19장("Satan and Demons"와 "The Ongoing Existence of Satan")을 보라.

의문시하지 않았다.

사탄이 모든 것을 통치하는 것보다 경배받기를 더 좋아했던 이유

여기에서 '사탄이 세상 나라들에 대한 자신의 통치권을 기꺼이 포기하려고 했던 이유는 무엇일까? 왜 그는 예수님께 그런 권세와 권위를 기꺼이 내주려고 했을까?'라는 당혹스러운 질문이 제기된다. 그 대답 가운데 하나는 그가 그런 권세와 권위를 내주고 그 대신 예수님의 경배를 받기를 원했기 때문이다. 다시 말해, 사탄은 세상 나라들을 다스리는 권력과 권세를 소유하는 대신, 그것들을 다스리는 권세와 권위를 소유한 자의 경배를 받고 싶어 했다.

사탄이 복종과 고난의 길을 포기하도록 성자 예수님을 유혹하려고 했던 것은 매우 어리석은 시도였다. 그렇다면 우주적인 권세와 경배, 곧 지배권과 경배를 맞바꾸자고 했던 그의 제안도 똑같이 어리석은 시도였을까? 절대 그렇지 않다. 사탄의 유혹이 그리스도의 재림을 통해 나타날 그분의 영광과 그분을 보고 영광을 경험하게 될 사람들의 관계를 이해하는 데 도움이 되는 통찰력을 제공하는 이유가 바로 여기에 있다.

사탄은 누가 만물을 직접 통치하느냐와 상관없이, 경배를 받는 자를 위해 만물이 존재한다는 사실을 옳게 꿰뚫어 보았다. 만일 내가 내게 천하만국을 주는 것 때문에 당신을 경배한다면, 그것은 곧 천하만국이 당신을 위해 존재한다는 것을 인정하는 것과 같다. 예수님이 사탄을 위하여 세상을 다스리신다면 예수님으로 하여금 세상의 지배권을 갖게 하는 것은 사탄에게 조금의 손해도 아니었다. 그리고 그것이 바로 경배의 의미이다. 경배란 예수님이 사탄을 자신의 가장 큰 보화로 여겨 그에게 온전히 충성해야 한다는 것을 인정한다는 의미였다. 좀 더 정확히 말하면, 그것은 단순히 인정하는 것에 그치지 않고, 진정으로 공경하고, 숭앙하고, 존중하고, 귀하게 여긴다는 뜻이었다. 이것이 '경배'의 의미였다. 이것이 없는 경배는 경배가 아닌 위선이다.

여기에는 한 가지 중요한 의미가 함축되어 있다. 그것은 나라들을 다스리는 권세나 권위가 그리스도의 궁극적인 영예가 아니라는 점이다. 사탄이 예수님께 그런 권세를 기꺼이 내주려고 했던 이유는 만물을 다스리는 것이 아닌 가장 귀한 보배로 간주되어 숭앙을 받는 것에 궁극적인 영예가 있다는 것을 알았기 때문이다. 궁극적인 영예는 만물을 소유하는 것이 아닌 보배롭게 여겨져 숭앙을 받는 것에 있다. 왜일까? 그 이유는 통치권과 소유권도 영광스럽지만, 경배를 받는 것, 곧 보배롭게 여겨져 공경과 숭앙을 받는 것이 훨씬 더 영광스럽기 때문이다. 모든 것을 소유한 강력한 권력자라도 백성들의 미움을 받을 수 있다. 그런 권력자는 결코 영광스럽지 않다.

사탄은 자신이 창조된 순간부터 이 사실을 알았을 것이다. 성자께서 영광스러우신 이유는 절대적인 통치권과 소유권을 지니고 있을 뿐아니라 장차 수많은 피조물이 그분을 그 어떤 것보다 보배롭게 여길 날이 올 것이기 때문이다. 그분의 영광이 찬란하게 드러나게 될 이유는 그분이 모든 보화를 소유하고, 다스리는 권한을 지니고 있을 뿐 아니라 가장 큰 보배로 여겨져 경배를 받으실 것이기 때문이다.

사탄이 직접 목격했고, 절대로 잊을 수 없었던 사실이 하나 있다면, 그것은 곧 절대적인 소유권과 권세와 지혜와 은혜를 통해 드러나는 성자의 부분적인 영광이 아니라, 그분이 만물 가운데서 가장 뛰어나신 분이라는 사실을 알고(골 1:18), 그분을 삶의 가장 큰 분깃으로 여겨

(시 73:26, 애 3:24) 숭앙하고, 공경하고, 사랑하고, 존중하는 수많은 사람들에게 둘러싸여 예배를 받으실 그분의 '온전한 영광'이 우주를 창조하고, 거대한 세계의 역사를 운영하시는 하나님의 궁극적인 목적이라는 것이었다. 이것이 사탄이 원했던 것이었다. 이것이 없으면 나라들에 대한 소유권과 통치권은 아무런 가치가 없었다.

경배를 통해 완성될 영광의 나타남

예수님에 대한 사탄의 유혹은 그리스도의 재림을 통해 드러날 영광과 그 영광의 경험 간의 상호관계와 관련된 문제의 핵심을 파고든다. 그리스도의 영광이 재림을 통해 드러날 가장 중요한 객관적인 현실인 것은 사실이지만, 사람들이 경험하는 그 영광의 주관적인 현실이 없으면 문제의 핵심을 놓치는 것이다. 마음에서 우러나오는 예배와 영광을 즐거워하고, 그것을 보배롭게 여기는 태도가 없으면 하나님의 궁극적인 목적은 성취될 수 없다. 사탄은 이 사실을 잘 알고 있었다. 우리도 그것을 분명히 알고 있어야 한다. 그리스도의 재림 안에서 하나님의 궁극적인 목적이 이루어지려면, 그리스도의 영광이 드러날 뿐 아니라 그것이 사랑받는 것이 절대적으로 중요하다.

재림을 통해 큰 영광과 기이함을 받으실 예수님

이제 이 두 가지, 곧 그리스도의 재림을 통해 나타날 영광과 그분의 백성들의 마음속에서 일어날 영광의 경험을 함께 다루는 성경 본문을 한 곳 생각해 보기로 하자. 바울은 데살로니가후서에서 그리스도의 재림과 관련된 문제들을 주로 다루었다. 그는 신자들이 "견디고 있는 모든 박해와 환난 중에서"(살후 1:4) 하나님의 목적을 발견할 수 있도록 돕기를 원했을 뿐 아니라 그 목적을 재림과 연관시켰다. 그는 "주의 날이 (이미) 이르렀다고" 생각하고, 자신들의 의무를 등한시한 채 나태하게 살아가는 사람들을 교회가 적절하게 대하도록 도와주려고 했다.

이 서신서 가운데서 우리의 관심을 끄는 구절은 데살로니가후서 1장 10절이다. 이 구절의 문맥을 살펴보면 다음과 같다.

> "이는(너희가 견디고 있는 모든 박해와 환난은) 하나님의 공의로운 심판의 표요 너희로 하여금 하나님의 나라에 합당한 자로 여김을 받게 하려 함이니 그 나라를 위하여 너희가 또한 고난을 받느니라 너희로 환난을 받게 하는 자들에게는 환난으로 갚으시고 환난을 받는 너희에게는 우리와 함께 안식으로 갚으시는 것이 하나님의 공의시니 주 예수께서 자기의 능력의 천사들과 함께 하늘로부터 불꽃 가운데에 나타나실 때에 하나님을 모르는 자들과 우리 주 예수의 복음에 복종하지 않는 자들에게 형벌을 내리시리니 이런 자들은 주의 얼굴과 그의 힘의 영광을 떠나 영원한 멸망의 형벌을 받으리로다 그 날에 그가 강림하사 그의 성도들에게서 영광을 받으시고 모든 믿는 자들에게서 놀랍게 여김을 얻으시리니 이는 (우리의 증거가 너희에게 믿어졌음이라)"(5-10절)

이 성경 본문의 중요한 부분들은 나중에 8장과 9장에서 좀 더 자세히 살펴보기로 하고, 여기에서는 10절에만 초점을 맞추기로 하자. "그 날에 그가 강림하사 그의 성도들에게서 영광을 받으시고(엔독사스데나이)²¹ 모든 믿는 자들에게서 놀랍게 여김을 얻으시리니(다우마스데나이)."

위의 말씀은 재림의 목적을 가장 명확하게 진술하고 있는 성경 본

문 가운데 하나다. 그것이 그리스도의 목적이다. 바울은 재림의 이중
적인 목적(영광을 받는 것과 놀랍게 여김을 얻는 것)을 명시했다. 하나님이 뜻
하신 재림의 목적은 여러 가지이지만, 이 말씀은 궁극적인 목적(즉 다
른 목적들을 이루는 수단이 아닌 그 자체로 목적인 것)이 무엇인지를 분명하게
보여준다.

영광을 받는 것과 놀랍게 여김을 얻는 것은 서로 어떻게 연관되는가

이 성경 구절이 현재의 논의에 매우 적절한 이유는 '영광을 받는
것'과 '놀랍게 여김을 얻는 것'이 내가 문제의 핵심(그리스도의 재림을 통
해 나타나는 영광과 신자들의 마음속에서 일어나는 영광의 경험의 상호관계)으로 일
컬은 것을 확실하게 드러내고 있기 때문이다. 그리스도께서 재림을
통해 영광을 받으시는 것과 놀랍게 여김을 얻으시는 것은 서로 어떤
연관성이 있을까?

영광스럽게 한다는 것은 주님의 영광을 나타내는 것, 곧 그 위대함
을 있는 그대로 드러내 보여주는 것을 의미한다. 다시 말해, 주님의
영광을 크게 드러낸다는 것은 현미경처럼 작은 것을 실제보다 더 크
게 보이게 만드는 것이 아니라 망원경처럼 상상할 수 없을 정도로 큰

---

2) 바울은 이 구절과 12절에서만 '독사조'라는 좀 더 일반적인 동사 대신에 '엔-독사스데나
이'라는 합성동사를 사용했다. 두 경우 모두, 이 동사 앞에는 '엔'이라는 전치사가 붙어 있
다(10절의 "그의 성도들에게서"도 '엔 토이스 하기오이스 아우투'를 번역한 것이다). 이 동사를 사용
한 의도는 영광을 돌리는 행위가 성도들 안에서 일어난다는 사실을 보여주기 위한 것이다.
물론, 그것이 전적으로 내면적인 차원에서 일어나는 현상인 것은 아니지만, 그런 차원을 지
니는 것만은 분명하다. 다시 말해, "바위와 산과 별들도 하나님을 영화롭게 한다."라는 식으
로 영광을 돌리는 행위가 인간의 마음과 따로 분리된 상태로 이루어지는 것은 결코 아니다.
그런 사물들은 단지 창조주의 영광을 반영함으로써 영광을 돌릴 뿐이다. 하나님은 '성도들
안에서'처럼 '그것들 안에서' 영광을 받지 않으신다.

것을 있는 그대로 더욱 밝히 보이게 한다는 의미를 지닌다. 그런 일이 주님의 위대하심과 가치와 아름다우심에 관심을 집중하게 만드는 찬양의 말이나 행위를 통해 이루어진다.

한편, 놀랍게 여긴다는 것은 인간의 마음과 정신 속에서 일어나는 행위다. 그것은 우리가 감정이라고 일컫는 것의 발현, 곧 놀라움이나 경이로움을 느끼는 마음 상태를 가리킨다. '놀랍게 여긴다'라는 용어 자체에는 긍정적인 감정이 내포되어 있지 않다. "그들이 믿지 않음을 이상히 여기셨더라(놀랍게 여기셨더라)"(막 6:6)라는 말씀이 암시하는 대로, 기쁜 찬미와는 무관한 단순한 놀라움만 존재할 때도 있다. 그러나 데살로니가후서 1장 10절에 사용된 이 용어는 매우 긍정적인 의미를 내포하고 있다. 예수님은 이를 위해 세상에 다시 오실 것이다. 재림의 소망은 "복스러운 소망(마카리안 엘피다)"이다(딛 2:13). 우리는 "그의 영광을 나타내실 때에…즐거워하고 기뻐할 것이다"(벧전 4:13). 예수님이 재림을 통해 얻으실 놀라움은 기쁨에 겨운 놀라움이다.

이처럼 '영광을 받는 것'은 주님의 영광이 외적으로 드러나는 것을 가리키고, '놀랍게 여김을 얻는 것'은 그 영광을 보고 내적으로 깜짝 놀라 높이 우러르는 것을 가리킨다. 영광을 받는 것에 놀랍게 여김을 얻는 것이 더해지면, 영광을 받는 것은 단지 영광을 외적으로 드러내는 것에 그치지 않고, 내적인 애정을 일깨우는 데까지 나아간다. 그리스도의 영광은 햇빛이 무감정한 달에 비치는 것처럼 그분의 백성에게 비치지 않는다. 그분의 영광의 비침은 사랑하는 자의 임재가 사랑받는 자의 얼굴에 반사되는 그러한 비침이다.

나는 이것을 문제의 핵심으로 일컬었다. 그리스도께서는 단지 영광스럽게 보이거나 나타나기 위해서가 아니라 그 영광으로 인해 놀랍게 여김을 받기 위해 재림하실 것이다. 그분은 자신의 영광스러운 인격을 객관적으로 나타내기 위해서만이 아니라 신자들이 자신의 영광스러운 인격을 직접 경험할 수 있게 하려고 오실 것이다. 그분이 재림하시는 목적은 자신의 영광을 인정받고, 놀랍게 여김을 받기 위해서다. 온 우주에 자신을 나타내고, 성도들의 뜨거운 사랑을 받는 것이 그분의 목적이다.

그러나 이 두 가지 목적은 벽난로 위의 선반에 나란히 놓여 있는 두 개의 트로피처럼 서로 분리되어 있지 않다. 문제의 핵심은 예수님의 재림을 놀라움과 찬탄과 사랑으로 받아들이는 내적 경험과 그분의 위대하심을 외적으로 찬양하며 영광을 돌리는 것이 서로 하나라는 것이다. 놀랍게 여기는 것이 없으면 영광을 받는 것은 알맹이 없는 껍데기에 지나지 않을 것이다. 사탄도 이 점을 분명하게 알고 있었다. 그는 자신이 천하만국을 소유하고, 다스리는 영광을 누린다고 해도 경배를 받지 못하면 아무것도 아니라는 것을 누구보다 잘 알고 있었다. 경배와 찬양과 놀라움과 사랑이 있어야만 영광을 받는 것이 공허해지지 않고 충만해진다.

기독교 희락주의

나는 "우리가 하나님 안에서 가장 크게 만족할 때 그분은 우리 안에서 가장 큰 영광을 받으신다."라는 진리를 설파하는 데 지난 50년의 삶을 바쳤다. 나는 그것을 '기독교 희락주의'로 일컬었다. 여기에서 우리는 또다시 이 진리와 마주친다. 이것이 문제의 핵심이다. 하나님은 처음부터 끝까지 자신의 영광을 위해 모든 일을 하신다. 이 진리가 성경 전체를 관통한다.[3]

"내 이름을 위하여 내가 노하기를 더디 할 것이며 내 영광을 위하여 내가 참고 너를 멸절하지 아니하리라 보라 내가 너를 연단하였으나 은처럼 하지 아니하고 너를 고난의 풀무 불에서 택하였노라 나는 나를 위하며 나를 위하여 이를 이룰 것이라 어찌 내 이름을 욕되게 하리요 내 영광을 다른 자에게 주지 아니하리라"(사 48:9-11).

하나님은 태초에 자신의 영광을 위해 우리를 창조했고(사 43:6-7), 성자를 세상에 보냈으며(눅 2:14, 요 12:27-28), 언젠가 또다시 그분을 보내실 것이다(살후 1:10). 우리가 알고 있는 역사는 그분의 재림을 통해 절정에 달할 것이다. 하나님이 창조하신 피조세계는 그리스도를 드높이는 하나님 중심적인 우주이고, 세상의 역사도 그리스도를 드높이는 하나님 중심적인 역사다. "만물이 다 그로 말미암고 그를 위해 창조되었다"(골 1:16). 일어나는 모든 사건과 존재하는 모든 것이 궁극적으로 하나님의 탁월하심을 온전하게 드러내기 위한 목적을 지닌다.[4] 하나님은 "모든 일을 그의 뜻의 결정대로 일하신다"(엡 1:11).

그러나 문제의 핵심은 그것이 아니다. 문제의 핵심은 하나님의 백성이 그분의 영광을 직접 경험하고 큰 놀라움을 느낄 때 비로소 궁극적인 목적(곧 하나님이 예수 그리스도 안에서 영광을 받으시는 것)이 이루어진다는 것이다. 내가 '큰' 놀라움이라고 말한 이유는 평범한 감정만으로는 사랑의 감정을 충분히 나타낼 수 없기 때문이다. 하나님은 우리

이 진리를 가르치는 성경 구절들을 모아놓은 자료를 원한다면 John Piper, "Biblical Texts to Show God's Zeal for His Own Glory," Desiring God, November 24, 2007, https:// www .desiring god .org/을 참조하라.

4) 이 주장을 뒷받침하고, 설명하는 내용을 원한다면 John Piper, *Providence*를 참조하라.

에게 마음의 절반이나 3분의 2가 아닌 전부를 바쳐 자신을 사랑하라고 명령하셨다(마 22:37). 성경은 "너희의 마음을 다하여 그를 섬길지니라"(수 22:5), "너는 마음을 다하여 여호와를 신뢰하고"(잠 3:5), "너희가 온 마음으로 나를 구하면"(렘 29:13), "마음을 다하여 내게로 돌아오라"(욜 2:12), "전심으로 기뻐하며 즐거워할지어다"(습 3:14)라고 가르친다. 비록 현세에서는 그렇게 할 수 없더라도 그 날에는 그렇게 할 수 있게 될 것이다. 그리스도께서 재림하시는 목적은 평범한 놀라움을 얻기 위해서가 아니다.

그 날이 되어 그리스도를 보면, 우리는 변화되어 마땅히 느껴야 하는 대로 느낄 수 있게 될 것이다(요일 3:2). 그런 마음의 애정(즉 영광에 고무된 놀라움)이 만물의 궁극적인 목적이다. 하나님은 우리가 자기 안에서 가장 큰 만족을 느낄 때 가장 큰 영광을 받으신다. 하나님의 목적은 영광을 나타내는 것이나 성도들이 기뻐하며 놀랍게 여기는 것 중 하나에만 있지 않다. 그분의 목적은 그 두 가지를 모두 지향한다. 영광은 기쁨에 찬 놀라움을 불러일으키고, 기쁨에 찬 놀라움은 영광의 가치와 아름다움과 위대함을 확증한다. 이것이 문제의 핵심이고, 하나님이 정하신 만물의 목적이다.

불완전한 사랑으로 인한 불행한 결과를 피하라

이제는 3장과 4장의 실천적이고, 개인적인 목적을 잠시 살펴봐야 할 때가 되었다. 이 두 장의 목적은 그리스도의 재림에 대한 그릇된 사랑으로 인해 불행한 결과가 초래되는 것을 방지하는 데 있다. 이미 앞에서 마태복음 7장 21-23절을 통해서 재림과 관련된 불행한 결과를 살펴보았고, 요한복음 5장 38-44절을 통해서 초림과 관련된 불행한 결과를 살펴보았다. 둘 다 그리스도의 나타나심을 그릇 사모했던 사람들을 다룬 내용이었다. 메시아의 강림을 사모했던 그들의 마음은 그가 오시는 목적에 부합하지 않았다.

문제는 영광이었다. "너희가 서로 영광을 취하고 유일하신 하나님 께로부터 오는 영광은 구하지 아니하니 어찌 나를 믿을 수 있느냐"(요 5:44). 그들은 하나님에게서 오는 영광이 아닌 사람에게서 오는 영광을 좋아했다. 그러나 그리스도께서는 사람의 칭찬을 좋아하는 타락한 인간들을 인정해주기 위해 오지 않으셨다. 그분은 자기 자신이 아닌 하나님을 삶의 중심에 두는 획기적인 변화를 경험할 백성들을 일으켜 세우기 위해 오셨다. 그리스도께서 처음에 오신 목적은 죄인들을 위해 죽음으로써 자기 영광을 사랑하는 자기 파괴적인 사랑을 하나님의 영광을 사랑하는 만족적 경험으로 대체하기 위해서였다. "그가 모든 사람을 대신하여 죽으심은 살아 있는 자들로 하여금 다시는 그들 자신을 위하여 살지 않고 오직 그들을 대신하여 죽었다가 다시 살아나신 이를 위하여 살게 하려 함이라"(고후 5:15).

그러나 예수님 당시의 사람들 가운데는 그분의 목적을 혐오스럽게 느껴지게 하는 방식으로 메시아의 나타남을 사모했던 사람들이 많았다. 예수님의 목적은 사람의 칭찬을 좋아했던 그들의 마음 상태와 일치하지 않았다. 그들은 자기 의 안에서 자기 자신을 높이는 사람을 하나님이 인정해주실 것이라고 생각했기 때문에(눅 18:11-14) 예수님을 믿는 것이 불가능했다(요 5:44). 그리스도의 나타나심을 사모했던 그들의 마음 상태는 그분의 목적과 일치하지 않았기 때문에 불행한 결과를 초래할 수밖에 없었다.

그리스도의 나타나심을 사모하려면 자기는 낮추고, 그리스도는 높이는 사랑이 필요하다

지금까지 그리스도의 재림과 관련된 문제의 핵심을 살펴보았다. 이 번에는 우리 자신을 잠시 점검해 보자. 그리스도의 나타나심을 사모하는 당신의 마음이 그분이 원하시는 재림의 목적에 부합하는가? 문제의 핵심은 그분이 다시 오시는 목적이 영광을 받고, 놀랍게 여김을 얻으시기 위해서라는 것에 있다. 그리스도께서 원하시는 재림의 목적은 그리스도를 높이는 것이다. 그분은 자신의 영광이 으뜸이 되고, 중심이 되기를 원하신다. 그분은 자신의 영광을 세상 이쪽에서 저쪽까지 온전히 드러내기를 원하신다(눅 17:24). 그 영광은 성도들의 기쁨에 찬 놀라움을 통해 가장 밝게 드러날 것이다. 우리는 관심의 초점이 아니다. 그리스도께서 관심의 초점이시고, 그분이 중심이 되어 영광이 드러나는 것이 우리의 기쁨이 될 것이다. 우리가 그리스도의 지극한 영광을 보고 놀랍게 여길 때 그분은 온전한 영광을 받으시고, 우리의 기쁨은 절정에 달할 것이다.

우리는 다음과 같은 질문으로 우리 자신을 점검해봐야 할 필요가 있다. 이런 말이 못마땅하게 들리는가? 우리의 마음속에 여전히 관심의 초점이 되고 싶은 욕망이 남아 있어 듣기가 거북한가? 그리스도께서 높임을 받으시는 것이 그분의 목적이라는 말이 이기적으로 들리는가? 아니면 우리는 그리스도께서 죽으신 목적을 경험했는가? 즉 철저하게 변화된 자로서 그리스도께서 영광을 받으시기 위해 재림하시는 것을 사모하는가? 주님이 "주의 나타나심을 사모하는 모든 자에게" 의의 면류관을 주실 것이라는 말씀에서(딤후 4:8) 말하는 사모함은 바로 그런 것이다. 그것은 지극히 영광스러운 그리스도께서 성도들로부

터 놀랍게 여김을 받기 위해 재림하시는 것을 보고 크게 반기며 놀라
워하는 사랑을 마음에 품는 것이다.

5.
그리스도께서 나타나실 때에
우리에게 가져다주실 은혜

그리스도께서 성부와 수많은 천사의 영광과 함께 다시 오시면 온세상에 큰 심판이 임할 것이다. "그가 구름을 타고 오시리라 각 사람의 눈이 그를 보겠고 그를 찌른 자들도 볼 것이요 땅에 있는 모든 족속이 그로 말미암아 애곡하리니 그러하리라"(계 1:7). 재림은 그때까지 세상의 역사 속에서 일어난 그 어떤 사건과도 다른 두려운 일이기에 모두 아연실색한 채 자신의 눈을 의심할 것이 틀림없다. 우리의 마음속에서 당연히 일어날 수밖에 없는 두려움 가운데 하나는 "그런 공포 가운데서도 과연 은혜가 존재할 것인가?"이다. 이번 장의 목적은 이질문에 대한 대답을 통해 주님의 나타나심을 사모하는 마음을 더욱 강렬하게 만드는 데 있다.

은혜 안에서 소망을 가지라는 명령

베드로의 두 서신에는 주님의 재림에 관한 내용이 많다(벧전 1:5, 7, 13, 2:12, 4:7, 12, 13, 5:1, 4, 벧후 1:16-19, 2:9, 3:1-13). "주께는 하루가 천 년 같고 천 년이 하루 같다"(벧후 3:8)는 말씀이 암시하는 대로, 그는 재림이 먼 미래에 있을지도 모른다는 생각을 품고 있었는데도 그것을 당시의 신자들에게 더할 나위 없이 중요한 의미를 지닌 문제로 다루었다. 재림에 관한 그의 가르침 가운데 가장 큰 기쁨과 소망을 일깨우는 것은 베드로전서 1장 13절이다. 그는 그곳에서 "예수 그리스도께서 나타나실 때에 너희에게 가져다주실 은혜를 온전히 바랄지어다"라는 말로 그리스도의 나타나심을 사모하는 마음을 뒷받침해줄 가장 든든한 토대 가운데 하나를 제시했다.

보지 않고 사모하며 기다려야 할 상황

이 명령의 문맥을 살펴보면, 베드로가 1장 5절에서 "너희(신자들)는 말세에 나타내기로 예비하신 구원을 얻기 위하여 믿음으로 말미암아…보호하심을 받았느리라"라고 말한 내용이 발견된다. '말세'는 예수님이 재림하실 때를 가리킨다. 베드로는 두 절 뒤에서 신자들에게 현재의 고난은 예수님의 재림을 위해 그들을 연단하는 정화의 불과 같다고 말했다. 그들이 시련을 겪는 이유는 "너희 믿음의 확실함은 불로 연단하여도 없어질 금보다 더 귀하여 예수 그리스도께서 나타나실 때에 칭찬과 영광과 존귀를 얻게 하기" 위해서라고 말한다(벧전 1:7). 여기서 말하는 나타나심은 "말세에 나타내기로 예비하신 구원을" 가져다주는 그리스도의 재림을 가리킨다.

베드로는 그리스도의 재림을 '예수 그리스도의 나타나심'으로 묘사하기를 좋아했다(벧전 1:5, 13, 4:13, 5:1). 이 말은 지금은 예수님을 '볼 수 없지만' 재림을 통해 그분이 다시 나타나실 것이라는 사실을 상기시켜 준다. 그때가 되면 예수님을 볼 수 있다. 베드로는 직접 예수님을 보았다. 그는 우리도 그렇게 될 것이라고 말했다. 그는 "그리스도의 고난의 증인"이었다(벧전 5:1). 그러나 그는 이제 사랑하는 주님을 기다려야 하는 평범한 그리스도인들처럼 인내해야 했다. 그는 "예수를 너희가 보지 못하였으나 사랑하는도다 이제도 보지 못하나 믿고 말할 수 없는 영광스러운 즐거움으로 기뻐하니"(벧전 1:8)라고 말했다.

베드로는 예수님을 볼 수 없는 일시적인 상황 속에서 신자들의 소망을 일깨워 그분을 향한 사랑이 그분의 나타나심을 사모하는 마음으로 발전시키려고 했다. 그는 선지자들이 그리스도께서 "받으실 고난과 후에 받으실 영광"을 통해 하나님의 백성에게 "임할 은혜를 예언"했다고 말했다(벧전 1:10-11). 은혜는 그리스도의 고난을 통해 이미 주어졌고, 그분의 영광을 통해 또다시 주어질 것이다. 심지어는 천사들도 하나님의 위대한 은혜의 역사를 살펴보기를 원한다(벧전 1:12).

사랑을 뒷받침하는 든든한 토대

베드로는 "그러므로 너희 마음의 허리를 동이고 근신하여 예수 그리스도께서 나타나실 때에 너희에게 가져다주실 은혜를 온전히 바랄지어다"(벧전 1:13)라고 말했다. 이 말씀은 그리스도의 나타나심을 사모하는 마음을 뒷받침해줄 가장 든든한 토대 가운데 하나를 제공한다. 이 든든한 토대는 다름 아닌 하나님의 은혜다. 그리스도께서 하늘로부터 나타나시면 그분의 백성은 그것을 은혜로 경험하게 될 것이다. 그 날에 그들에게 일어나는 모든 일은 이 토대, 곧 은혜에 근거한다.

은혜의 영광

'은혜'라는 용어는 확고한 기독교적 개념으로 확립되어 있기 때문에 베드로는 그것을 굳이 정의하려고 애쓰지 않았다. 그러나 마치 모두가 은혜의 영광을 이미 알고, 느끼고 있는 것처럼 그 의미를 무관심하게 대충 보아 넘기는 것은 바람직하지 않다. 바울 사도는 신약성경에서 이 용어의 의미를 영광스럽고, 분명하게 드러냈다. 영어로 번역된 신약성경에는 '은혜'라는 용어가 모두 124회 사용되었는데 그 가운데 84회가 바울의 서신서에서 발견된다.

하나님의 은혜는 심판을 받아야 마땅한 사람들에게 구원을 베풀려는 하나님의 성향과 행위를 가리킨다. 다시 말해, 하나님의 은혜는 단순히 자격이 없는 사람들이 아닌 징벌을 받아야 할 사람들에게 선을 베푸는 것을 의미한다. 모든 사람이 죄를 지었다(롬 3:9, 23). 따라서 우리는 단지 자격이 없는 것이 아니라 징벌을 받아야 마땅하다. 우리는 하나님의 진노를 받아야 마땅하다. 우리도 "다른 이들과 같이 본질상 진노의 자녀일" 뿐이다(엡 2:3). 만일 하나님의 속성이 엄격한 정의를 베푸는 것뿐이라면, 우리는 영원한 형벌을 받을 수밖에 없다(마 25:46, 살후 1:9). 지옥의 형벌이 아닌 이상, 그 어떤 고난도 우리가 마땅히 받아야 할 고난에는 미치지 못한다.

그러나 하나님의 정의는 그분의 유일한 속성이 아니다. "그러나 죄가 더한 곳에 은혜가 더욱 넘쳤나니 이는 죄가 사망 안에서 왕 노릇한 것 같이 은혜도 또한 의로 말미암아 왕 노릇 하여 우리 주 예수 그리스도로 말미암아 영생에 이르게 하려 함이니라"(롬 5:20, 21)라는 말씀에 인류의 희망이 있다. "모든 사람에게 구원을 주시는 하나님의 은혜가 나타났다"(딛 2:11). 은혜로 인해 놀랍게도 하나님의 정의가 그대로 유지되면서 범죄한 죄인들이 정죄가 아닌 의롭다 함을 받을 수 있는 길이 열렸다. 우리는 "그리스도 예수 안에 있는 속량으로 말미암아 하나님의 은혜로 값없이 의롭다 하심을 받는다"(롬 3:24). 하나님과 올바른 관계를 회복하는 것은 값없이 주어지는 은혜다. 이것이 은혜의 역사다.

이것이 가능한 이유는 그리스도께서 우리를 대신해 저주를 받으셨기 때문이다(갈 3:13). 우리의 채무(죄의 빛)를 기록한 증서가 그리스도의 십자가에 못 박혔다(골 2:14). "하나님이 죄를 알지도 못하신 이를 우리를 대신하여 죄로 삼으신 것은 우리로 하여금 그 안에서 하나님의 의가 되게 하려 하심이라"(고후 5:21). "은혜와 의의 선물을 넘치게 받는 자들은 한 분 예수 그리스도를 통하여 생명 안에서 왕 노릇 하리로다"(롬 5:17). 은혜를 받아들이는 것을 '믿음'이라고 일컫는다. "우리가 **믿음으로** 의롭다 하심을 받았으니…하나님과 화평을 누리자"(롬 5:1).

하나님의 은혜는 우리의 소망을 뒷받침하는 든든한 토대다. 은혜의 기원은 영원 전까지 거슬러 올라간다. "하나님이 우리를 구원하사…부르심은 우리의 행위대로 하심이 아니요 오직 자기의 뜻과 영원 전부터 그리스도 예수 안에서 우리에게 주신 은혜대로 하심이라"(딤후 1:9). 우리를 구원한 은혜는 창세 전에 우리에게 주어졌다. 바울은 에베소서에서 "그 기쁘신 뜻대로 우리를 예정하사 예수 그리스도로 말미암아 자기의 아들들이 되게 하였으니 이는 그가 사랑하시는 자 안에서 우리에게 거저 주시는 바 그의 은혜의 영광을 찬송하게 하려는 것이라"(1:5, 6)라는 말로 이 점을 언급했다. 하나님이 자기 백성을 영원 전에 자녀로 입양하기로 예정하신 목적은 은혜의 영광을 찬송하게 하시기 위해서였다. 그것이 곧 하나님이 영원 전에 작정하신 영원한 계획이었다.

은혜의 토대는 영원 전에 놓였기 때문에 "우리를 사랑하시고 영원

한 위로와 좋은 소망을 은혜로 주신 하나님 우리 아버지"(살후 2:16)라
는 말씀대로 은혜가 우리를 영원한 미래로 이끌어 무한한 기쁨을 누
리게 할 것이라고 굳게 확신할 수 있다. 영원한 위로가 은혜를 통해
우리에게 주어질 것이다. 은혜 덕분에 우리의 위로와 소망은 견고할
것이다. "우리로 그의 은혜를 힘입어…영생의 소망을 따라 상속자가
되게 하려 하심이라"(딛 3:7). 우리는 늘 은혜를 통해 새로운 만족을 얻
으며 영원히 살 것이다. "이는 그리스도 예수 안에서 우리에게 자비하
심으로써 그 은혜의 지극히(측정할 수 없게) 풍성함을 오는 여러 세대에
나타내려 하심이라"(엡 2:7). 은혜는 지극히(측정할 수 없게) 풍성하기 때
문에 우리의 기쁨의 증가는 끝이 없을 것이다. 우리가 그리스도 안에
서 조금도 지루해하지 않고 늘 새롭게 생명을 만끽할 수 있는 이유는
하나님의 무궁무진한 은혜, 곧 영원부터 영원까지 계속되는 무궁한
은혜 때문이다.

상상해 보라

다시 베드로전서 1장 13절("예수 그리스도께서 나타나실 때에 너희에게 가져
다주실 은혜를 온전히 바랄지어다")을 살펴보자. 베드로는 그리스도께서 나
타나실 때에 우리에게 이루어질 여러 현실들 가운데 굳이 "너희에게
가져다주실 은혜"에 대해 언급했다. 이것은 의심하고, 걱정하며, 넘어
지기 잘하는 우리 같은 사람들에게 참으로 좋은 소식이 아닐 수 없다.

그 순간이 어떨지 한 번 상상해 보라. 그리스도께서 나타나실 때 어
떤 광경이 펼쳐질지 세부적으로 정확하게 알 길은 없다. 그러나 상상
력을 조금만 발휘하면 그 광경에 압도될 것이 틀림없다. 그리스도의
실재에 관한 모든 의심이 삽시에 흔적도 없이 사라지고, 모든 것이 확

실하고, 뚜렷해질 것이다. 가상의 것은 전혀 없이 순전한 현실만이 떠오를 것이다. 생전 처음, 보이지 않는 것들을 믿는 믿음에만 머물지 않고, 직접 모든 것을 보게 될 것이다. 그 거대한 광경에 우리의 가슴은 터질 듯 벅차오를 것이다. 그 사건(재림)의 깊이를 헤아리는 것은 우리의 능력을 벗어난 일이기에 그저 놀랄 수밖에 없을 것이다.

그리스도께서는 완전하고, 거룩할 뿐 아니라 엄청난 능력을 지니고 계시지만, 우리는 우스꽝스러울 정도로 연약하고, 초라할 뿐 아니라 도덕적으로 악하고, 속되며 하찮은 삶을 살았기 때문에 그 무한한 괴리감이 감당할 수 없이 무겁고, 두렵게 느껴질 수밖에 없을 것이다. "(예수님이) 자기의 능력의 천사들과 함께 하늘로부터 불꽃 가운데에 나타나실 때에 하나님을 모르는 자들과 우리 주 예수의 복음에 복종하지 않는 자들에게 형벌을 내리시리니"(살후 1:7-8). 그리스도 밖에 있는 모든 자들에게 그 순간은 온화하고 사랑스럽게 느껴지는 것이 아무것도 없고, 순전한 공포와 형벌이 주어질 것이다. 복음을 받아들이지 않은 사람들을 위한 하나님의 인내는 그것으로 끝나게 될 것이다.

희망은 오직 은혜뿐이다

희망은 오직 하나, 은혜뿐이다. 무슨 공로를 생각해서는 안 된다. 다른 사람들보다 조금 더 낫다거나 충분한 자격이 있다고 생각해서도 안 된다. 마치 지금까지 눈을 피해 은밀히 해오던 일을 또다시 몰래 저지르려다가 현장에서 들통이 났을 때처럼, 그저 입을 굳게 다문 채로 우리의 절대적인 무력함을 인정해야 한다. 의지할 것이나 피할 곳이나 호소할 곳은 어디에도 없다. 희망이 있다면 오직 은혜뿐이다. 이것이 베드로가 그리스도께서 나타나실 때에 우리에게 주어질 것을

'은혜'라는 한마디로 일컬었던 이유다.

13절의 '너희'는 누구를 가리킬까? '너희'는 하나님이 "예수 그리스도를 죽은 자 가운데서 부활하게 하심으로 말미암아…거듭나게 하사 산 소망이 있게 하신"(벧전 1:3) 자들, 곧 "말세에 나타내기로 예비하신 구원을 얻기 위하여 믿음으로 말미암아…보호하심을 받은"(벧전 1:5) 자들을 가리킨다. 다시 말해, 고난을 통해 믿음의 연단을 받고(벧전 1:7), 보이지 않는 그리스도를 사랑하고, 신뢰하는 자들을 말한다.

그들에게는 그리스도의 날이 멸망의 날이 아닌 은혜의 날이 될 것이다. 그 은혜는 인격적인 은혜다. 내가 '인격적'이라고 말한 이유는 베드로가 "너희에게 가져다주실 은혜"라는 특별한 표현을 사용했기 때문이다. 그는 '너희에게 임할 은혜'가 아닌 '너희에게 가져다주실 은혜(텐 페로메넨 후민 카린)'라는 표현을 사용했다. 누군가가 은혜를 가져다줄 것이다. 은혜는 분위기나 기분과 같은 비인격적인 형태로 주어지지 않고, 예수님이 직접 가져다주실 것이다. 바꾸어 말해, 은혜는 예수님의 마음으로부터 나올 것이다. 예수님은 자기 백성에게 은혜를 베풀려는 마음으로 오실 것이다.

그 장엄한 날은 충격과 놀람을 불러일으키는 비인격적인 사건이 아닌 지극히 인격적인 사건이 일어나는 날이 될 것이다. 부활하신 그리스도, 곧 하나님이요 사람이신 주님이 우리의 상상을 초월하는 방식으로 우리를 인격적으로 대해주실 것이다. 그분은 우리의 이름을 아신다. "내가 너희를 고아와 같이 버려두지 아니하고 너희에게로 오리라"(요 14:18)라는 말씀대로, 주님은 우리를 사랑스럽게 받아주실 것이다. 혹시라도 주님이 우리를 죽이기 위해 칼을 들고 오실 것이라는 생각이 든다면, 베드로의 말을 기억하기 바란다. 우리가 간절히 기다리는 주님의 마음과 손에는 은혜가 간직되어 있다. 그분은 우리에게 은혜를 가져다주실 것이다.

허리를 동이고 근신하라

베드로는 "은혜를 온전히 바랄지어다"(벧전 1:13)라는 명령 앞에 두 개의 분사를 사용해 이 소망을 늘 생생하게 간직하는 데 필요한 것이 무엇인지를 알려주었다. 즉 그는 "너희 마음의 허리를 동이고(아나조사 메노이 타스 오스푸아스 테스 디아노이아스 후몬) 근신하여"라고 말했다.[1] 베드로는 첫 번째 분사를 통해 긴 옷을 입고 있는 사람이 달리다가 걸려 넘어지는 일이 없게 하려고 옷을 다리 사이로 걷어 올려 허리띠로 묶어 마치 엉덩이를 감싸고 있는 반바지처럼 만드는 모습을 묘사했다.

베드로는 우리의 마음도 그렇게 해야 한다고 말했다. 이것은 영적 현실은 물론, 다른 모든 현실을 다룰 때 마음이 즉각적으로 반응할 수 있도록 항상 민활하게 유지해야 한다는 의미를 담고 있다. 은혜의 현실을 붙잡고, 그것을 항상 바라보고, 그 영광을 맛보고, 온전한 소망을 유지하고, 인자의 재림이 임박했다고 느낄 때 머뭇거리지 않으려면 마음을 언제라도 행동할 수 있는 상태로 유지하는 것이 필요하다.

'근신하라(베폰테스)'라는 나머지 분사도 기본적으로 이와 동일한 의미를 지닌다. 술에 취하면 감각이 무뎌져 마음의 인지 능력과 반응력이 제대로 작동하지 않는다. 그렇게 되면 분명하게 보지 못하고, 지혜

---

1) 이것은 Robert H. Gundry, *Commentary on the New Testament: Verse-by-Verse Explanations with a Literal Translation* (Peabody, MA: Hendrickson, 2010), 939에 제시되어 있는 번역이다.

롭게 행동하지 못할 위험이 크다. 그리스도께서 나타나실 때에 우리에게 은혜를 가져다주실 것이라는 영광스러운 약속이 주어졌지만, 우리의 마음이 세상에 취해 있으면 그 약속이 아무런 유익이 없다. 그런 상태로는 약속을 바라볼 수도 없고, 믿을 수도 없다.

베드로는 신자들이 깨어 있는 마음과 준비된 태도로 늘 주님의 나타나심을 기대하며 살기를 바랐다. "너희에게 가져다주실"(is being brought to you)이라는 동사는 미래 시제가 아닌 현재 시제다. 이것은 '앞으로 너희에게 은혜가 주어질 것이다'가 아니라 '지금 너희를 향해 은혜가 주어지고 있다'라는 뜻이다. 즉 은혜는 이미 주어지고 있는 중이다. 은혜가 도착하기까지 몇 달이 걸릴지, 몇백 년이 걸릴지는 문제의 본질이 아니다. 베드로는 그 두 가지 가능성을 모두 염두에 두었다(벧전 4:7, 벧후 3:8). 우리가 해야 할 일은 은혜가 임할 때가 언제일지를 생각하며 사변을 일삼는 것이 아니라 깨어 있는 민활한 마음으로 재림의 은혜를 '온전히 바라는' 것이다.

다시 말해, 베드로는 가용한 수단을 이용해 그리스도의 재림을 준비하는 것이 신자들을 향한 하나님의 뜻이라는 사실을 분명하게 의식했다. 여기에서 '준비한다'라는 말은 항상 소망을 잃지 않고, 간절히 기다리는 마음으로 살아가야 한다는 뜻이고, '가용한 수단'이라는 말은 '마음의 허리를 동이고 근신하라'라는 두 가지 명령을 가리킨다. 아마도 이해력이 빠른 독자라면 이 두 가지 수단이 이미 예수님의 가르침 안에 언급되었었다는 것을 쉽게 알아차릴 것이다.

허리를 동이고 깨어 있으라는 예수님의 가르침

예수님은 허리를 동이고, 깨어 있는 것을 재림을 준비하는 수단으로 제시하셨다. 그분은 누가복음 12장 40절에서 "그러므로 너희도 준비하고 있으라 생각하지 않은 때에 인자가 오리라"라고 말씀하셨다. 예수님은 자신의 재림을 혼인 잔치에 참석했다가 집에 돌아온 주인에 빗대어 말함으로써 준비하는 것이 무엇인지를 구체적으로 묘사하셨다. 종들은 주인을 위해 문을 열어줄 준비를 하고 있어야 했다. 따라서 예수님은 이렇게 말씀하셨다.

> "허리에 띠를 띠고(후몬 아이 오스푸에스 페이리에조스메나이) 등불을 켜고 서 있으라 너희는 마치 그 주인이 혼인 집에서 돌아와 문을 두드리면 곧 열어주려고 기다리는 사람과 같이 되라"(눅 12:35, 36).

보다시피, 베드로전서 1장 13절에서는 "허리를 동이고(아나조사메노이)"라고 되어 있지만, 여기에는 "허리에…띠고(페이리에조스메나이)"라고 되어 있다. 그 이유는 '걷다(존누미)'라는 동사 앞에 다른 접두어가 사용되었기 때문이다. 그러나 '허리(오스푸스)'라는 용어는 두 곳 모두 똑같고, 개념도 동일하다. 주인이 기대하는 일을 하고, 그가 올 때를 준비하려면 언제라도 행동할 수 있도록 마음과 정신을 깨어 있는 상태로 유지해야 한다. 예수님은 한 가지 비유(집에 돌아오는 주인)를 들어 이 점을 가르치셨고, 베드로는 한 가지 은유(민활한 마음의 상태)를 통해 그와 똑같은 가르침을 베풀었다.

아울러, 예수님도 베드로처럼 근신하는 태도를 자신의 재림을 준비하는 수단으로 가르치셨다. 그분은 자신의 재림을 집을 떠나 있다가 다시 돌아와서 종이 자신이 당부했던 일을 잘했는지 잘못했는지를 확인하는 주인에게 빗대셨다(눅 12:45). 종이 일을 잘하지 못한 이유는 무엇이었을까? 그 이유는 술에 취했기 때문이었다.

> "주께서 이르시되 지혜 있고 진실한 청지기가 되어 주인에게 그 집 종들을 맡아 때를 따라 양식을 나누어 줄 자가 누구냐 주인이 이를 때에 그 종이 그렇게 하는 것을 보면 그 종은 복이 있으리로다 내가 참으로 너희에게 이르노니 주인이 그 모든 소유를 그에게 맡기리라 만일 그 종이 마음에 생각하기를 주인이 더디 오리라 하여 남녀 종들을 때리며 먹고 마시고 취하게 되면 생각하지 않은 날 알지 못하는 시각에 그 종의 주인이 이르러 엄히 때리고 신실하지 아니한 자의 받는 벌에 처하리니"(눅 12:42-46).

이 말씀의 요점은 예수님의 '지체하심'을 부주의한 마음으로 사는 것을 변명할 빌미로 이용하는 것은 더할 나위 없이 어리석은 일이라는 것이다. 술 취함은 정신적인 망각 상태를 의미한다. 청지기가 술에 취하지 않았다면 넋을 놓고 있다가 주인을 맞이하지 않았을 것이다. 깨어 있다는 것은 주인을 언제라도 섬길 준비가 되어 있는 정신 상태를 가리킨다. 우리는 이런 식으로 항상 주님의 재림을 맞이할 준비를 해야 한다. 그러면 예수님이 그 모든 소유를 우리에게 맡기실 것이다 (눅 12:44). 이는 만물을 다스리는 예수님의 통치권과 소유권을 공유하게 될 것이라는 뜻이다.

예수님은 다른 곳에서도 재림과 관련해 술 취하지 말고 깨어 있으라고 또다시 경각심을 일깨우셨다. 그분은 "인자가 구름을 타고 능력과 큰 영광으로 오는 것을 보리라"(눅 21:27)라고 말씀하고 나서 제자들에게 이렇게 경고하셨다.

"너희는 스스로 조심하라 그렇지 않으면 방탕함과 술 취함과 생활의 염려로 마음이 둔하여지고 뜻밖에 그 날이 덫과 같이 너희에게 임하리라 이 날은 온 지구상에 거하는 모든 사람에게 임하리라 이러므로 너희는 장차 올 이 모든 일을 능히 피하고 인자 앞에 서도록 항상 기도하며 깨어 있으라"(눅 21:34-36).

여기에서 다시 내가 '가용한 수단'으로 일컬은 것이 발견된다. 예수님과 베드로는 이 수단을 이용해 재림에 대비하라고 가르쳤다. "스스로 조심하라…항상 기도하며 깨어 있으라." 방탕함과 술 취함과 생활의 염려로 마음이 둔하여지면, 그렇게 할 수 없다. 마음의 허리를 동이고 근신하라는 베드로의 말은 깨어 있는 마음으로 조심하라는 뜻이다. 우리는 정신적으로나 영적으로 항상 깨어 있는 태도로 주님을 기다려야 한다.

마음의 허리를 동이고, 깨어 있어야 하는 이유는 멸망을 피하기 위해서다

이 수단들은 멸망을 '피하고,' 인자이신 주님께 인정을 받는 삶을 살 수 있도록 도와준다. "너희는 장차 올 이 모든 일을 능히 피하고 인자 앞에 서도록 항상 기도하며 깨어 있으라"(눅 21:36). '피하고'라는 말은 우리가 마지막 날에 세상에 임할 하나님의 심판을 경험하지 않을 것이라는 의미가 아니다. 그것은 심판으로 인한 파괴적인 결과들로부터 구원받을 것이라는 뜻이다. 누가가 기록한 성경의 다른 두 곳에서도 누가복음 21장 36절에 사용된 '피하다'라는 용어가 발견된다. 이용어는 그 두 곳에서도 위기를 아예 겪지 않는다는 뜻이 아닌 위기로부터 구원받는다는 의미를 지닌다(행 16:27, 19:16).

베드로도 베드로전서 4장 17-19절에서 그와 똑같은 가르침을 베풀었다.

"하나님의 집에서 심판을 시작할 때가 되었나니 만일 우리에게 먼저하면 하나님의 복음을 순종하지 아니하는 자들의 그 마지막은 어떠하며 또 의인이 겨우 구원을 받으면 경건하지 아니한 자와 죄인은 어디에 서리요 그러므로 하나님의 뜻대로 고난을 받는 자들은 또한 선을행하는 가운데에 그 영혼을 미쁘신 창조주께 의탁할지어다."

베드로는 5장 10-11절에서도 고난을 겪지 않을 것이라는 말이 아니라 고난의 파괴적인 결과들을 피하게 될 것이라는 말로 신자들을위로했다.

"모든 은혜의 하나님 곧 그리스도 안에서 너희를 부르사 자기의 영원한 영광에 들어가게 하신 이가 잠깐 고난을 당한 너희를 친히 온전하게 하시며 굳건하게 하시며 강하게 하시며 터를 견고하게 하시리라권능이 세세 무궁하도록 그에게 있을지어다 아멘."

은혜로 인해 인자이신 주님 앞에 서게 될 것이다

이처럼 예수님과 베드로 모두 하나님의 은혜를 온전히 바라고, 인자이신 주님이 나타나실 때에 그 앞에 서기 위해 적절한 수단(민활하고, 능동적이고, 깨어 있는 정신적 활동)을 활용하라고 가르쳤다. 의인들과 분리되어 주님 앞에서 영원히 쫓겨나면, 인자 앞에 설 수 없다.

"세상 끝에도 이러하리라 천사들이 와서 의인 중에서 악인들을 갈라 내어 풀무 불에 던져 넣으리니 거기서 울며 이를 갈리라"(마 13:49-50, 25:31-46참조).

만일 우리 자신과 우리의 능력만을 의지해야 한다면, 이것은 그야 말로 정신을 번쩍 들게 만드는 두려운 경고가 아닐 수 없다. 우리 스 스로 모든 것을 감당해야 한다면, 지극히 거룩하신 그리스도의 나타 나심은 참으로 두려울 수밖에 없고, 그 날이 이르렀을 때 우리가 느끼 게 될 결함들만 떠오를 것이 틀림없다. 그렇게 되면 주님의 나타나심 을 사모하는 마음을 갖기가 어렵다. 그런 위험을 생각하면, "그리스도 께서 나타나실 때에 너희에게 가져다주실 은혜를 온전히 바라라"라 는 베드로의 말이 참으로 은혜롭게 다가온다. 그렇다. 우리는 그리스 도를 마주하게 될 마지막 날까지 결함들을 짊어지고 갈 것이다. 얼굴 과 얼굴을 맞대어 그리스도를 봄으로써 최종적으로 변화될 때에야 비 로소 우리는 완전하게 될 것이다(고전 13:9-12, 요일 3:2). 그때까지는 우 리는 매일 용서를 구해야 한다(마 6:12, 빌 3;12, 요일 1:8-10).

예수님이 정죄가 아닌 은혜를 가져다주실 것이라는 베드로의 귀한 가르침은 주님의 나타나심을 사모하도록 도와준다. 그분의 십자가를 통해 이루어진 죄 사함의 은혜가 우리가 사는 다른 모든 날처럼 그 날 에도 우리에게 똑같이 주어질 것이다. 그 날에 은혜가 우리의 죄를 이 기고 승리할 것이다. 이것이 우리가 주님의 나타나심을 사모해야 하 는 이유다.

6.
우리가 과연 흠 없은 상태로
그리스도의 재림을 맞이할 수 있을까

앞 장에서 살펴본 대로, 베드로는 그리스도께서 재림하실 때에 그분의 백성에게 은혜가 주어질 것이라고 약속했다(벧전 1:13). 그리스도께서 친히 은혜를 가져다주실 것이다. 우리는 우리의 공로가 아닌 하나님의 은혜 때문에 그 날에 진노로부터 구원받을 것이다(살전 1:10). 그러나 베드로는 가용한 수단들을 동원해 그 날을 온전히 바라며 맞이할 준비를 하라고 당부했다. 앞서 말한 대로, 가용한 수단들이란 그리스도와 그분의 보배로운 약속을 항상 기억하고, 깨어 있는 것을 의미한다.

바울 사도는 더욱더 분명하게 가용한 수단들을 동원해 재림에 대비하라고 가르쳤다. 사실, 그는 다소 당혹스럽게 느껴질 수 있는 말로 그런 가르침을 베풀었다. 그의 가르침은 언뜻 생각하면 믿음으로 말미암아 은혜로 구원받는다는 교리를 훼손하는 것처럼 들린다. 그가 그 날을 준비하라고 말하는 방식은 듣는 사람에 따라서는 불확실함으로 인해 그리스도의 나타나심을 사모하는 마음을 흔들리게 만들 수도 있어 보인다.

그리스도의 날을 위해 진실하고, 허물없이 살라

내가 특별히 염두에 둔 성경 본문은 세 곳이다.

"내가 기도하노라 너희 사랑을 지식과 모든 총명으로 점점 더 풍성하게 하사 너희로 지극히 선한 것을 분별하며 또 진실하여 허물없이(에일리크리네이스 카이 아프로스코포이) 그리스도의 날까지 이르고 예수 그리스도로 말미암아 의의 열매가 가득하여 하나님의 영광과 찬송이 되기를 원하노라"(빌 1:9-11).

"또 주께서 우리가 너희를 사랑함과 같이 너희도 피차간과 모든 사람에 대한 사랑이 더욱 많아 넘치게 하사 너희 마음을 굳건하게 하시고 우리 주 예수께서 그의 모든 성도와 함께 강림하실 때에 하나님 우리 아버지 앞에서 거룩함에 흠이 없게 하시기를 원하노라"(살전 3:12, 13).

"평강의 하나님이 친히 너희를 온전히 거룩하게 하시고 또 너희의 온 영과 혼과 몸이 우리 주 예수 그리스도께서 강림하실 때에 흠 없게 보전되기를 원하노라"(살전 5:23).

우리 모두 잘 알고 있는 대로, 우리는 그리스도의 날까지 모든 결함과 불완전함을 짊어지고 갈 것이 틀림없다. 그러나 바울은 마치 우리가 이 세상에서 진정한 변화를 거쳐 아무런 흠이 없는 상태로 그 날을 맞이할 것처럼 말했다. 위의 성경 본문은 모두 다른 사람들에 대한 우리의 사랑을 증대시켜 우리를 그리스도 앞에 흠 없는 상태로 세우시는 것이 하나님이 우리의 삶 속에서 이루시는 성화의 목표인 것처럼 말씀한다. 바울은 하나님이 우리의 삶을 진정으로 변화시켜 그리스도께서 나타나실 때 흠 없는 상태가 되게 하시기를 간구했다. 우리 가운데 그 날에 흠 없는 상태가 되기까지 철저하게 변화될 사람은 아무도 없기 때문에 바울의 말은 우리의 평화와 안도감을 깨뜨리는 것처럼 들린다.

그러면 이제부터 세 개의 본문을 하나씩 주의 깊게 살펴보기로 하자.

빌립보서 1장 9-11

바울은 빌립보서 1장 9-11절에서 기도를 드렸다. 그는 하나님이 자신이 구하는 것을 이루어주실 것이라고 믿었다. 그가 구한 것은 "진실하여 허물없이 그리스도의 날까지 이르게" 해달라는 것이었다. 이 성경 본문들은 우리가 흠 없는 상태가 되는 것이 하나님이 우리의 삶속에서 이루시는 성화의 사역에 달려 있다는 것을 보여준다. 우리가 그 사역에 아무리 열심히 협조하더라도 사역의 주체는 하나님 자신이시다. 따라서 바울은 하나님이 역사해 주시기를 바랐다. 기도는 재림에 대비하는 수단 가운데 하나다.

하나님은 우리의 사랑을 지식과 총명으로 더욱더 풍성하게 하심으로써 그리스도의 날을 준비하게 하신다(빌 1:9). 특히 10절에서는 우리의 삶 속에서 일어나는 실질적인 변화와 그리스도의 날까지 진실하고 허물없는 상태를 유지하는 것을 하나로 연결하는 매우 중요한 용어들이 발견된다. 그 핵심적인 연결어는 '그렇게 해서…또'라는 문구다. 바울은 "(하나님이) 너희 사랑을…총명으로 점점 더 풍성하게 하사(그렇게 해서) 너희로 지극히 선한 것을 분별하며 또 진실하여 허물없이"라고 기도했다. 이 두 개의 연결어(그렇게 해서…또)는 우리가 그리스도의 날에 흠 없는 상태가 되는 것이 하나님이 우리의 삶 속에서 이루시는 실질적인 변화(우리의 사랑이 총명으로 더욱더 풍성해져서 지극히 선한 것을 분별하는 것)의 목적이라는 것을 보여준다.

그렇다면 우리가 그리스도의 날에 흠 없는 상태가 되는 것과 믿음으로 의롭다 하심을 받는 것은 서로 어떤 관계가 있을까? 성경은 우리가 믿음으로 그리스도와 연합할 때 흠 없는 상태, 즉 온전한 의가 우리에게 전가된다고 가르친다(롬 4:4-12, 고후 5:21, 빌 3:8-9). 그러나 바울의 기도는 전가된 의와 충돌을 일으키는 것처럼 들린다. 바울은 하나님이 우리의 마음과 생각 속에서 진정한 변화를 가능하게 하는 사랑의 역사를 일으키시기 때문에 우리가 참되고, 허물없는 상태로 그리스도의 날을 맞이할 것이라고 말했다. 그는 그리스도 앞에서의 허물없는 상태를 우리의 풍성한 사랑과 연관시켰다. 그렇다면 이것은 과연 우리의 칭의와 어떤 연관성을 지닐까?

데살로니가전서 3장 11-13절

좀 더 자세하게 살펴봐야 할 두 번째 성경 본문은 데살로니가전서 3장 11-13절이다. 이 성경 본문의 의미는 빌립보서 1장 9-11절의 의미와 거의 똑같다. 바울은 다시 기도를 드렸다. 이것은 양방향으로 향하는 기도였다. 그는 그리스도인들을 향해 말하면서 그와 동시에 하나님의 역사하심을 기원했다("사랑이 더욱 많아 넘치게 하사"). 그는 하나님께 "피차간과 모든 사람에 대한 (너희의) 사랑이 더욱 많아 넘치게…하시기를 원하노라"라고 기도했다(살전 3:12). 그 뒤에 다른 사람들에 대한 신자들의 사랑과 신자들이 그리스도의 강림하심을 흠 없는 상태로 맞이하는 것을 논리적으로 연결하는 '그렇게 해서'라는 중요한 문구가 등장한다. 바울은 "또 주께서 너희도 모든 사람에 대한 사랑이 더욱 많아 넘치게 하사(그렇게 해서) 너희 마음을 굳건하게 하시고 우리 주 예수께서 그의 모든 성도와 함께 강림하실 때에 하나님 우리 아버지 앞에서 거룩함에 흠이 없게 하시기를 원하노라"라고 기도했다.

'거룩함에 흠이 없게 하는' 것이 하나님이 성화의 사역을 통해 우리를 변화시켜 다른 사람들을 진정으로 사랑하게 만드시는 목적이다. 하나님은 그 사랑을 통해 우리가 거룩함에 흠이 없는 상태로 그리스도의 재림을 맞이하도록 이끄신다. 여기에서 다시금 '사랑으로 변화된 마음과 흠 없는 최종적인 상태가 믿음으로 의롭다 하심을 받는 것과 어떤 연관성을 지니는가?'라는 물음이 대두된다.

데살로니가전서 5장 23절

우리가 살펴봐야 할 세 번째 본문은 데살로니가전서 5장 23절이다. 이것도 "평강의 하나님이 너희를 온전히 거룩하게 하시기를 원하노라"라는 축도의 형태를 띤 기도다. 바울은 하나님의 역사를 통해 신자들 안에서 변화의 역사가 일어나기를 바랐다. 이번에는 사랑은 언급되지 않았다. 그는 하나님의 거룩하게 하시는 사역으로부터 신자의 흠 없는 상태로 곧장 나아갔다. "평강의 하나님이 친히 너희를 온전히 거룩하게 하시고 또 너희의 온 영과 혼과 몸이 우리 주 예수 그리스도께서 강림하실 때에 흠 없게 보전되기를 원하노라." 우리의 논의와 관련해 두 가지 사실이 특히 중요하다. 하나는 하나님의 사역이 칭의가 아닌 성화의 사역이라는 것이고("평강의 하나님이 너희를 온전히 거룩하게 하시고"), 다른 하나는 '그리스도께서 강림하실 때에 (우리가) 흠 없이 보전되는(테레데이에) 것'이다. 바울은 "거룩하게 하사"와 "보전되기를"이라는 두 개의 동사를 병렬시켰고(둘 다 부정과거이자 기원법으로 문법적인 시제와 법이 똑같다), 거룩하게 하는 과정(흠 없게 만드는 과정)과 흠 없게 보전되는 것이 현재에 동시에 진행되고 있다. 그렇다면 이것은 우리가 어떤 의미에서 이미 흠 없는 상태가 되었다는 것을 의미하면서, 어떤 의미에서는 하나님이 우리를 흠 없게 만드시는 것이 그런 식으로 우리를 그리스도의 날까지 보전할 것이라는 의미일까?

당혹스러운 가르침

내 생각이 틀리지 않는다면, 위의 성경 본문들의 가르침을 당혹스럽게 생각할 그리스도인들이 많을 것이 틀림없다. 바울은 이 세상에서는 결코 완전해질 수 없다고 말하면서도 어떻게 하나님이 우리를 진정한 사랑을 베풀 줄 아는 사람으로 만들고 계시기 때문에 장차 진실하고, 허물없는 상태로 그리스도의 재림을 맞이하게 될 것이라고 말하는 것일까? 어떻게 그는 "내가 이미 얻었다 함도 아니요 온전히 이루었다 함도 아니라 오직…그것을 잡으려고 달려가노라"(빌 3:12)라고 말했으면서도 현세에서 사는 삶의 방식을 통해 그리스도의 날에 흠 없는 상태가 될 것이라고 가르치는 것일까?

이 당혹감을 해소해줄 해결책이 있다. 그 해결책은 믿음으로 얻는 칭의와 칭의를 확증하는 믿음의 열매가 사랑으로 연결되어 있다는 것에 있다. 이제부터 상당히 어려운 논증이 전개될 테니 베드로가 말한 대로 마음의 허리를 단단히 동이고 내 말에 귀를 기울여주기 바란다.

흠 없게 되기 위해 하나님과 화목함

논증의 첫 단계를 시작하도록 돕는 성경 본문은 골로새서 1장 21-23절이다.

> "전에 악한 행실로 멀리 떠나 마음으로 원수가 되었던 너희를 이제는 그의 육체의 죽음으로 말미암아 화목하게 하사 너희를 거룩하고 흠 없고 책망할 것이 없는(하기우스 카이 아모무스 카이 아네그클레투스) 자로 그 앞에 세우고자 하셨으니 만일 너희가 믿음에 거하고 터 위에 굳게 서서 너희 들은 바 복음의 소망에서 흔들리지 아니하면 그리하리라."

앞에서 살펴본 흠 없는 상태에 대한 기대가 여기에서도 발견된다. 재림, 곧 그리스도의 날이 분명하게 언급되지는 않았다. 그러나 "그 앞에 세우고자 하셨으니"라는 문구와 바울이 흠 없는 상태라는 동일한 주제를 다루고 있는 사실을 고려하면, 그가 앞 장에서 살펴본 성경 본문들과 똑같은 가르침(그리스도의 재림을 흠 없는 상태로 맞이하는 것)을 전하려고 했다는 것을 익히 짐작할 수 있다.

물론, 여기에서는 한 가지 다른 점이 발견된다. 여기에 사용된 연결어("너희를 거룩하고 흠 없고…자로 세우**고자 하셨으니**")는 목적을 나타내는 부정사(파라스테사이, in order to)다. 이 연결어는 흠 없는 상태를 우리 안에서 사랑을 더욱 풍성하게 만드는 하나님의 성화의 사역이 아닌 그리스도께서 십자가에서 이루신 화목의 사역과 연관시킨다. 다시 말해, 이것은 그리스도께서 십자가를 통해 우리를 하나님과 화목하게 했고, 그분이 그런 화목의 상태를 통해 이루려고 하시는 일은 우리를 그리스도의 날에 거룩하고, 흠 없고, 책망할 것이 없는 자로 세우는 것이라는 논리다. 즉 우리가 그 날을 흠 없는 상태로 맞이할 수 있는 이유는 그리스도께서 십자가를 통해 이루신 화목의 사역 덕분이다. 이를 달리 말하면, 하나님의 의롭게 하는 사역 덕분이라고 말할 수도 있다. 왜냐하면 죄인들이 의롭게 여겨져(즉 의롭다 하심을 받아) 하나님과 화목하게 되기 때문이다.

골로새서 1장 21-23절은 우리를 그리스도의 날에 흠 없게 만들기 위해 우리 안에서 역사하시는 하나님의 사역에 주로 초점을 맞추지 않는다.[1] 이 성경 본문의 요점은 하나님이 그리스도의 날에 우리를 흠 없는 상태로 만들기 위해 그리스도의 죽음을 통해 우리에게 역사하셨다는 것이다. 우리가 흠 없는 상태로 그리스도의 날을 맞이할 수 있는 것은 그리스도께서 자신의 죽음을 통해 우리를 하나님과 화목하게 하신 덕분이다. 이것은 이미 이루어진 현실이다. 화목은 성화와 같은 과정이 아니다. 그것은 십자가에서 이미 일어났다. 예수님이 죽음으로 우리를 위해 하나님의 진노를 온전히 감당하셨기 때문에 이제는 정죄가 없고, 화목과 인정과 용서와 양자 됨만 있을 뿐이다(롬 5:8-10, 8:1-3 참조). 우리가 그리스도께서 재림하실 때 그분 앞에 흠 없이 설 수 있는 이유는 그분의 죽음을 통해 하나님과 화목했기 때문이다.

인내하는 믿음에 의해 하나님과 화목함

논증은 계속된다. 골로새서 1장 23절의 약속에는 한 가지 조건이

---

1) 내가 '주로'라고 말한 이유는 십자가를 통해 이루어진 화목(칭의)의 사역에 그 사역을 토대로 새 언약의 약속, 곧 흠 없는 상태를 직접 경험할 수 있게 하겠다는 약속을 이루시려는 하나님의 의도가 포함되어 있기 때문이다(렘 31:33, 겔 36:27, 눅 22:20).

덧붙여져 있다. 즉 "만일 너희가 믿음에 거하고 터 위에 굳게 서서 너희 들은 바 복음의 소망에서 흔들리지 아니하면," 그리스도께서 재림하실 때 그분 앞에 흠 없이 설 수 있을 것이다.

이것이 바울을 비롯해 모든 사도들이 전하는 가르침이다. 화목하게 하는 참된 믿음, 곧 의롭게 하는 구원 신앙은 회심할 때만 반짝했다가 사라지는 것이 아니다. 그것은 '인내하는 믿음'이다. "끝까지 견디는 자는 구원을 얻으리라"(마 10:22). "우리가 시작할 때에 확신한 것을 끝까지 견고히 잡고 있으면 그리스도와 함께 참여한 자가 되리라"(마 10:22). 처음에는 구원 신앙처럼 보였더라도 나중에 사라지면, 거듭남의 증거가 될 수 없는 가짜 믿음이라고 결론지을 수 있다.

그리스도인처럼 보였지만 믿음을 저버린 자들을 언급한 요한의 말이 이 점을 분명하게 보여준다. 그는 "그들이 우리에게서 나갔으나 우리에게 속하지 아니하였나니 만일 우리에게 속하였더라면 우리와 함께 거하였으려니와 그들이 나간 것은 다 우리에게 속하지 아니함을 나타내려 함이니라"(요일 2:19)라고 말했다. "예수께서 그리스도이심을 믿는 자마다 하나님께로부터 난 자니"(요일 5:1)라는 말씀을 통해 알 수 있는 대로, 우리에게 속하지 아니했다는 것은 거듭나지 않았다는 뜻이다.

따라서 하나님과 화목한 자들이 '믿음에 거하면' 그리스도 앞에 흠 없이 설 수 있을 것이라는 바울의 말에는 참된 믿음을 소유했다가 잃어버릴 수도 있다는 의미가 전혀 내포되어 있지 않다. 오히려 그는 마지막 구원을 얻으려면 인내하는 믿음이 필요하다고 말했다. 믿음을 저버리는 자들은 진정으로 거듭나지도 않았고, 하나님과 화목하지도 않았다.

구원 신앙은 믿음을 확증하는 사랑의 열매를 맺는다

그렇다면 인내하는 믿음의 필요성과 흠 없는 상태로 그리스도의 날을 맞이하는 것을 연결하는 고리는 무엇일까? 그것은 바로 친구와 적을 사랑하는 것이다. 바울이 말한 대로, 사랑은 하나님이 그리스도의 날에 우리를 흠 없이 보전하는 수단이다. "주께서…모든 사람에 대한 사랑이 더욱 많이 넘치게 하사…주 예수께서 강림하실 때에…거룩함에 흠이 없게 하시기를 원하노라"(살전 3:12, 13).

구원 신앙이 진짜라면 우리를 변화시킬 것이 분명하다. 이것이 신약성경의 가르침이다. 근본적인 변화가 일어나 교만하고, 이기적인 마음이 겸손하고, 사랑이 넘치는 마음으로 바뀐다. 바울은 믿음을 사랑의 원천으로 묘사했다. 그는 "그리스도 예수 안에서는 할례나 무할례나 효력이 없으되 사랑으로써 역사하는 믿음뿐이니라"(갈 5:6)라고 말했다. 우리를 우리의 의이신 그리스도와 연합시키는 믿음은 '사랑으로 역사함으로써' 그 실체를 드러낸다. 사랑은 열매이고, 그리스도를 믿는 믿음은 나무다. 열매는 그 나무가 진정으로 살아 있는지를 보여주는 증거다.

"이 교훈의 목적은…거짓이 없는 믿음에서 나오는 사랑이거늘"(딤전 1:5)이라는 말씀에서 알 수 있는 대로, 바울이 신자들에게서 기대했던 가장 큰 실천적인 목표는 믿는 마음에서 비롯하는 사랑이었다. 야고보도 "이와 같이 행함이 없는 믿음은 그 자체가 죽은 것이라"(약 2:17)라는 말로 이와 똑같은 가르침을 베풀었다. 사도 요한도 마찬가지였다, 그는 "우리는 형제를 사랑함으로 사망에서 옮겨 생명으로 들어간 줄을 알거니와"(요일 3:14)라고 말했다.

이처럼, 신자의 삶 속에서 사랑은 타협할 수 없는 구원 신앙의 증거다. 따라서 신자들의 삶 속에서 그런 사랑이 넘치게 해달라는 바울의 기도는 그들의 참된 믿음을 확증하는 증거를 구하는 기도였다(빌 1:9-11, 살전 3:11-13). 믿음을 확증하는 사랑이 없는 믿음은 구원 신앙이 아니다. "산을 옮길 만한 모든 믿음이 있을지라도 사랑이 없으면 아무것도 아니요"(고전 13:2).

사랑은 우리의 믿음이 참된 구원 신앙이라는 것을 확증하는 증거다. 구원 신앙은 우리의 완전한 의이신 그리스도와 우리를 하나로 연합시킨다. 베드로는 베드로후서 1장 10절에서 '확증'(confirmation)의 개념을 분명하게 드러냈다. 그는 "형제들아 더욱 힘써 너희 부르심과 택하심을 굳게 하라(confirm) 너희가 이것을 행한즉 언제든지 실족하지 아니하리라"라고 말했다. 그는 '이것'을 나열하면서 사랑을 마지막으로 언급했다(벧후 1:5-7). 사랑은 믿음의 열매이기 때문에(갈 5:6, 딤전 1:5) 믿음은 물론, 그 배후에 있는 우리의 부르심과 택하심을 확증한다.

그러나 사랑은 완전하지 않다. 사랑을 거듭남의 증거로 가장 분명하게 제시하고 있는 서신서에서 신자들이 죄에서 온전히 자유로운 것은 아니라는 내용이 발견된다. 요한은 자신의 첫 번째 서신에서 "우리는 형제를 사랑함으로 사망에서 옮겨 생명으로 들어간 줄을 알거니와 사랑하지 아니하는 자는 사망에 머물러 있느니라…사랑하지 아니하는 자는 하나님을 알지 못하나니 이는 하나님은 사랑이심이라"(요일 3:14, 4:8)라고 말했다. 그러나 그가 쓴 같은 서신에서 "만일 우리가 죄가 없다고 말하면 스스로 속이고 또 진리가 우리 속에 있지 아니할 것이요 만일 우리가 우리 죄를 자백하면 그는 미쁘시고 의로우사 우리 죄를 사하시며 우리를 모든 불의에서 깨끗하게 하실 것이요"(요일 1:8, 9)라는 말씀이 아울러 발견된다. 따라서 바울이 간구했던 믿음의 확실한 증거는 죄 없는 사랑이 아니다. 그것은 구원 신앙의 진정성을 확증하는 참된 사랑이다. 곧 완전하신 구원자를 믿는 믿음(그분의 무죄하심이 우리의 것으로 간주된다)을 확증하는 불완전한 사랑이다.

흠 없는 상태가 불완전한 사랑으로 확증된다

이번에는 우리를 당혹스럽게 했던 세 곳의 성경 본문(빌 1:9-11, 살전 3:11-13, 5:23)으로 되돌아가서 그 당혹스러움을 해소해줄 해결책을 한 번 더 생각해 보자. 내가 제시한 해결책은 신자들이 무죄한 상태로 그리스도의 날을 맞이하게 해달라는 바울의 기도가 이신칭의를 통해 얻는 무죄한 완전함을 가리킨다는 것이었다. 이것은 믿음으로 그리스도와 연합한 덕분에 우리에게 전가된 죄 없는 흠 없음이다. 그러나 죄가 없는 흠 없는 상태는 신자들의 삶 속에서 교만한 이기심을 버리고 겸손한 사랑을 지니는 참된 변화를 통해 확증되지 않으면 실제라고 말할 수 없다. 바울이 신자들의 마음속에 사랑이 넘치게 해달라고 기도했던 이유는 그 사랑이 구원 신앙을 확증하는 증거이기 때문이다. 사랑은 신자들이 그리스도와 연합한 결과로 그분의 완전하심이 전가되어 흠 없는 상태로 여김을 받았다는 것을 확증하는 증표다.

그렇다면 우리가 앞에서 강조했던 중요한 연결어들은 어떤 의미를 지닐까? 그 의미는 이렇다. "사랑하라, 그러면 진실하여 허물없이 그리스도의 날까지 이를 것이다"(빌 1:9-11). "사랑하라, 그러면 주님이 강림하실 때에 너희 마음이 거룩함에 흠이 없게 될 것이다"(살전 3:12, 13). "하나님이 너희를 거룩하게 하시면 그리스도께서 강림하실 때에 흠 없게 보전될 것이다"(살전 5:23).

이 연결어들은 흠 없는 상태로 그리스도의 날을 맞이하려면 실제로 사랑을 실천하며 살아야 한다는 것을 보여준다. 그러나 그 날을 흠 없는 상태로 맞이할 수 있는 이유는 사랑 때문이 아니다. 사랑이 우리를 흠 없는 상태로 만드는 것이 아니다. 사랑은 믿음으로 그리스도와 연합함으로써 얻은 흠 없는 상태를 확증하는 증거일 뿐이다. 무죄하신 그리스도께서 우리를 하나님과 화목하게 하셨다(갈 5:6). 사랑은 믿음을 확증하는 필수적인 증거이고, 믿음은 우리의 완전한 의이신 그리스도와 우리를 하나로 연합시킨다. 따라서 사랑은 우리의 흠 없는 상태를 확증한다. 사랑이 없으면 흠 없는 상태가 아니다. 바울은 선택적이거나 지엽적인 것을 구하지 않았다. 그는 인자(Son of Man) 앞에 흠 없이 서는 데 꼭 필요한 것을 구했다. 비록 불완전하더라도 그리스도 안에 있는 완전무결한 상태를 확증해 줄 참된 사랑이 우리 안에 있어야 한다.

솔로몬 왕에게서 발견되는 확증의 구체적인 사례

구원의 근거와 구원의 확증이 어떤 차이가 있는지를 잘 이해하지 못하는 독자들을 위해 솔로몬 왕의 삶을 통해 한 가지 구체적인 사례를 제시하고 싶다. 두 명의 창기가 솔로몬에게 아이를 안고 왔던 이야기를 생각해 보자(왕상 3:16-27). 그들은 왕에게 판결을 부탁했다. 그는 칼을 가져와서 아이를 절반으로 갈라 그들에게 반쪽씩 나눠주라고 말했다. 친모는 "왕께 아뢰어 청하건대 내 주여 산 아이를 그에게 주시고 아무쪼록 죽이지 마옵소서"(왕상 3:26)라고 부르짖었다. 그러자 솔로몬은 "산 아이를 저 여자에게 주고…저가 그의 어머니이니라"(왕상 3:27)라고 말했다.

'재판의 날'에 솔로몬이 찾았던 것은 무엇이었을까? 그는 모성애를

야기한 행위가 아닌 그것을 확증하는 행위를 찾았다. 그 여인이 그의 앞에 섰을 때 그녀 안에는 이미 모성애가 있었다. 그것은 의심의 여지가 없는 현실이었다. 재판은 모성애를 새롭게 만들어 내지 않았다. 그 두 여인이 취한 행동도 모성애를 야기한 원인이 아니었다.

그리스도인들이 심판을 받게 될 날에 하나님은 재판정에서 죄 사함의 근거를 찾지 않으신다. 그분이 찾으시는 것은 우리가 이미 죄 사함을 얻었다는 것을 입증해줄 행위다. 죄 사함의 근거는 예수님의 피다. 그분의 피는 우리의 모든 죄를 단번에 속량하기에 충분하다. 죄 사함을 얻는 수단은 믿음, 오직 믿음뿐이다. "행함이 없는 믿음은 죽은 것이니라"(약 2:26)라는 말씀대로, 우리의 행위는 믿음을 확증하는 증거다.

이 흠 없는 상태와 장로들이 갖춰야 할 '흠 없는 자질'은 어떻게 다른가

혹시 "왜 문제를 그렇게 복잡하게 만드는 것인가? 신약성경을 살펴보면, 재림이 있기 전에 이미 세상에 있는 불완전한 사람들에게 '흠 없는'이라는 용어가 적용되고 있다는 것을 알 수 있지 않은가? 왜 재림 때의 흠 없는 상태를 성경의 다른 곳에서처럼 불완전한 그리스도인들에게 적용되는 의미로 적용하지 않는 것인가? 그리스도께서 강림하실 때 그분 앞에 흠 없이 나서게 될 상태를 그리스도와의 연합을 통해 우리에게 전가된 흠 없는 상태를 가리킨다고 주장하는 이유가 무엇인가?"라는 중요한 질문을 제기할 사람이 있을지도 모른다.

이것은 매우 좋은 질문이다. 그 이유는 이 질문의 전제가 사실이기 때문이다. '흠 없는 상태'와 그와 관련된 용어들은 이 세상에 사는 불완전한 그리스도인들에게 적용된다. 예를 들어, 우리는 지금 거룩함을 지니고 있어야 한다. 그렇지 않으면 주님을 볼 수 없다(히 12:14). 그리스도인들은 "흠이 없고 순전하여(아멤프토이 카이 아케라이오이) 어그러지고 거스르는 세대 가운데서 하나님의 흠 없는 자녀로" 살아가야 한다(빌 2:15). "책망할 것이 없어야만(아네그클레토이)" 집사로 섬길 수 있다(딤전 3:10). "감독은 하나님의 청지기로서 책망할 것이 없어야 한다(아네그클레톤)"(딛 1:7).[2] 바울은 항상 양심을 깨끗하게 유지하려고 노력했다('아프로스코폰'-행 24:16). 사가랴와 엘리사벳은 계명들을 흠 없이(아멤프토이) 지켰다(눅 1:6). 바울은 데살로니가 신자들에게 "우리가… 어떻게 거룩하고 옳고 흠 없이 행하였는지에 대하여 너희가 증인이요"(살전 2:10)라고 말했다.

따라서 "왜 당신은 그리스도께서 나타나실 때의 흠 없는 상태를 그분과 연합함으로써 얻는 완전한 상태가 아닌 그런 식의 불완전한 상태를 가리키는 의미로 생각하려는 것인가?"라는 질문이 내게 제기된다. 위에서 논의한 '흠 없는 상태'는 '(비록 완전하지는 않더라도) 필요할 때마다 죄를 고백하고, 또 유혹을 단호하게 물리치면서 신중하게 살아가는 성숙한 습관을 유지함으로써 세상의 비난으로부터 온전히 자유로운 상태'를 뜻하는 것이 분명하다. 과연 바울이 그리스도께서 나타나실 때 흠 없이 보전되게 해달라고 기도했을 때 그런 상태를 구했을까(빌 1:10, 살전 3:13, 5:23)?

이 물음은 두 가지로 대답할 수 있다. 모든 그리스도인이 장로와 집

---

2) "책망할 것이 없고"로 번역된 용어는 디모데전서 3장 10절의 "책망할 것이 없으면"이라는 용어와 똑같다. 이 용어는 고린도전서 1장 8절에서도 "책망할 것이 없는"으로 번역되었고, 골로새서 1장 22절에서는 "흠 없고(아모모스)"라는 용어와 함께 사용되었다.

사들에게 요구되는 '흠 없는 상태'를 유지하는 것은 아니다. 둘째, 바울은 하나님이 일부 신자들이 아닌 모든 신자를 그리스도께서 재림하실 때 흠 없는 상태로 보전하실 것이라고 말한다.

1) 그리스도께서 오실 때 모든 신자가 장로가 갖춰야 할 흠 없는 상태를 갖추지는 못한다.

만일 모든 신자가 흠이 없다면, 바울이 그것을 교회에서 직분을 맡아서 일할 장로들과 집사들의 특별한 자격으로 언급했을 리가 만무하다(딤전 3:10, 딛 1:7). 더욱이 바울은 그리스도인 교사들 가운데 일부가 그리스도의 터 위에 거룩하고, 건강한 교회를 세우는 데 조금도 이롭지 않은 인간의 책략과 교훈으로 공적을 쌓으려고 한 탓에 그리스도의 심판 날에 모든 것을 잃게 될 것이라고 말했다. 그는 그런 그리스도인 교사들은 '불 가운데서' 구원을 얻은 것처럼 될 것이고, 그들이 세운 공적은 모두 불타 없어질 것이라고 말했다. 그들은 모든 것을 잃게 될 것이다.

"만일 누구든지 금이나 은이나 보석이나 나무나 풀이나 짚으로 이 터위에 세우면 각 사람의 공적이 나타날 터인데 그 날이 공적을 밝히리니 이는 불로 나타내고 그 불이 각 사람의 공적이 어떠한 것을 시험할 것임이라 만일 누구든지 그 위에 세운 공적이 그대로 있으면 상을 받고 누구든지 그 공적이 불타면 해를 받으리니 그러나 자신은 구원을 받되 불 가운데서 받은 것 같으리라"(고전 3:12-15).

나중에 11장에서 이 성경 본문을 좀 더 자세히 살펴볼 예정이다.

내가 여기에서 말하려는 요점은 바울이 '장로의 자격요건과 성숙한 삶을 산다는 의미로' 이 교사들이 그리스도의 날에 '흠 없는 상태'로 보전될 것이라고 말하지 않았다는 것이다. 그러나 그들은 구원받을 것이기 때문에 그들이 그리스도 덕분에 의롭다 하심을 받았다는 의미에서 그분 앞에 '흠 없는 상태'로 서게 될 것은 분명하다. 그들은 진정으로 거듭나는 경험을 했고, 참 신앙을 지녔으며, 다른 사람들을 사랑하는 마음으로 사역에 임했지만, 그들의 사역은 심각한 결함을 지녔고, 마음이 불완전했기 때문에 어리석게도 자신들이 나무나 풀이나 짚으로 터 위에 세우고 있다는 사실을 깨닫지 못했다.

2) 주님의 나타나심을 사모하도록 도와주는 영광스러운 약속들

내가 그리스도의 날에 '흠 없는 상태'로 보전되는 것을 그리스도 안에서 얻은 완전한 흠 없음(이것은 우리 안에 있는 불완전한 사랑을 통해 확증된다)을 가리킨다고 생각하는 이유를 말해주는 또 다른 근거가 있다. 바울은 하나님이 모든 그리스도인을 흠 없는 상태로 보전하실 것이라고 약속했다. 그분의 신실하심이 그것을 보장한다. 이런 사실은 큰 용기를 북돋아 주님의 나타나심을 사모하도록 도와준다.

바울은 하나님이 신자들을 거룩하게 하고, 그들의 존재 전체(영과 혼과 몸)를 흠 없는 상태로 보전해 주시기를 바라는 기도를 드리고 나서 그분의 신실하심이 그것을 보장할 것이라는 매우 고무적인 말을 했다.

"평강의 하나님이 친히 너희를 온전히 거룩하게 하시고 또 너희의 온 영과 혼과 몸이 우리 주 예수 그리스도께서 강림하실 때에 흠 없게 보전되기를 원하노라 너희를 부르시는 이는 미쁘시니 그가 또한 이루시리라"(살전 5:23-24).

이것은 그리스도의 나타나심을 사모하도록 도와주는 영광스러운 약속이 아닐 수 없다. 하나님은 우리를 흠 없이 보전하실 것이다. 이 일은 반드시 일어날 것이다. 우리는 보전될 것이다. 우리는 그리스도께서 오실 때 그 앞에 흠 없이 설 것이다. 우리가 스스로 온전하거나 우리의 행위가 완전해서가 아니라 그리스도의 완전하심이 우리의 것으로 여겨질 것이기 때문이다. 우리의 성화는 우리의 믿음을 확증할 것이고, 우리의 믿음은 우리를 그리스도 안에 있게 하는 도구가 될 것이다. 이것은 확실하다. 하나님이 그렇게 하실 것이다.

부르심을 받은 자들의 확신

바울은 고린도전서 1장 7-9절에서 훨씬 더 강력한 어조로 이 흔들리지 않는 약속을 또다시 강조했다.

"너희가…우리 주 예수 그리스도의 나타나심을 기다림이라 주께서 너희를 우리 주 예수 그리스도의 날에 책망할 것이 없는 자로 끝까지 견고하게 하시리라 너희를 불러 그의 아들 예수 그리스도 우리 주와 더불어 교제하게 하시는 하나님은 미쁘시도다."

바울은 우리의 사랑이 풍성하게 되어 그리스도의 날에 흠 없이 발견되게 해달라고 기도했다(빌 1:10, 살전 3:13). 그의 기도는 응답될 것이다. 하나님은 우리를 그리스도의 날까지 흠 없이 보전하실 것이다. 이것은 성숙한 신자나 장로들만이 아닌 모든 참된 그리스도인들에게 적용되는 약속이다. 이 약속이 데살로니가전서 5장 24절보다 더 강력하게 들리는 이유는 바울이 그것을 하나님의 신실하심만이 아니라 우리의 부르심과 연관시켰기 때문이다. 바울은 "또 미리 정하신 그들을 또한 부르시고 부르신 그들을 또한 의롭다 하시고 의롭다 하신 그들을 또한 영화롭게 하셨느니라"(롬 8:30)라고 말했다. 다시 말해, 바울은 이 약속을 우리의 부르심과 연결함으로써 그것이 절대적으로 확실하다고 말했다. 따라서 우리는 "주께서 자기가 부르신 자들을 또한 우리 주 예수 그리스도의 날에 책망할 것이 없는 자로 끝까지 견고하게 하실 것이다."라고 자신 있게 말할 수 있다(고전 1:8 참조).

하나님은 자신이 시작한 일을 마무리하실 것이다

바울은 빌립보서 1장 6절에서도 똑같은 약속을 언급했다. "너희 안에서 착한 일을 시작하신 이가 그리스도 예수의 날까지 이루실 줄을 우리는 확신하노라." 하나님은 참된 신자들 안에서 믿음과 사랑과 거룩함의 사역을 시작하신다. 그분은 그 사역을 선택받은 백성들 안에서 확실하게 행하고, 성화의 사역을 온전히 이루어 모든 신자의 믿음이 충실하다는 것과 그들이 그리스도 안에서 온전해졌다는 증거가 그리스도의 날에 분명하게 드러나게 하실 것이다.

신자들을 보호하시는 하나님의 위엄

희망을 북돋우는 하나님의 약속은 유다서에서도 또다시 발견된다.

"능히 너희를 보호하사 거침이 없게 하시고 너희로 그 영광 앞에 흠이 없이(아모무스) 기쁨으로 서게 하실 이 곧 우리 구주 홀로 하나이신 하나님께 우리 주 예수 그리스도로 말미암아 영광과 위엄과 권력과 권세가 영원 전부터 이제와 영원토록 있을지어다 아멘"(유 1:24, 25).

위의 말씀은 직접적인 약속이 아닌 송영이지만 약속의 의미를 내포하고 있다. 유다는 우리를 보호해 흠 없이 세우실 하나님의 영광을 찬양했다. 그는 자신의 서신 맨 앞에서 그리스도인들의 본질을 분명하게 드러냈다. "예수 그리스도의 종이요 야고보의 형제인 유다는 부르심을 받은 자 곧 하나님 아버지 안에서 사랑을 얻고 예수 그리스도를 위하여 지키심을 받은 자들에게 편지하노라"(유 1:1)라는 말대로, 그리스도인들은 하나님의 보호를 받는다. 부르심과 보호를 받는 것, 그것이 우리의 본질이다. 하나님은 자기가 부르신 자들을 또한 지키신다.

유다의 송영은 하나님의 이중적인 행위(곧 우리가 넘어지지 않도록 보호하고, 자신의 영광 앞에 흠이 없이 기쁨으로 서게 하는 것)를 찬양함으로써 그분의 '영광과 위엄과 권력과 권세'를 높이 우러렀다. 하나님은 반드시 그렇게 하실 것이다. 바울은 하나님의 신실하심을, 유다는 그분의 영광과 위엄과 권력과 권세를 각각 약속의 근거로 삼았다. 하나님의 영광이 그분이 부르신 자들을 안전하게 보호한다. 보호의 목적은 그리스도의 날에 흠이 없이 기쁨으로 서게 하기 위해서다.

평안한 양심과 강렬한 사랑으로 그리스도의 나타나심을 사모하라

바울은 우리가 그리스도의 날을 흠 없이 맞이하게 해달라고 기도했다. 내가 그가 말한 흠 없는 상태가 장로들과 집사들에게 요구되는 흠 없는 성품이 아닌 우리에게 전가된 그리스도의 완전한 의를 가리킨다고 믿는 이유는 크게 두 가지다. 즉 첫째는 그리스도께서 나타나실 때 모든 신자가 그런 흠 없는 성품을 지니는 것은 아니기 때문이고, 둘째는 모든 참 신자들에게 하나님이 그들을 그 날에 흠 없이 보전하실 것이라는 약속이 주어졌기 때문이다.

따라서 내가 당혹스럽고, 혼란스럽다고 일컬은 성경 구절들(빌 1:9-11, 살전 3:11-13, 5:23)은 우리를 당혹스럽거나 혼란스럽게 만들기는커녕 오히려 그리스도의 나타나심을 사모하는 마음을 더욱 굳세게 한다. 이 구절들은 우리의 마음속에서 하나님의 사랑이 더욱 풍성하게 되어 그리스도께서 우리를 자신의 나라로 부르셨다는 사실을 확증할 수 있게 해달라고 기도하도록 고무할 뿐 아니라 하나님이 자기가 부르신 자들을 그리스도의 날에 흠 없이 세우실 것이라는 여러 가지 약속들을 상기시킨다.

"너희를 부르시는 이는 미쁘시니 그가 또한 이루시리라"(살전 5:24). "너희 안에서 착한 일을 시작하신 이가 그리스도 예수의 날까지 이루실 줄을 우리는 확신하노라"(빌 1:6). 하나님의 영광과 위엄과 권력과 권세가 부르심을 받은 자들이 불신앙의 덫에 걸리지 않고 그리스도의 영광이 나타날 날을 흠 없이 큰 기쁨으로 맞이할 것이라는 사실을 확실하게 보장한다(유 24).

아무쪼록 우리 모두 이 약속들을 믿고, 그 기쁨을 갈망하며, 주님의 나타나심을 사모할 수 있기 위해 기도한다.

7.
우리의 생각과 마음과 육체는 완전해질 것이다

"그 날에 그가 강림하사 그의 성도들에게서 영광을 받으시고 모든 믿는 자들에게서 놀랍게 여김을 얻으시리니"(살후 1:10)라는 말씀대로, 앞서 3장과 4장에서는 신자들에게 놀랍게 여김을 받음으로써 그리스도의 영광이 밝히 드러나게 될 것이라는 사실에 재림과 관련된 문제의 핵심이 놓여 있다고 말했다. 다시 말해, 그리스도의 영광이 그 놀라운 사건의 가장 크고, 객관적인 현실이 될 것이다. 그러나 하나님이 인류의 역사와 구원 사역을 통해 이루시려는 궁극적인 목적은 그리스도의 나타나심을 놀랍게 여겨 그분을 경배하고, 사랑하고, 감탄스러워할 신자들이 없으면 온전히 이루어질 수 없다.

그 이유는 신자들이 그리스도 안에서 가장 온전한 만족을 누리게 함으로써 그분의 영광을 가장 크게 드러내는 것이 하나님의 궁극적인 목적이기 때문이다. 하나님의 목적은 단지 성자께서 영광을 얻으시고, 신자들이 행복을 누리는 데 그치지 않는다. 그분은 자기 백성이 그리스도의 영광 안에서 행복을 느껴 그분의 영광이 그들의 행복을 통해 가장 분명하게 드러나기를 바라신다. 하나님은 구원도 인간이 그리스도의 영광 안에서 행복을 느끼게 함으로써 인간의 행복과 그리스도의 영광이 온전하게 드러나도록 계획하셨다. 그리스도께서 자기 백성 안에서 가장 큰 영광을 얻으시는 이유는 그분의 백성이 그분 안에서 가장 큰 만족을 누릴 것이기 때문이다.

감정적인 장애 요인을 안고 있는 신자들이 어떻게 마땅한 만큼 그리스도를 놀랍게 여길 수 있을까

만일 그리스도의 백성인 우리의 현재 상태, 곧 죄에 오염된 부패하고, 연약하고, 빈약한 능력을 지닌 상태로 주님의 날을 맞이한다면, 그분을 마땅한 만큼 놀랍게 여기고, 사랑하고, 경배할 수 없을 것이 분명하다. 우리가 현재 구원을 받고 의롭다 하심을 받아 부분적으로 거룩해졌다고 해도 여전히 온갖 결함을 안고 있기는 마찬가지다. 우리의 영적인 눈은 흐릿하고, 감정적인 능력은 장애 요인을 안고 있다. 우리의 마음속에는 부패한 요소가 남아 있기 때문에 그리스도께서 강림하실 때 우리로부터 합당한 놀랍게 여김과 경배와 사랑을 받으시기가 불가능하다. 이것이 이번 장에서 다루려는 문제다.

그러나 이 문제를 다루기에 앞서 5장과 6장에서도 이와 똑같은 문제가 언급되었다는 점을 기억해야 할 필요가 있다. 5장과 6장의 요점은 그리스도께서 재림하실 때 신자들에게 은혜가 주어질 것이라는 점이었다. "예수 그리스도께서 나타나실 때에 너희에게 가져다주실 은혜를 온전히 바랄지어다"(벧전 1:13). 참된 그리스도인들은 그 날에 흠 없이 발견될 것이다. 우리는 하나님이 우리의 삶 속에서 이루시는 성화의 사역을 통해 교만하고, 이기적인 사람으로부터 겸손하고, 사랑이 풍성한 사람으로 변화된다. 이 변화를 통해 그리스도를 믿는 우리의 믿음의 진정성과 그분과 우리와의 연합이 확증된다. 이 연합은 그분의 나타나심을 흠 없이 맞이할 수 있는 은혜로운 근거가 될 것이다.

그러나 3장과 4장의 경우처럼, 문제는 그리스도를 믿는 신자들 가운데 마음과 생각과 육체가 완전히 변화되어 예배를 가로막는 모든 장애 요인과 결함으로부터 온전히 자유롭게 되지 않은 상태에서 단지 그분의 공로로 인해 우리의 것으로 여겨지는 '흠 없음'으로 만족할 신자가 아무도 없다는 것이다. 물론, 이신칭의를 통해 전가된 의는 영광스럽고, 보배롭다. 그것이 없으면 아무런 희망도 없다. 그러나 하나님의 목적은 죄 사함을 받아 흠 없다고 여김을 받을 뿐, 영원히 죄를 짓고 살아가야 할 백성을 세우는 것이 아니다. 하나님의 목적은 우리가 죄 사함을 받은 죄인들로부터 죄가 없는 의인들로 변하는 것이다. 그런 변화가 일어나지 않으면, 하나님을 진정으로 영화롭게 하고, 즐거워하고, 예배할 수 없다. 그 이유는 하나님보다 다른 것들을 더 좋아하는 것이 죄의 본질이기 때문이다. 우리는 마땅히 하나님을 즐거워하며 영화롭게 해야 할 뿐 아니라, 그리스도 안에서 완전하다고 여겨지는 데 그치지 않고, 그분을 통해 실제로 생각과 마음과 육체가 완전해져야 한다. 그런 변화가 그리스도께서 강림하실 때 일어날 것이다. 이것이 이번 장에서 다룰 주제다.

신비롭게 연결된 영혼과 육체가 구속함을 받을 것이다

그리스도의 나타나심을 사모해야 할 이유 가운데 하나는 죽었던 그리스도인들이 모두 새로운 육체를 가진 모습으로 죽은 자들 가운데서 다시 살아날 것이고(고전 15:23, 43), 또 살아서 그분의 재림을 맞이하는 그리스도인들이 모두 그리스도의 영광스러운 부활의 육체와 같은 육체를 지닌 모습으로 변화될 것이기 때문이다(빌 3:21). 더욱이 육체적인 부활과 변화라는 물리적인 기적 외에 살아서 그리스도의 재림을 맞이하는 사람들은 영적으로나 도덕적으로 온전히 변화되어(요일 3:2) 결코 다시 죄를 짓지 않을 것이다. 아울러 구약 시대의 성도들을 비롯해 그리스도께서 오시기 전에 세상을 떠난 신자들은 그분의 재림이 있기 전에 이미 그분 앞에서 영적 변화를 경험한 상태다(히 12:23).

육체의 부활과 영적인 변화는 반드시 이루어질 하나님의 궁극적인 목적의 필수 요소다. 하나님의 백성은 육체적으로나 도덕적으로 완전해져야 한다. 그리스도께서 재림할 때 신자들에게 놀랍게 여김을 받아 영광을 크게 드러내시려면(살후 1:10), 그들이 죄의 오염과 한계로부터 온전히 자유로워야 한다. 그래야 그들의 경탄도 변화되고, 완전해질 수 있다. 그리스도께서는 그런 온전한 것을 받으셔야 마땅하다. 물론, 하나님의 은혜의 영광은 불완전한 신자들이 의롭다 하심을 받는 일을 통해 아름답게 빛나지만, 그리스도 안에는 칭의의 은혜를 뛰어넘는 은혜가 존재한다. 그것은 바로 우리를 거룩하게 하고, 순결하게 하는 성화의 강력한 능력이다(고전 15:10, 고후 9:8, 살후 1:11-12). 그리스도께서는 신자들에게 놀랍게 여김을 받고 영광을 얻으실 것이기 때문에 그들은 은혜를 통해 완전하게 변화되어야 한다. 그렇지 않으면 그들의 '놀랍게 여김'은 죄에 오염되는 결과가 초래될 것이다.

또한, 그리스도께서 재림할 때 자기 백성을 통해 영광을 받으시려면 그들의 육체도 그분의 영광을 온전하게 반영하는 방식으로 영광스럽게 변화되어야 한다. 타락의 부패함과 허무함과 결함들을 지닌 육체는 그리스도의 영광을 드높이는 본연의 기능을 수행할 수 없다(롬 8:20-21). 우리의 육체가 부활해 완전해지면 "만물을 자기에게 복종하게 하실 수 있는" 주님의 능력이 영광스럽게 드러날 것이다(빌 3:21).

우리의 육체는 우리의 생각과 마음을 표현하는 기능을 한다. 즉 육체를 통해 우리의 찬양이 귀로 들을 수 있는 소리가 되고, 우리가 사랑으로 행하는 순종이 가시적인 형태로 나타난다. 하나님은 육체와 영혼을 하나로 연결하셨다(이것은 현대 과학으로도 풀 수 없는 신비가 아닐 수 없다). 따라서 우리의 영혼에서 우러나오는 찬양과 순종이 육체를 통해 표현되어 영혼은 물론 육체도 함께 구속받아야 한다. 그리스도께서는 육체를 통해 표현된 찬양과 순종을 받기에 합당하시다.

육체를 본질적인 결함을 지닌 실체이자 영혼을 방해하는 요인으로 폄훼하는 거짓 교사들이 항상 있었다. 육체에 관한 성경의 견해는 그런 사람들의 가르침과 사뭇 다르다. 육체는 인간의 타락 이전에 하나님이 '심히 좋게' 여기셨던 피조물 가운데 하나였을 뿐 아니라(창 1:31), 장차 부활을 통해 완전하게 되어 영원히 우리의 예배와 순종을 표현하는 도구가 되기로 정해졌다. 만일 육체가 없이 영혼만 있는 상태로 영원히 천국에 살 것으로 생각한다면, 천국이 하늘에서 새 땅으로 내려오고, 그곳에서 육체를 가진 사람들이 육체를 가지신 그리스도를 예배할 것이라는 성경의 가르침으로 잘못된 생각을 바로잡아야 할 필요가 있다(계 21:1-2, 10). 피조 세계를 위한 하나님의 궁극적인 목적이 이루어지려면 그리스도께서 재림하실 때 반드시 영적, 물리적 변화가 일어나야 한다.

그러면 이제 육체의 부활에서부터 시작해서 마음과 생각의 도덕적 변화를 차례로 살펴보기로 하자. 이 두 가지 모두 그리스도께서 재림하실 때 완성될 것이다.[1]

---

1) 물론, 주님 안에서 죽은 자들의 영들은 죽은 후에 곧바로 천국에서 '온전하게 될' 것이다(히

자신의 육체를 부활시키신 그리스도께서 우리의 육체도 부활시키실 것이다

예수님은 부활을 믿지 않았던 사두개인들을 논박하셨다. "부활이 없다 하는 사두개인들이 예수께 와서 물어 이르되"(막 12:18). 예수님은 그들에게 분명하고, 단호한 어조로 "너희가 성경도 하나님의 능력도 알지 못하므로 오해함이 아니냐"(막 12:24)라고 말씀하셨다. 예수님은 죽은 자의 부활을 믿었을 뿐 아니라 성부께서 부활을 일으키는 권한을 자기에게 주셨다는 것을 알고 계셨다. "아버지께서 자기 속에 생명이 있음같이 아들에게도 생명을 주어 그곳에 있게 하셨고 또 인자됨으로 말미암아 심판하는 권한을 주셨느니라"(요 5:26-27). 따라서 예수님은 "나는 부활이요"(요 11:25)라고 말씀하실 수 있었다. 그분은 마지막 날에 자기 백성을 죽은 자들 가운데서 다시 살릴 것이라고 약속하셨다.

> "아버지께서 내게 주시는 자는 다 내게로 올 것이요 내게 오는 자는 내가 결코 내쫓지 아니하리라 내가 하늘에서 내려온 것은 내 뜻을 행함이 아니요 나를 보내신 이의 뜻을 행하려 함이니라 나를 보내신 이의 뜻은 내게 주신 자 중에 내가 하나도 잃어버리지 아니하고 마지막 날에 다시 살리는 이것이니라 내 아버지의 뜻은 아들을 보고 믿는 자마다 영생을 얻는 이것이니 마지막 날에 내가 이를 다시 살리리라 하시니라"(요 6:37-40. 54절 참조).

12:25). 그러나 이번 장이 끝날 즈음이면 도덕적 변화가 완성될 것이라는 말이 어떤 의미인지가 분명하게 드러날 것이다.

예수님은 자기가 무덤에서 부활할 것이라고 말씀하셨던 것처럼 자기 백성을 죽은 자들 가운데서 다시 살릴 것이라고 말씀하셨다. "이를 내게서 빼앗는 자가 있는 것이 아니라 내가 스스로 버리노라 나는 버릴 권세도 있고 다시 얻을 권세도 있으니"(요 10:18). "너희가 이 성전을 헐라 내가 사흘 동안에 일으키리라"(요 2:19). 예수님의 이런 말씀은 하나님이 자기를 죽은 자들 가운데서 다시 살리실 것이라고 하신 말씀과 모순되지 않는다(마 16:21, 17:23, 20:19). 성령을 비롯해 성삼위 하나님이 모두 예수님의 부활에 관여하셨다. "예수를 죽은 자 가운데서 살리신 영이 너희 안에 거하시면 그리스도 예수를 죽은 자 가운데서 살리신 이가 너희 안에 거하시는 그의 영으로 말미암아 너희 죽을 몸도 살리시리라"(롬 8:11). 이 말씀에는 하나님이 예수님을 '성령으로' 살리신 것처럼 우리도 '성령으로' 다시 살리실 것이라는 의미가 담겨 있다.

성삼위 하나님이 우리를 다시 살려 성자의 육체와 같은 육체를 지니게 하실 것이다

그리스도인들은 성령은 물론, 성부와 성자(그리스도)를 통해 죽은 자 가운데서 다시 살아날 것이다.

> "몸은 음란을 위하여 있지 않고 오직 주를 위하여 있으며 주는 몸을 위하여 계시느니라 하나님이 주를 다시 살리셨고 또한 그의 권능으로 우리를 다시 살리시리라"(고전 6:13-14).

> "우리의 시민권은 하늘에 있는지라 저기로부터 구원하는 자 곧 주 예

수 그리스도를 기다리노니 그는 만물을 자기에게 복종하게 하실 수 있는 자의 역사로 우리의 낮은 몸을 자기 영광의 몸의 형체와 같이 변하게 하시리라"(빌 3:20-21).

위의 두 성경 본문에서 알 수 있는 대로, 그리스도의 부활과 우리의 부활이 서로 연관되어 있다. 고린도전서 6장 14절은 하나님이 주님의 부활과 우리의 부활에 모두 관여하신다고 말씀하고, 빌립보서 3장 20-21절은 우리의 부활의 육체가 그리스도의 부활의 육체와 같을 것이라고 말씀한다. 이 두 가지 부활을 일으키는 주체도 하나님으로 똑같고, 그 결과도 "영광의 몸의 형체(숨모르폰 토 소마티 테스 독세스 아우투)"로 똑같다. 바울은 "그리스도께서 죽은 자 가운데서 다시 살아나사 잠자는 자들의 첫 열매가 되셨도다"(고전 15:20)라는 말로 우리의 부활과 그리스도의 부활이 모두 추수의 일부라고 암시했다. 첫 열매는 추수 전체를 규정하고, 보장한다.

그리스도의 부활의 육체는 물리적인 육체였다. 그것은 부활 이전의 육체와 같았기 때문에 그분의 신체적 특징을 충분히 알아볼 수 있었다. 그것은 제자들이 그분을 만질 수도 있고, 생선을 먹을 수도 있는 실제 육체였다. "내 손과 발을 보고 나인 줄 알라 또 나를 만져 보라 영은 살과 뼈가 없으되 너희 보는 바와 같이 나는 있으니라…이에 구운 생선 한 토막을 드리니 받으사 그 앞에서 잡수시더라"(눅 24:39, 42, 43). 우리가 지니게 될 부활의 육체도 그와 같을 것이다.

우리는 그리스도께서 재림하실 때 부활할 것이다

부활은 언제 일어날까? 그리스도께서 재림하실 때 일어난다. 이를 뒷받침하는 성경 본문은 모두 세 곳이다. 먼저, 바울은 고린도전서 15장 22-23절에서 "아담 안에서 모든 사람이 죽은 것 같이 그리스도 안에서 모든 사람이 삶을 얻으리라 그러나 각각 자기 차례대로 되리니 먼저는 첫 열매인 그리스도요 다음에는 그가 강림하실 때에 그리스도에게 속한 자요"라고 말했다. "그가 강림하실 때에" 그리스도께 속한 자들은 부활할 것이다. 이것은 모든 인간이 살아나는 일반적인 부활이 아닌 그리스도인들만의 부활을 가리킨다.[2]

그리스도께서 재림하실 때 우리가 부활할 것이라고 가르치는 두 번째 성경 본문은 빌립보서 3장 20-21절이다. "우리의 시민권은 하늘에 있는지라 저기로부터 구원하는 자 곧 주 예수 그리스도를 기다리노니 그는 만물을 자기에게 복종하게 하실 수 있는 자의 역사로 우리의 낮은 몸을 자기 영광의 몸의 형체와 같이 변하게 하시리라." 구주께서 강림하실 때 그리스도인들은 변화할 것이다. 바울은 여기에서 살아서 주님의 재림을 맞이할 그리스도인들의 육체와 이미 세상을 떠난 그리스도인들의 육체를 구별하지 않았다. 둘 다 그리스도의 영광스러운 육체와 같은 새로운 육체를 얻게 될 것이다.

그리스도께서 재림하실 때 우리가 부활할 것이라고 가르치는 세

---

2) 성경은 이따금 신자들과 불신자들이 부활할 때나 모든 사람이 심판받을 때를 특별히 구분하지 않고서 부활을 언급하기도 한다. 예를 들어, 예수님은 요한복음 5장 28-29절에서 "이를 놀랍게 여기지 말라 무덤 속에 있는 자가 다 그의 음성을 들을 때가 오나니 선한 일을 행한 자는 생명의 부활로, 악한 일을 행한 자는 심판의 부활로 나오리라"라고 말씀하셨다. 이 성경 본문도 다른 많은 성경 본문과 마찬가지로 마치 멀리서 보면 겹겹이 늘어서 있는 산 능선들이 하나의 산 같아 보이는 것처럼 서로 동떨어진 미래의 사건들을 한꺼번에 바라보고 있다. 성경에는 이런 식의 예언적인 시각이 종종 나타난다. 이런 사실은 멀거나 가까운 사건들이 종종 하나의 관점에서 다루어지는 경우를 설명하는 데 도움을 준다. 8장 각주 1을 보라.

번째 성경 본문에는 이미 죽은 그리스도인들에 대한 바울의 특별한 관심이 잘 드러나 있다.

> "우리가 주의 말씀으로 너희에게 이것을 말하노니 주께서 강림하실 때까지 우리 살아남아 있는 자도[3] 자는 자보다 결코 앞서지 못하리라 주께서 호령과 천사장의 소리와 하나님의 나팔 소리로 친히 하늘로부터 강림하시리니 그리스도 안에서 죽은 자들이 먼저 일어나고 그 후에 살아남은 자들도 그들과 함께 구름 속으로 끌어 올려 공중에서 주를 영접하게 하시리니 그리하여 우리가 항상 주와 함께 있으리라"(살전 4:15-17).

이 성경 본문 속에서의 바울의 목회적 목표는 사랑하는 동료 신자들(가족, 친족, 친구 등)과 사별한 사람들을 위로하는 것이었다. 재림의 기대와 기쁨은 '이미 죽은 신자들은 재림의 날에 영광스럽게 나타나실 그리스도를 맞이하지 못할 것인가?'라는 의구심을 느끼는 신자들에게 특별한 위로가 되었다. 바울이 '차라리 세상을 떠나서 그리스도와 함께 있는 것이 훨씬 더 좋은 일이라'라는 빌립보서 1장 23절의 진리로 그들을 위로하지 않았다는 사실은 매우 의미심장하다. 그는 또한 "우리가 담대하여 원하는 바는 차라리 몸을 떠나 주와 함께 있는 그

---

3) 바울은 자신의 생전에 주님의 재림이 일어날 것이라고 가르치기 위해 "우리 살아남아 있는 자"라고 말하지 않았다. 그 이유는 그가 바로 다음 장에서 "예수께서 우리를 위하여 죽으사 우리로 하여금 깨어 있든지(살아있든지) 자든지(죽었든지) 자기와 함께 살게 하려 하셨느니라"(살전 5:10)라고 말했기 때문이다. 바울은 두 곳의 본문에서 자신이 살아 있을 가능성을 염두에 두었지만, 5장 10절에서 알 수 있는 대로 그렇지 못할 수도 있다는 것을 충분히 예상했다.

것이라"라는 고린도후서 5장 8절로도 그들을 위로하지 않았다. 살아 남은 신자들이 궁금해하는 것은 그것이 아니었다.

그들은 '그리스도께서 재림하시면 어떻게 되는 걸까? 주님이 영광 스럽게 나타나시면, 곧 참으로 놀랍게도 천사장의 목소리와 하나님의 나팔 소리와 호령 소리와 함께 구름을 타고 내려와서 만인의 눈앞에 서 자신을 실제로 드러내 보이고, 항상 믿음으로 싸울 태세를 갖춘 채 로 살아온 신자들을 옹호하시는 날이 이르면 어떻게 될까? 우리가 사 랑하는 자들이 그 날에 과연 동참할 수 있을까?'를 궁금해했다. 내가 이 책을 쓰게 된 동기 가운데 하나는 오늘날의 그리스도인들 가운데 위의 성경 본문에서 발견되는 바울의 목회적 가르침을 이상하게 생각 하는 사람들이 많다고 느꼈기 때문이다. 그런 사람들은 과거의 데살 로니가 신자들과는 달리 주님의 재림에 동참하는 것에 별다른 관심 을 기울이지 않는다. 그들은 단지 "몸을 떠나 주와 함께 있는 것"(고후 5:8)을 아는 것으로 만족해한다.

그러나 바울은 그 위대한 날의 온전한 영광을 경험하는 것과 관련 해 죽은 신자들의 입장이 조금도 불리하지 않다고 힘주어 말했다. 그 는 살아서 그리스도의 재림을 맞이할 신자들이 죽은 신자들보다 더 유리하다고 말하지 않았다. 그는 이 점을 분명하게 보여주기 위해 죽 은 신자들의 육체 부활에 초점을 맞추었다. 그는 그리스도께서 재림 하실 때 일어날 일을 이렇게 묘사했다.

"주께서 강림하실 때까지 우리 살아남아 있는 자도 자는 자보다 결코 앞서지 못하리라…그리스도 안에서 죽은 자들이 먼저 일어나고 그 후 에 살아남은 자들도 그들과 함께 구름 속으로 끌어 올려 공중에서 주

를 영접하게 하시리니 그리하여 우리가 항상 주와 함께 있으리라"(살
전 4:15-17).

수많은 하나님의 백성들이 기뻐 맞이할 그리스도의 영광스러운 재
림에 모든 시대의 모든 신자가 동참할 것이다. 그러기 위해 그리스도
께서 강림하실 때 모든 죽은 자들이 다시 살아날 것이다.

이 땅의 과정의 완성과 천국의 완전함

그러나 이번 장의 초점은 주님이 재림하실 때 나타날 사건들이 아
닌 그 사건들의 결과, 즉 신자들의 변화에 있다. 다시 말해, 우리의 관
심은 재림하신 그리스도께서 그분의 위대함과 아름다움과 가치에 합
당한 방식으로 우리를 통해 영광을 받으시는 것에 있다. 만일 우리의
육체와 영혼이 변화되지 않는다면 그런 일이 일어날 수 없다. 그리스
도께서 우리의 놀랍게 여김을 통해 영광을 받으시려면(살후 1:10) 우리
의 흐릿한 영적 시야와 연약한 감정과 타락한 마음속에 남아 있는 부
패함이 새롭게 변화되어야 한다. 타락으로 인해 우리의 육체와 영혼
이 본래의 기능을 상실했다. 육체와 영혼이 구속받아야 한다. 이 구속
(redemption)은 예수님의 죽음과 부활을 통해 이 세상에서 이미 시작
되었다. 거듭남과 죄 사함과 칭의와 점진적인 성화를 통해 우리 안에
서 구속이 이미 시작되었다. 그러나 우리의 구속은 그리스도께서 강
림하실 때에 완성에 이를 것이다.

심지어 죽은 신자들이 그리스도와 함께 있으면서 누리는 기쁨도
현세에서 누리는 그 어떤 기쁨보다 더 큰 것은 사실이지만(빌 1:23) 완
전하지 않기는 마찬가지다. 그런 기쁨은 영광스러운 육체를 통해 물

리적으로 표현되는 열렬한 찬양과 즐거운 순종이 이루어져야만 비로소 완성된다. 찬양과 순종의 본질은 내면적인 것에 있지만, 그 완성은 외면적인 것에 있다. 그리스도의 영적인 탁월함이 가장 뛰어난 찬양의 원천이지만, 그분의 영광스러운 육체와 새로운 세상을 비롯한 물질적인 피조세계를 통해 그런 탁월함을 물리적으로 드러내는 것이 성자를 온전히 영화롭게 하기 위한 하나님의 계획 가운데 하나다.

재림이 있기 전에 우리의 영혼이 사후에 천국에서 완전해지는 것은 현세의 그 어떤 것보다 더 위대하고, 영광스럽고, 즐거운 경험인 것이 틀림없다. 히브리서는 천국에 있는 성도들을 "온전하게 된 의인의 영들"(히 12:23)로 일컬었다. 예수님 안에 있는 신자들은 죽은 후에는 다시 죄를 짓지 않는다. 우리는 영적으로나 도덕적으로 완전해질 것이다. 이것이 "차라리 세상을 떠나서 그리스도와 함께 있는 것이 훨씬 더 좋은 일이라"(빌 1:23)라거나 "우리가…원하는 바는 차라리 몸을 떠나 주와 함께 있는 그것이라"(고후 5:8)라는 바울의 말이 조금도 어리석게 들리지 않은 이유다.

그러나 바울의 가장 큰 바람은 육체 없이 죄를 짓지 않는 상태로 천국에서 그리스도와 함께 거하는 것이 아니었다. 천국에서 죄를 짓지 않는 상태로 그리스도와 함께 거하는 것이 세상의 그 어떤 경험보다 무한히 더 나은 것은 분명하다. 그러나 그것이 궁극적인 목표는 아니다. 그것은 하나님이 생각하시는 최상의 상태도 아니고, 구속의 완성도 아니다. 바울은 타락한 세상의 불행을 탄식하며 고난받는 육체를 벗어버리기만을 바라지 않았다. 그는 구속받은 몸을 갈구했다. "그뿐 아니라 또한 우리 곧 성령의 처음 익은 열매를 받은 우리까지도 속으로 탄식하여 양자 될 것 곧 우리 몸의 속량을 기다리느니라"(롬 8:23).

이 간절한 기다림의 대상은 바로 그리스도의 재림이었다.

신자들은 육체적으로 성자의 형상을 본받도록 예정되었다

하나님은 구속받은 백성들이 그들의 몸과 마음으로 자신의 은혜의 영광을 찬송하게 하려는 계획을 영원 전에 세우셨다(엡 1:4-6). 그분은 마음에서 우러나와 육체를 통해 표현되는 찬송이 성자의 위대하심에 걸맞는 찬송이 되도록 작정하셨다. 하나님은 이런 합당한 찬송이 확실하게 이루어지도록 자기 백성이 그리스도의 형상을 본받도록(즉 성자의 영광을 반영하고, 공유하도록) 예정하셨다. "하나님이 미리 아신 자들을 또한 그 아들의 형상을 본받게 하기 위하여 미리 정하셨으니 이는 그로 많은 형제 중에서 맏아들이 되게 하려 하심이니라"(롬 8:29). 이처럼, 그리스도인들은 성자의 형상을 본받음으로써 그리스도의 영광을 온전히 나타내고, 찬양할 수 있게 될 것이다.

'본받게(숨모르푸스)'로 번역된 용어가 신약성경의 다른 곳에서 사용된 사례는 단 한 번뿐이다. "거기로부터 구원하는 자 곧 주 예수 그리스도를 기다리노니 그는 만물을 자기에게 복종하게 하실 수 있는 자의 역사로 우리의 낮은 몸을 자기 영광의 몸의 형체와 같이 변하게(숨모르폰) 하시리라"(빌 3:20-21). 여기에는 성자의 형상을 본받기로 예정된 일(롬 8:29)에 그리스도의 육체를 본받는 것이 포함된다는 의미가 내포되어 있다. 이것은 영원한 계획의 일부였다. 그리스도의 육체와 같은 영광스러운 육체가 없으면, 그분의 영광을 온전히 반영하거나 표현할 수 없다.

우리는 그리스도께서 강림하실 때 태양처럼 빛날 것이다

그리스도께서 나타나시면, 가장 낮고 비천한 신자나 가장 큰 멸시와 배척을 받는 신자나 가장 심하게 훼손되거나 장애를 겪는 신자의 몸도 그리스도의 영광스러운 몸과 같아질 것이다. 그 몸은 과연 어떻게 생겼을까? 요한 사도는 부활하신 그리스도의 모습을 이렇게 묘사했다.

> "(내가) 보았는데…인자 같은 이가 발에 끌리는 옷을 입고 가슴에 금띠를 띠고 그의 머리와 털의 희기가 흰 양털 같고 눈 같으며 그의 눈은 불꽃 같고 그의 발은 풀무 불에 단련한 빛난 주석 같고 그의 음성은 많은 물소리와 같으며 그의 오른손에 일곱 별이 있고 그의 입에서 좌우에 날 선 검이 나오고 그 얼굴은 해가 힘 있게 비치는 것 같더라"(계 1:12-16).

우리가 성자의 형상을 본받게 되고(롬 8:29), 그리스도의 영광스러운 몸의 형체처럼 변하게 될 것이라는(빌 3:21) 바울의 말은 "그 때에 의인들은 자기 아버지의 나라에서 해와 같이 빛나리라"(마 13:43)라는 예수님의 말씀과 일맥상통한다. 우리가 알고 있는 평범한 그리스도인들이 새로운 부활의 눈이 없으면 볼 수 없을 정도로 해처럼 밝게 빛나게 될 것이라는 사실을 한 번 상상해 보라. C. S. 루이스는 신자와 불신자 모두를 위해 이것을 한번 상상해 보고, 그것이 우리의 삶에 어떤 영향을 미칠 것인지를 생각해 보라고 권유했다.

우리가 대화를 나눌 수 있는 가장 따분하고, 재미없는 사람들이 언젠

가는 (만일 그 모습을 지금 우리가 볼 수 있다면) 숭배하고 싶은 강한 유혹을 느낄 만한 피조물이 될 수도 있고, 단지 악몽 속에서나 마주칠 수 있을 법한 혐오스럽고, 부패한 피조물이 될 수도 있다. 이 점을 기억하는 것은 매우 중요하다. 우리는 하루를 사는 동안 내내 이 두 종착지 가운데 한 곳을 향해 나아가도록 조금씩 서로를 거들고 있다. 따라서 서로를 대할 때나 우정과 사랑을 나눌 때나 놀이를 할 때나 정치를 할 때는 이런 엄청난 가능성을 항상 염두에 두고, 두렵고 신중한 태도로 그에 합당하게 처신해야 한다. 평범한 사람은 아무도 없다. 우리는 한갓 죽어 사라질 사람과 대화를 나누지 않는다. 국가와 문화와 예술과 문명과 같은 것은 유한하다. 그런 것들의 생명은 우리의 생명에 비하면 하루살이의 생명과 같다. 그러나 우리가 농담을 건네고, 함께 일하고, 결혼 관계를 맺고, 냉대하거나 이용하는 자들은 불멸의 존재들이다. 끝없는 공포나 영원한 영광, 둘 중 하나다.[4]

영원히 살아 있음

우리의 새로운 육체는 상상할 수 없을 정도로 영광스러울 뿐 아니라 영원히 죽지 않는다. 그 이유는 "내가 전에 죽었었노라 볼지어다 이제 세세토록 살아 있어"(계 1:18)라는 말씀대로 그리스도께서 영원히 죽지 않으시기 때문이다. 바울은 "이는 그리스도께서 죽은 자 가운데서 살아나셨으매 다시 죽지 아니하시고 사망이 다시 그를 주장하지 못할 줄을 앎이로라"(롬 6:9)라고 말했다. 우리도 그리스도처럼 될

---

4) C. S. Lewis, "The Weight of Glory," in *C. S. Lewis: Essay Collection and Other Short Pieces* (London: HarperCollins, 2000), 105.

것이다. 예수님은 "무릇 살아서 나를 믿는 자는 영원히 죽지 아니하리니"(요 11:26)라고 말씀하셨고, 요한도 "하나님이 우리에게 영생을 주신 것과 이 생명이 그의 아들 안에 있는 그것이니라"(요일 5:11)라고 말했다.

살아 있는 자들의 육체가 놀랍게 변화될 것이다

영원히 죽지 않는 새로운 부활의 육체는 땅속에 누워 있는 육체나 예수님이 오실 때 살아 있는 사람들의 육체와는 근본적으로 다를 것이다. 예수님이 오실 때 우리가 살아 있든 죽었든 상관없이 놀라운 변화를 경험하게 될 것이다. 바울은 그리스도께서 강림하실 때 살아 있는 신자들이 이미 죽은 신자들과 마찬가지로 근본적인 변화를 겪게 될 것이라는 확신을 심어주려고 노력했다. 이것이 그가 "보라 내가 너희에게 비밀을 말하노니 우리가 다 잘 것(죽을 것)이 아니요 마지막 나팔에 순식간에 홀연히 다 변화되리니"(고전 15:51)라고 말했던 이유다. 살아 있는 자들도 변화될 것이다. (육체가 썩어 없어진) 죽은 신자들만 변화가 필요한 것이 아니다. 모든 신자가 근본적인 변화를 필요로 한다.

지금 우리가 가진 육체는 영화롭게 되지 않았다. 그러나 나중에는 그렇게 될 것이다. 반드시 그렇게 되어야 한다. 그렇지 않으면 새 하늘과 새 땅의 영광에 적합하지 않을 것이다. 바울은 '변화된' 육체, 곧 살아 있는 신자들이 얻게 될 부활의 육체가 지닌 새로움을 이렇게 묘사했다.

"죽은 자의 부활도 그와 같으니 썩을 것으로 심고 썩지 아니할 것으로 다시 살아나며 욕된 것으로 심고 영광스러운 것으로 다시 살아나며 약한 것으로 심고 강한 것으로 다시 살아나며 육의 몸으로 심고 신령한 몸으로 다시 살아나나니 육의 몸이 있은즉 또 영의 몸도 있느니라"(고전 15:42-44).

부활의 육체는 썩지 않고, 영광스러우며, 강력하고, 신령하다. '신령한 몸'이라는 문구는 모순어법이 아니다. 예수님은 죽은 자 가운데서 다시 살아난 자신을 '영'이라고 말씀하지 않으셨다. 그분은 "영은 살과 뼈가 없으되 너희 보는 바와 같이 나는 있느니라"(눅 24:39)라고 말씀하셨다. '신령한'은 육체가 없는 영적 상태를 가리키지 않는다. 그것은 신비로운 과정을 거쳐 새로운 차원의 존재 상태에 적합하게 되는 것, 곧 성령께서 상상을 초월하는 능력으로 우리의 육체적 특성을 변화시켜 자신의 완전한 거처로 만드시는 것을 의미한다. 예수님은 부활 후에 설명할 수 없는 방식으로 나타났다가 사라지곤 하셨다(눅 24:31, 요 20:26). 우리의 신령한 몸도 현재의 사고로는 도저히 설명할 수 없는 속성을 지니게 될 것이다.

우리는 육체적으로는 물론, 도덕적으로도 그리스도의 형상을 본받게 될 것이다

빌립보서 3장 20-21절과 고린도전서 15장 50-53절은 그리스도께서 강림하실 때 우리의 육체가 겪을 변화에 초점을 맞추지만, 그 변화에는 우리의 마음과 생각도 아울러 포함된다. 이런 사실이 로마서 8장 29절에 분명하게 함축되어 있다. "하나님이 미리 아신 자들을 또한 그 아들의 형상을 본받게 하기 위하여 미리 정하셨으니 이는 그로 많은 형제 중에서 맏아들이 되게 하려 하심이라." 하나님의 목적은 육

체적으로만 똑같아 보이게 만드는 것이 아니라 진리와 아름다움과 위대함과 가치에 관한 기준과 현실을 바라보는 관점(특히 하나님에 관한 올바른 시각과 사랑)을 공유하게 하는 것이다. 하나님이 우리를 무죄한 상태로 만들어 그리스도의 형상을 본받게 하시려는 목적에는 물리적 차원과 영적 차원이 모두 포함된다.

이런 영적 변화는 우리가 완전하게 될 재림의 날에 절정에 달할 것이다. 변화는 이 세상에서부터 시작된다. "우리가 다 수건을 벗은 얼굴로 거울을 보는 것 같이 주의 영광을 보매 그와 같은 형상으로 변화하여 영광에서 영광에 이르니 곧 주의 영으로 말미암음이니라"(고후 3:18). 우리가 죽으면 천국에 가서 그리스도 앞에서 완전하게 된다(히 12:23). 그러고 나서 그리스도께서 강림하시면 모든 변화가 완결된다. 그분이 우리의 육체를 완전하게 하고, 우리의 완전해진 영혼을 부활한 육체와 하나로 결합해주시면 우리의 영혼이 볼 수 있고, 만질 수 있고, 들을 수 있는 표현 수단을 갖추게 되어 모든 목적이 온전히 이루어질 것이다.

요한일서 3장 1-3절과 골로새서 3장 3-5절은 그리스도께서 강림하실 때 영혼의 변화가 완결될 것을 예고한다.

그리스도께서 나타나시면 우리가 그분과 같이 될 것이다
먼저, 요한일서 3장 1-3절을 살펴보자.

"보라 아버지께서 어떠한 사랑을 우리에게 베푸사 하나님의 자녀라 일컬음을 받게 하셨는가, 우리가 그러하도다 그러므로 세상이 우리를 알지 못함은 그를 알지 못함이라 사랑하는 자들아 우리가 지금은 하나님의 자녀라 장래에 어떻게 될지는 아직 나타나지 아니하였으나 그가 나타나시면 우리가 그와 같을 줄을 아는 것은 그의 참모습 그대로 볼 것이기 때문이니 주를 향하여 이 소망을 가진 자마다 그의 깨끗하심과 같이 자기를 깨끗하게 하느니라."

점진적인 변화가 '주의 영광을 봄으로써' 현세에서 이루어지는 것처럼(고후 3:18, 4:4-6), 즉각적인 변화도 예수 그리스도께서 강림하실 때 하나님을 봄으로써 이루어질 것이다. 위의 성경 본문에서 "그가 나타나시면"은 일차적으로는 그리스도가 아닌 하나님을 가리키는 의미로 이해하는 것이 가장 자연스럽다. 그러나 예수님은 "나를 본 자는 아버지를 보았거늘"(요 14:9)이라고 말씀하셨다. 아울러, 요한은 요한일서 2장 28절에서 요한일서 3장 2절("그가 나타나시면"-에안 파네로데)에서 하나님의 나타나심을 가리킬 때 사용했던 표현과 똑같은 표현을 사용해 예수님의 재림을 언급했다. 따라서 요한은 요한일서 3장 2절에서 부활하신 그리스도와 그분 안에 계시는 하나님이 재림을 통해 나타나실 것을 염두에 두고 말했을 가능성이 크다.

우리가 그분을 얼굴을 마주하고 보면 '그분과 같이 될 것이다.' 그리스도의 영광을 보는 것이 완전해지면 변화도 완결될 것이다. 내가 이 변화에 우리의 마음과 생각이 영적이며 도덕적으로 변화되는 것이 포함된다고 생각하는 이유는 요한이 2절과 3절을 하나로 연결하고 있기 때문이다. 그는 그리스도께서 강림하실 때 우리가 그분을 보고, 그분의 형상으로 변화할 것이라는 소망을 전하고 나서 "주를 향하여 이 소망을 가진 자마다 그의 깨끗하심과 같이 자기를 깨끗하게 하느니라"(요일 3:3)라고 덧붙였다. 이것은 "만일 그리스도께서 나타나실 때 변화되어 그과 같이 되기를 바란다면 지금 그런 변화를 힘써 추구해야 한다."라는 논리다. 바울이 말한 변화는 '깨끗함'이다. 따라서 나는 재림 때에 완결될 변화는 물리적 차원과 도덕적 차원을 동시에 지니고 있다고 생각한다. 우리는 모든 육체적, 도덕적, 영적 결함으로부터 자유롭게 될 것이다.

우리도 그리스도와 함께 영광 중에 나타날 것이다

바울은 골로새서 3장 3-5절에서도 똑같은 논리를 전개했다.

> "이는 너희가 죽었고 너희 생명이 그리스도와 함께 하나님 안에 감추어졌음이라 우리 생명이신 그리스도께서 나타나실 그 때에 너희도 그와 함께 영광 중에 나타나리라 그러므로 땅에 있는 지체를 죽이라 곧 음란과 부정과 사욕과 악한 정욕과 탐심이니 탐심은 우상 숭배니라."

그리스도께서 나타나시면 우리는 우리의 본래 모습을 되찾을 것이다. 바울이 로마서 9장 19절("피조물이 고대하는 바는 하나님의 아들들이 나타나는 것이니")에서 말한 대로 모든 피조물이 이것을 고대한다. 그 날에 우리는 그리스도처럼 영광스럽게 변할 것이다. 골로새서 3장 4-5절도 요한일서 3장 2-3절과 똑같은 논리로 서로 연결되어 있다. 다시 말해, 그리스도께서 강림하실 때 완전해질 것이기 때문에 도덕적인 불결함을 없애야 한다는 뜻이다. 우리는 그리스도께서 강림하실 때 온전히 깨끗해질 것이기 때문에 지금 모든 불결함을 없애려고 노력해야 한다. 여기에는 그리스도께서 영광 중에 나타나시면 그분의 백성이 육체적으로는 물론, 도덕적으로도 완전해질 것이라는 의미가 내포되어 있다. 이 세상에서 점진적으로 이루어지는 것이 주님이 나타나시면 완전하게 완성될 것이다.

그리스도의 나타나심을 놀랍게 여기는 것을 방해할 요소들이 모두 제거된다

결론적으로 이번 장의 서두에서 제기했던 문제를 다시 생각해 보고 싶다. 그리스도의 재림과 관련된 문제의 핵심이 신자들의 놀랍게 여김을 통해 그리스도께서 영광을 얻으시는 것이라면(살후 1:10), 우리의 영적 시야가 흐릿하고, 열정이 약하고, 우리의 타락한 마음속에 부패함이 남아 있다면 그것을 놀랍게 여길 수 있는 능력이 약화될 것이 불을 보듯 뻔하다. 우리의 죄가 단지 용서를 받는 것으로 그치고, 완전히 없어지지 않는다면, 어떻게 우리를 의롭게 하고, 거룩하게 하는 은혜의 영광을 놀랍게 여길 수 있겠는가?

그러나 성경은 "우리가 다 잠잘 것이 아니요 마지막 나팔에 순식간에 홀연히 변화되리니 나팔 소리가 나매 죽은 자들이 썩지 아니할 것으로 다시 살아나고 우리도 변화되리라"(고후 15:51, 52)라고 말씀한다. 우리는 그리스도의 형상을 온전히 본받게 될 것이다. 거기에는 무죄한 마음과 흠 없는 육체가 포함된다. 따라서 그리스도의 나타나심을 놀랍게 여길 수 있는 우리의 능력은 둔감함이나 연약함이나 죄나 육체적인 장애로 인해 조금도 방해를 받지 않을 것이다. 예배의 기쁨을 제한하는 것은 아무것도 존재하지 않을 것이다. 예배의 육체적인 표현을 제한하는 것도 아무것도 존재하지 않을 것이다. 그날에는 그리스도의 영광이 최상의 현실이 될 것이고, 우리의 무한한 기쁨과 놀랍게 여김을 통해 그분께 큰 영광이 돌아갈 것이다.

따라서 그 날에 우리의 기쁨이나 찬양이 좌절될 것처럼 지금 우리를 짓누르고 있는 불완전함을 걱정할 필요가 없다. 그 무엇도 우리를 방해하지 못할 것이다. 이것은 영광스러운 약속이자 주님의 나타나심을 사모해야 할 또 하나의 이유를 제공한다.

8.
예수님은 우리를 자신의 진노로부터 구원하실 것이다

신약성경은 그리스도인들이 다가올 심판의 날에 마치 아무런 구원도 필요 없을 것처럼 가르치지 않는다. 신약성경은 오히려 무서운 진노와 은혜로운 보호를 약속한다. 그리스도의 재림에는 심판과 구원이 뒤따른다. 그 날이 아무리 두렵다고 해도 그리스도 안에 있는 자들을 해칠 수는 없다. 그리스도인들은 "우상을 버리고 하나님께 돌아와서 살아 계시고 참되신 하나님을 섬기고, 또 죽은 자들 가운데서 다시 살리신 그의 아들, 곧 장래의 진노하심에서 우리를 건지시는 예수께서 하늘로부터 강림하실 것을 기다리는" 자들이다(살전 1:9-10). 우리는 살아 계시는 하나님을 섬긴다. 우리는 진노가 다가오는 것을 본다. 우리는 우리의 구원자이신 예수 그리스도를 간절히 기다린다. 우리는 떨리는 마음으로 그분의 나타나심을 사모한다.

심판의 날

신약성경은 '심판의 날'을 언급할 때 대개는 그 기한을 구체적으로 명시하지 않는다. 하나님은 그 날에 그동안 자신의 영광스러운 진리를 억누르며 자신의 은혜로운 제안을 거부했던 사람들을 심판하고,

그들의 죄를 공의롭게 다스리실 것이다. '날'이라는 용어는 심판의 시간을 24시간으로 한정하지 않는다. 베드로전서 3장 18절에 기록된 송영("영광이 이제와 영원한 날까지 그에게 있을지어다")에 이런 사실이 분명하게 드러나 있다. 베드로는 '영원한 날'이라는 문구에 깊은 감명을 느낀 듯하다. 왜냐하면 3장 8절에서도 "주께는 하루가 천 년 같고 천 년이 하루 같다는 이 한 가지를 잊지 말라"라고 말했기 때문이다. 이처럼, '날'은 시작도 끝도 없는 영원함을 가리키는 것처럼 보인다.

따라서 '다가올 진노로부터의 구원'이나 '심판의 날에 우리가 받을 구원'이라는 표현을 사용할 때는 항상 진노의 '때'와 심판의 '날' 안에 마지막 심판이라는 범주에 해당하는 하나님의 모든 성경적 행위들이 포함되어 있다는 점을 기억해야 한다. 성경 저자들은 대부분 서로 동떨어진 미래의 사건들의 시간적 간격을 구체적으로 밝히지 않고 한데 묶어서 말하는 경향이 있다. 그것은 마치 여러 개의 산이 불분명하게 겹쳐져 하나의 산처럼 보이는 것과 같다.[1] 이처럼 신약성경은 시간적

---

1) 예를 들어, 이사야는 예수님이 누가복음 4장 18-19절에서 인용하신 메시아의 말을 전할 때 "여호와의 은혜의 해"와 "하나님의 보복의 날"을 구별하지 않았다. 그는 "주 여호와의 영이 내게 내리셨으니 이는 여호와께서 내게 기름을 부으사 가난한 자에게 아름다운 소식을 전하게 하려 하심이라 나를 보내사 마음이 상한 자를 고치며 포로된 자에게 자유를, 갇힌 자에게 놓임을 선포하여 여호와의 은혜의 해와 우리 하나님의 보복의 날을 선포하여"(사 61:1-2)라고 말했다. 예수님은 이 말씀이 자신의 사역을 통해 성취된 것으로 인용하면서 "우리 하나님의 보복의 날"은 언급하지 않으셨다. '보복의 날'은 메시아의 강림과 관련된 사건 가운데 하나였지만 그의 초림과는 무관했다. 이사야가 한 묶음으로 본 사건들은 시간적으로 서로 크게 동떨어져 있었다. 이와 비슷하게 이사야는 그리스도의 오심을 예언할 때도 한 아이의 탄생과 한 왕의 통치를 한 묶음으로 연결지어 말했다. "이는 한 아기가 우리에게 났고 한 아들을 우리에게 주신 바 되었는데 그의 어깨에는 정사를 메었고 그의 이름은 기묘자라, 모사라, 전능하신 하나님이라, 영존하시는 아버지라, 평강의 왕이라 할 것임이라 그 정사와 평강의 더함이 무궁하며 또 다윗의 왕좌와 그의 나라에 군림하여 그 나라를 굳게 세우고 지금 이후로 영원히 정의와 공의로 그것을 보존하실 것이라 만군의 여

으로 동떨어져 있을 수 있는 여러 가지 심판의 측면들을 구별하지 않고, 다가올 심판에 관해 일반적으로 진술할 때가 많다. 따라서 나도 다양한 심판의 행위들을 따로 구분하려고 시도하지 않겠다.

예를 들어, 신약성경이 심판의 날과 연관시킨 다양한 사건들을 몇 가지 살펴보면 다음과 같다.

"누구든지 너희를 영접하지도 아니하고 너희 말을 듣지도 아니하거든 그 집이나 성에서 나가 너희 발의 먼지를 떨어 버리라 내가 진실로 너희에게 이르노니 심판 날에 소돔과 고모라 땅이 그 성보다 견디기 쉬우리라"(마 10:14-15).

"화 있을진저 고라신아 화 있을진저 벳새다야 너희에게 행한 모든 권능을 두로와 시돈에서 행하였더라면 그들이 벌써 베옷을 입고 재에 앉아 회개하였으리라 내가 너희에게 이르노니 심판 날에 두로와 시돈이 너희보다 견디기 쉬우리라"(마 11:21-22).

"바울이 의와 절제와 장차 오는 심판을 강론하니 벨릭스가 두려워하여 대답하되 지금은 가라 내가 틈이 있으면 너를 부르리라"(행 24:25).

호와의 열심이 이를 이루리라"(사 9:6-7). 래드가 일컬은 대로, 이런 '예언적 관점'은 신약성경 저자들이 가까운 사건들과 먼 사건들의 관계를 어떤 식으로 바라보았는지를 이해하는 데 도움을 준다. George Eldon Ladd, *A Theology of the New Testament* (Grand Rapids, MI: Eerd mans, 1974), 198. "예언적 관점"에 관한 더 많은 정보를 위해서는 7장 각주 2를 보라.

"혹 네가 하나님의 인자하심이 너를 인도하여 회개하게 하심을 알지 못하여 그의 인자하심과 용납하심과 길이 참으심이 풍성함을 멸시하느냐 다만 네 고집과 회개하지 아니한 마음을 따라 진노의 날 곧 하나님의 의로운 심판이 나타나는 그 날에 임할 진노를 네게 쌓는도다"(롬 2:4-5).

"주께서 경건한 자는 시험에서 건지실 줄 아시고 불의한 자는 형벌 아래에 두어 심판 날까지 지키시며"(벧후 2:9).

"이제 하늘과 땅은 그 동일한 말씀으로 불사르기 위하여 보호하신 바 되어 경건하지 아니한 사람들의 심판과 멸망의 날까지 보존하여 두신 것이니라"(벧후 3:7).

"이로써 사랑이 우리에게 온전히 이루어진 것은 우리로 심판 날에 담대함을 가지게 하려 함이니 주께서 그러하심과 같이 우리도 이 세상에서 그러하니라"(요일 4:17).

"산들과 바위에게 말하되 우리 위에 떨어져 보좌에 앉으신 이의 얼굴에서와 그 어린 양의 진노에서 우리를 가리라 그들의 진노의 큰 날이 이르렀으니 누가 능히 서리요 하더라"(계 6:16-17).

그리스도께서 다가올 진노로부터 우리를 구원하실 것이다

이러한 다가올 심판을 배경으로 해서, 그리스도의 재림은 자기 백성을 구원하는 날로 묘사된다. "또 죽은 자들 가운데서 다시 살리신 그의 아들이 하늘로부터 강림하실 것을 너희가 어떻게 기다리는지를 말하니 이는 장래의 노하심에서 우리를 건지시는 예수시니라"(살전 1:10)라는 말씀대로, 그분은 우리를 하나님의 진노에서 구원하기 위해 오실 것이다. 심판의 날에 대한 예언은 위험이 다가올 것을 예고한다. 바울은 심판의 날에 하나님의 진노가 임할 것이고, 그리스도께서 오셔서 그 위험에서 우리를 구하실 것이라고 말했다. 베드로도 하나님의 백성이 "말세에 나타내기로 예비하신 구원을 얻기 위하여 믿음으로 말미암아 하나님의 능력으로 보호하심을 받았다"라고 말했다(벧전 1:5). 아울러, 히브리서 9장 28절은 "이와 같이 그리스도도 많은 사람의 죄를 담당하시려고 단번에 드리신 바 되셨고 구원에 이르게 하시기 위하여 죄와 상관없이 자기를 바라는 자들에게 두 번째 나타나시리라"라고 말씀했고, 로마서 5장 9-10절은 우리가 그리스도의 죽음으로 과거에 의롭다 하심을 받았을 뿐 아니라 미래에 하나님의 진노로부터 구원받을 것이라고 말씀했다.

> "그러면 이제 우리가 그의 피로 말미암아 의롭다 하심을 받았으니 더욱 그로 말미암아 진노하심에서 구원을 받을 것이니 곧 우리가 원수되었을 때에 그의 아들의 죽으심으로 말미암아 하나님과 화목하게 되었은즉 화목하게 된 자로서는 더욱 그의 살아나심으로 말미암아 구원을 받을 것이니라."

바울은 데살로니가전서 5장에서 하나님의 진노가 '주의 날에,' 즉 그리스도께서 나타나실 날에 임할 것이라고 분명하게 말했다.

"주의 날이 밤에 도둑같이 이를 줄을 너희 자신이 자세히 알기 때문이라 그들이 평안하다, 안전하다 할 그 때에 임신한 여자에게 해산의 고통이 이름과 같이 멸망이 갑자기 그들에게 이르리니 결코 피하지 못하리라…하나님이 우리를 세우심은 노하심에 이르게 하심이 아니요 오직 우리 주 예수 그리스도로 말미암아 구원을 받게 하심이라 예수께서 우리를 위하여 죽으사 우리로 하여금 깨어 있든지 자든지 자기와 함께 살게 하려 하셨느니라"(5:2-3, 9-10).

9절은 3절의 '갑작스러운 멸망'이 하나님의 진노를 가리킨다는 것을 분명하게 보여준다. 그러나 '빛의 자녀들에게는' 멸망이 (도둑같이) 느닷없이 닥치지 않을 것이다. "하나님이 우리를 세우심은 노하심에 이르게 하심이 아니요." 우리는 '그의 아들이 하늘로부터 강림해…장래의 노하심에서 우리를 건지시기를' 간절히 기다린다(살전 1:10).

예수님은 자신의 진노로부터 우리를 구원하신다

그러나 조심하지 않으면 그리스도께서 강림하실 때 진노로부터 구원받는 것을 현실을 크게 왜곡하는 방식으로 이해하는 잘못을 저지르기 쉽다. 즉 하나님은 진노를 쏟아내시고, 성자께서는 우리를 성부의 진노로부터 은혜롭게 지켜주신다고 생각한다면 큰 오산일 것이다. 성자의 긍휼과 성부의 진노를 그런 식으로 대비시켜 하나님은 의로운 징벌자로, 그리스도는 은혜로운 구원자로 생각하는 것은 심각한 오류에 해당한다.

사실은 전혀 그렇지 않다. 하나님의 심판이 진행되고 있는데 예수님이 나타나서 개입하시는 것으로 생각해서는 안 된다. 예수님도 심판을 베풀고, 행하신다. 예수님은 심판을 베푸는 재판관이시다. "장래의 노하심에서 우리를 건지시는"(살전 1:10)이라는 바울의 말에는 놀라운 의미가 감추어져 있다. 그의 말은 "예수님이 우리를 자신의 진노에서 구원하실 것이다"라는 의미를 담고 있다. 성경 본문을 몇 곳 살펴보면 이 점이 더욱 명확하게 드러난다.

"그들의 진노"

요한은 요한계시록에서 그리스도께서 강림하실 때 하나님의 진노는 물론, 어린 양의 진노까지 함께 임할 것이라고 말했다.

> "땅의 임금들과 왕족들과 장군들과 부자들과 강한 자들과 모든 종과 자유인이 굴과 산들의 바위틈에 숨어 산들과 바위에게 말하되 우리 위에 떨어져 보좌에 앉으신 이의 얼굴에서와 **그 어린 양의 진노**에서 우리를 가리라 **그들의 진노**의 큰 날이 이르렀으니 누가 능히 서리요 하더라"(6;15-17).

위의 말씀은 하나님은 노기 등등하시고, 어린 양은 나약하다는 의미와는 거리가 멀다. 어린 양이 죽임을 당한 것은 분명하지만, 지금은 '일곱 뿔'을 가지고 계신다(계 5:6). 그리스도를 우습게 여겨서는 안 된다. 그분의 나타남은 그분이 전에 담당했던 어린 양의 희생 사역을 받아들이지 않은 모든 사람을 두렵게 할 것이다(계 5:9-10). 진노는 곧 "그들의 진노"이다(계 6:17).

성부께서 성자에게 심판을 맡기셨다

심판이 '그들의 진노'와 '그들의 심판'인 이유는 성육신하신 성자 (인자)께서 성부의 권한을 행사하시기 때문이다.

"아버지께서 아무도 심판하지 아니하시고 심판을 다 아들에게 맡기셨으니 이는 모든 사람으로 아버지를 공경하는 것 같이 아들을 공경하게 하려 하심이라…아버지께서 자기 속에 생명이 있음 같이 아들에게도 생명을 주어 그 속에 있게 하셨고 또 인자됨으로 말미암아 심판하는 권한을 주셨느니라"(요 5:22-23, 26-27).

예수님은 세상의 심판자가 될 특별한 자격을 갖추셨다. 그분은 세상에 와서 세상을 사랑했고, 세상의 구원을 위해 자기 목숨을 내주셨다. 세상의 심판을 받아 세상 사람들의 손에 의해 처형되신 예수님이 세상을 심판하시는 것은 지극히 온당하다.

세상은 "정하신 사람"을 통해 심판받을 것이다

바울도 이와 똑같은 적절한 자격을 염두에 두고 한 사람이 죽은 자 가운데서 부활함으로써 세상의 심판자로 지명되었다고 말했다.

"하나님이…이제는 어디든지 사람에게 다 명하사 회개하라 하셨으니 이는 정하신 사람으로 하여금 천하를 공의로 심판할 날을 작정하시고 이에 그를 죽은 자 가운데서 다시 살리신 것으로 모든 사람에게 믿을 만한 증거를 주셨음이니라 하니라"(행 17:30-31).

베드로도 고넬료의 가족들에게 말씀을 전하면서 "(그리스도께서) 우리에게 명하사 백성에게 전도하되 하나님이 살아 있는 자와 죽은 자의 재판장으로 정하신 자가 곧 이 사람인 것을 증언하게 하셨고"(행 10:42)라고 말했고, 바울도 디모데후서 4장 1-2절("하나님 앞과 살아 있는 자와 죽은 자를 심판하실 그리스도 예수 앞에서 그가 나타나실 것과 그의 나라를 두고 엄히 명하노니 너는 말씀을 전파하라")에서 또 한 번 똑같은 신념을 내비쳤으며, 야고보도 그리스도께서 재판장으로 오실 것이라고 증언했다. "너희도…마음을 굳건하게 하라 주의 강림이 가까우니라…보라 심판주가 문 밖에 서 계시느니라"(약 5:8-9).

주인이신 예수님이 불성실한 종을 엄히 때리실 것이다

그리스도께서 심판자로 와서 진노를 쏟으실 것을 묘사하는 성경 말씀 중에 가장 인상 깊은 말씀이 예수님의 비유에서 발견된다. 예수님은 자신을 종들에게 집안일을 맡긴 "주인"에 비유하셨다. 그분은 주인이 한동안 먼 곳에 갔다고 돌아왔다고 말씀하셨다.

> "만일 그 악한 종이 마음에 생각하기를 주인이 더디 오리라 하여 동료들을 때리며 술친구들과 더불어 먹고 마시게 되면 생각하지 않은 날 알지 못하는 시각에 그 종의 주인이 이르러 엄히 때리고 외식하는 자가 받는 벌에 처하리니 거기서 슬피 울며 이를 갈리라"(마 24:48-51).

이것은 비유이지만, 예수님을 불성실한 종을 엄히 때리는 주인으로 묘사한 내용은 두려운 심판을 상기시킨다. 예수님이 친히 재판장이 되어 심판하신다.

예수님이 살육자에게 심판을 명하신다

예수님은 '열 므나 비유'에서도 자기를 왕위를 받기 위해 먼 나라에 갔다가 돌아온 귀인에 빗대셨다(눅 19:12-15). 그의 '백성들'은 은밀히 대표단을 보내 "우리는 이 사람이 우리의 왕 됨을 원하지 아니하나이다"(눅 19:14)라고 말했다. 그는 다시 돌아와서 종들에게 맡긴 일을 점검하고, 반역을 도모한 무리를 향해 "그리고 내가 왕 됨을 원하지 아니하던 저 원수들을 이리로 끌어다가 내 앞에서 죽이라"(눅 19:27)라고 명령했다. 이것이 어린 양의 진노다.

예수님은 멸망의 천사들을 보내신다

재판장이신 예수님과 어린 양의 진노를 묘사한 비유가 하나 더 있다. '알곡과 가라지의 비유'로 불리는 이 비유는 한 농부가 밭에 씨앗을 뿌렸는데 그의 원수가 가라지를 덧뿌리고 갔다는 내용으로 되어 있다. 알곡과 가라지가 함께 자랐다. 집주인은 "둘 다 추수 때까지 함께 자라게 두라 추수 때에 내가 추수꾼들에게 말하기를 가라지는 먼저 거두어 불사르게 단으로 묶고 곡식은 모아 내 곳간에 넣으라 하리라"(마 13:30)라고 말했다. 예수님은 나중에 이 비유의 의미를 설명하셨다. 가라지를 뿌린 원수는 마귀였다. 예수님은 추수 때를 이렇게 묘사하셨다.

> "인자가 그 천사들을 보내리니 그들이 그 나라에서 모든 넘어지게 하는 것과 또 불법을 행하는 자들을 거두어 내어 풀무 불에 던져 넣으리니 거기서 울며 이를 갈게 되리라 그 때에 의인들은 자기 아버지 나라에서 해와 같이 빛나리라 귀 있는 자는 들으라"(마 13:41-43).

인자가 천사들을 보내 진노와 심판을 베풀 테지만 의인들은 해 같이 빛날 것이다.

긍휼의 초림과 진노의 재림 사이의 간격

이 비유들의 내용 가운데 제자들을 놀라게 할 만한 것은 아무것도 없었다. 그것은 모두 메시아가 이스라엘의 원수들에게 행할 것으로 기대되던 일들이었다. 세례 요한도 예수님의 제자들 모두가 공유했던 유대인들의 공통된 기대감을 똑같이 드러냈다.

"요한이 모든 사람에게 대답하여 이르되 나는 물로 너희에게 세례를 베풀거니와 나보다 능력이 많으신 이가 오시나니 나는 그의 신발 끈을 풀기도 감당하지 못하겠노라 그는 성령과 불로 너희에게 세례를 베푸실 것이요 손에 키를 들고 자기의 타작마당을 정하게 하사 알곡은 모아 곳간에 들이고 쭉정이는 꺼지지 않는 불에 태우시리라"(눅 3:16-17).

메시아의 구원('곳간에 들이고')과 심판('불에 태우시리라')을 묘사한 내용은 예수님이 가르치신 비유와 별반 다르지 않다. 그러나 요한과 제자들을 놀라게 했던 것, 곧 그들이 이해할 수 없었던 것은 메시아가 베풀 심판과 진노가 여기서 당장 일어나지 않는다는 것이었다. 초림과 재림 사이에는 상당한 시간적 간격이 있었다. 그들은 이것을 기대하지 않았고, 이해할 수가 없어 당혹스러워했다. 예수님은 그들에게 중요한 비유를 몇 가지 제시해 그들의 이해를 도우셨다.

그 비유들은 무엇이었을까? 예수님은 악한 종이 "주인이 더디 오리라" 생각하고 동료들을 학대했다고 말씀하셨다(마 24:48). 그분은 '열 처녀 비유'에서는 "신랑이 더디 오므로"(마 25:5)라고 말씀하셨고, '달란트 비유'에서는 "오랜 후에 그 종들의 주인이 돌아와 그들과 결산할새"(마 25:19)라고 말씀하셨으며, '열 므나 비유'에서는 "귀인이 왕위를 받아 가지고 오려고 먼 나라로 갈 때에"(눅 19:12)라고 말씀하셨다. 예수님이 그렇게 말씀하신 이유는 "그들이 하나님의 나라가 당장에 나타날 줄로 생각했기" 때문이었다(눅 19:11). 또한, 예수님은 자신의 재림 이전에 일어날 사건들을 몇 가지 언급하면서 "난리와 난리 소문을 듣겠으나 너희는 삼가 두려워하지 말라 이런 일이 있어야 하되 아직 끝은 아니니라"(마 24:6)라고 말씀하셨다.

예수님의 오심에 관한 예언적 관점

예수님은 세례 요한과 제자들이 메시아의 도래와 함께 단번에 일어날 것으로 생각했던 일이 사실은 둘로 나뉜다는 것을 보여주셨다. 재림은 '지연될 것이기' 때문에 성부 하나님 외에 그 날이나 시간을 아는 사람은 아무도 없다(마 24:36). 예수님은 전술한 '예언적 관점(사건들의 시간적 순서를 상술하지 않고 마치 겹겹이 겹친 산들이 하나의 산처럼 보이듯 미래의 사건들을 한 묶음으로 취급하는 것)'을 풀어서 설명해 주셨다.

예수님-심판자이자 심판으로부터 구원할 구원자

지금까지 살펴본 대로, '심판의 날'과 '진노의 날'은 예수님의 심판과 진노가 임하는 날이다. 예수님은 성부께서 정하신 심판자로서 행동하신다. 따라서 "장래의 노하심에서 우리를 건지시는 예수"(살전 1:10)라는 바울의 말은 성자께서 성부의 진노만이 아니라 그 자신의 진노에서 우리를 구원하실 것이라는 의미를 지닌다. 예수님과 성부 하나님은 하나이시다(요 10:30). "장래의 노하심"은 "그들의 진노"다(계 6:17). 성부를 대신해 행동하시는 예수님은 재림 때에 구원자의 역할을 하실 것이다.

심판자이신 주님의 나타나심을 사모하는 마음

"예수님이 구원자만이 아닌 심판자로 나타나시는 것을 사모할 수 있을까?"라고 물을 사람이 있을지도 모른다. 우리가 진노로부터 구원받을 것을 생각하면, 참으로 기쁘기 그지없다. 사실, 우리는 진노를 받아야 마땅하다. 우리는 "다른 이들과 같이 본질상 진노의 자녀"(엡 2:3)였다. 하나님의 진노가 임할 때 우리가 멸망하지 않는 것은 진정 놀라운 은혜가 아닐 수 없다. 그러나 하나님이 "하나님을 모르는 자들과 우리 주 예수의 복음에 복종하지 않는 자들"(살후 1:8)를 심판하실 것을 생각하면 어떤 생각이 들까?

우리는 시편 31편에 기록된 다윗의 말에 귀를 기울여 그의 말을 우리의 지침으로 삼아야 한다. 그는 이렇게 말했다.

> "너희 모든 성도들아 여호와를 사랑하라 여호와께서 진실한 자를 보호하시고 교만하게 행하는 자에게는 엄중히 갚으시느니라"(시 31:23).

징벌받는 자들의 고통을 기쁘게 여겨서는 안 된다. 하나님의 정의와 그리스도의 의를 기뻐해야 한다. 그리스도께서 십자가에서 정죄를 받으시고, 지옥의 형벌을 통해 공의로운 보응이 주어짐으로써 악이 승리하지 못하고, 모든 잘못이 옳게 교정되는 것을 기뻐해야 한다.

우리 스스로 최종적인 보복을 가해야 할 힘든 일을 감당하지 않아도 된다는 것을 다행으로 생각해야 하고, 모든 것을 말끔히 청산하는 어려운 일을 나중으로 미룰 수 있다는 것을 기쁘게 여겨야 한다. 장차 하나님의 의로운 심판이 있을 것을 생각하면, 보복이라는 파괴적인 일을 감행해야 하는 중압감에서 자유로울 수 있다. 바울은 미래에 있을 하나님의 심판을 통해 나타날 즐거운 결말을 이렇게 묘사했다.

"내 사랑하는 자들아 너희가 친히 원수를 갚지 말고 하나님의 진노하심에 맡기라 기록되었으되 원수 갚은 것이 내게 있으니 내가 갚으리라고 주께서 말씀하시니라 네 원수가 주리거든 먹이고 목마르거든 마시게 하라 그리함으로 네가 숯불을 그 머리에 쌓아 놓으리라 악에게 지지 말고 선으로 악을 이기라"(롬 12:19-21).

주님이 심판자로 오실 것을 알더라도 그분의 나타나심을 사모해야 한다. 주님이 알아야 할 것을 다 알고 계시고, 악인들에게 사정을 두지 않으실 것이 확실하기 때문에 우리는 자유로운 마음으로 원수들을 사랑하고, 모든 복수를 하나님께 맡길 수 있다.

그렇다면 예수님은 어떤 식으로 진노를 베푸는 심판자이자 진노에서 구원할 구원자가 되실까? 이것이 우리가 다음 장에서 살펴볼 주제다.

9.
불꽃 가운데에 나타나 보복과
안식을 베푸실 것이다

예수님이 어떻게 심판자이자 구원자가 되실 수 있을까? 그분은 어떻게 구원자도 되고, 징벌자도 되시는 것일까? 예수님의 이중 역할을 가장 분명하게 묘사한 내용이 데살로니가후서 1장 5-10절에서 발견된다. 바울은 4절에서 데살로니가 신자들이 모든 환난과 박해를 인내와 믿음으로 잘 견디고 있다고 칭찬했다. 그러고 나서 그는 5절에서 고난이 그들을 "하나님의 나라에 합당한 자"로 만드는 하나님의 방식이라고 설명했고, 6-10절에서는 재림을 통해 그들의 운명을 역전시키려는 하나님의 계획을 옳다고 인정했다.

"이는 하나님의 공의로운 심판의 표요 너희로 하여금 하나님의 나라에 합당한 자로 여김을 받게 하려 함이니 그 나라를 위하여 너희가 또한 고난을 받느니라 너희로 환난을 받게 하는 자들에게는 환난으로 갚으시고 환난을 받는 너희에게는 우리와 함께 안식으로 갚으시는 것이 하나님의 공의시니 주 예수께서 자기의 능력의 천사들과 함께 하늘로부터 불꽃 가운데에 나타나실 때에 하나님을 모르는 자들과 우리 주 예수의 복음에 복종하지 않는 자들에게 형벌을 내리시리니 이런 자들은 주의 얼굴과 그의 힘의 영광을 떠나 영원한 멸망의 형벌을 받으리로다 그 날에 그가 강림하사 그의 성도들에게서 영광을 받으시고 모든 믿는 자들에게서 놀랍게 여김을 얻으시리니 이는 우리의 증거가 너희에게 믿어졌음이라."

바울은 언제 '주 예수께서 하늘로부터 나타나실지' 몰랐다. 그는 그 일이 자신의 생전에 일어날지 알지 못했다. 그는 이미 데살로니가전서 5장 10절("예수께서 우리를 위하여 죽으사 우리로 하여금 깨어 있든지 자든지 자기와 함께 살게 하려 하셨느니라")에서 자신이 그 전에 죽을 수도 있고, 그렇지 않을 수도 있다고 암시했다. 따라서 데살로니가 신자들의 생전에 주님이 강림하실 수도 있다는 그의 말에는 자신도 그들처럼 될 것이라는 행복한 바람이 담겨 있었다. 하나님은 "환난을 받는 너희에게는 우리와 함께 안식으로 갚으시는 것"을 정의롭게 여기신다.

진노와 구원이 함께 일어난다

바울은 데살로니가후서 1장 6-10절에서 그리스도의 재림을 통해 심판과 구원이 함께 일어날 것이라고 말했다. "예수께서 자기의 능력의 천사들과 함께 하늘로부터 불꽃 가운데에 나타나실 때"(살후 1:7, 8), 즉 "그 날에 그가 강림하사 그의 성도들에게서 영광을 받으시고 모든 믿는 자들에게서 놀랍게 여김을 얻으실" 때 심판과 구원이 일어난다.

첫째, 이 말씀들은 심판이 하나님과 예수님을 통해 이루어질 것이라고 말한다. 6절은 "너희로 환난을 받게 하는 자들에게는 환난으로 갚으시고"라고 말씀한다. 이것이 하나님의 결정이고, 그분의 진노다. 그러나 하나님의 진노는 "주 예수께서…하늘로부터 불꽃 가운데에 나타나실 때" 실제로 경험된다(살후 1:7-8). 예수님은 '형벌을 내리시는' 분이시다. 하나님은 형벌을 내리시는 예수님의 행위를 통해 '환난으로 갚으신다.' 9절은 '환난으로 갚는 것'과 '형벌을 내리는 것'을 "주의 얼굴과 그의 힘의 영광을 떠나 영원한 멸망의 형벌을 받는 것"으로 묘사한다. 이것이 '장래의 진노'다. 우리는 예수님을 통해 그 진노로부터 구원받기를 기다린다. 이것은 예수님의 진노이자 하나님의 진노다.

이번에는 이 말씀들에 언급된 구원에 관해 잠시 생각해 보자. 진노와 동시에 진노로부터의 구원이 이루어진다. 이 구원이 7절에 처음 언급되었다. 하나님은 박해자들에게 환난으로 갚는 것을 정의롭게 생각하신다. 바울은 하나님이 '너희에게는 우리와 함께 안식으로 갚으실 것'이라고 말했다. 이 구원은 '주 예수님이 자기의 능력의 천사들과 함께 하늘로부터 불꽃 가운데에 나타나실 때' 진노와 함께 나타난다. 이 점을 이해하는 것이 중요하다. 형벌로 갚는 하나님의 행위와 안식을 주는 구원이 "주 예수께서 하늘로부터 불꽃 가운데에 나타나실 때" 하나의 사건으로 동시에 일어난다.

공중 휴거

심판과 구원이 동시에 일어난다는 점을 이해하는 것이 중요한 이유는 재림을 두 단계, 곧 교회가 환난의 때에 하늘로 올라가는 단계(휴거)와 세상에 심판을 베푸는 단계로 나눠 생각하는 잘못을 저질러서는 안 되기 때문이다.[1] 위의 성경 본문은 구원과 심판이 동시에 이루

---

1) 내가 환난 전 휴거가 틀렸다고 생각하는 이유를 좀 더 자세히 살펴보려면 다음 자료를 참

어질 것이라고 분명하게 진술한다. 휴거가 있을 테지만, 그것은 주님이 심판과 구원을 베풀기 위해 강림하실 때 성도들이 공중에서 그분을 맞이하는 것을 가리킨다(살전 4:17). 즉 휴거는 자기 왕국을 세우려고 세상에 오시는 주 예수님을 크게 환영해 맞이하는 것을 의미한다. 데살로니가후서 1장 7절이 "주 예수께서 나타나실 때" 이루어질 것이라고 약속한 구원에는 휴거가 포함된다. 로버트 건드리는 내가 말하려는 요점을 잘 파악했다.

데살로니가후서 1장 3-10절은 그리스도께서 강림하실 때 신자들은 환난에서 '구원받고,' 악인들은 '불꽃'으로 심판받을 것이라고 가르치고, 요한계시록 19장 1-21절은 그리스도께서 강림해 '그의 입에서 나온 예리한 검으로 만국을 치실 때' 네 차례의 '할렐루야' 함성이 터져 나올 것이라고 말씀한다. 어떤 사람들에게는 축복이 되는 것이 어떤 사람들에게는 심판이 된다. 그리스도의 재림을 둘로 나눠 생각할 필요는 없다.[2] * 재림을 2단계로 봐 안 것. ↗ 1) 휴거
↘ 2) 심판(환란)

한 번의 재림으로 심판과 구원이 동시에 이루어진다

지금까지 살펴본 대로, 예수님은 재림을 통해 진노를 베풀고, 진노에서 구원하는 두 가지 일을 한꺼번에 수행하실 것이다. 한 번의 영광스러운 재림이 이루어질 때, 곧 "주 예수께서 자기의 능력의 천사들과

조하라. John Piper, "Definitions and Observations of the Second Coming of Christ," Desiring God, August 30, 1987, https:// www .desiring god .org/.

2] Bob Gundry, *First the Antichrist: Why Christ Won't Come before the Antichrist Does* (Grand Rapids, MI: Baker, 1996), loc. 1719 – 24, Kindle.

함께 하늘로부터 불꽃 가운데에 나타나실 때" 정의로운 심판과 긍휼의 구원이 이루어진다(살후 1:7-8). 예수님이 형벌을 내리시면 불신자들은 '영원한 멸망의 형벌을 받고'(살후 1:8-9), 구원을 베푸시면 신자들은 재림의 영광을 놀랍게 여기게 될 것이다(살후 1:7, 10). 그들은 진노로부터 구원받고, 또 영광을 돌리기 위해 구원받는다.

이미 죽은 사람들은 놀랍게 여길 기회를 놓친 것일까

바울을 비롯해 그의 동시대인들이었던 데살로니가 신자들은 모두 죽었고, 그 후로도 세상을 떠난 신실한 신자들이 무수히 많다. 그들에게 데살로니가후서 1장 5-10절의 말씀은 과연 적절할까? 물론이다. 이 말씀은 주 예수님의 나타나심을 간절히 사모하는 살아 있는 신자들에게 가장 적합한 의미를 지니지만, 그리스도 안에서 이미 죽은 자들에게도 똑같이 적용된다. 그 이유는 바울이 이 질문을 다루면서 예수님의 재림을 통해 이루어질 진노와 구원이 '자는 자들에게' 똑같이 적용될 것이라고 대답했기 때문이다(살전 4:15).

바울은 데살로니가전서 4장 13-18절에서 그 이유를 잘 설명했다. 이 문제는 죽은 신자들의 문제와 직접 연결된다. "형제들아 자는 자들에 관하여는 너희가 알지 못함을 우리가 원하지 아니하노니 이는 소망 없는 다른 이와 같이 슬퍼하지 않게 하려 함이라"(살전 4:13). 앞서 7장에서 이 말씀을 간단히 다룬 바 있다. 이 말씀이 놀라운 이유는 바울이 빌립보서 1장 23절이나 고린도후서 5장 8절과 비슷한 방식으로 죽은 신자들이 지금 주님과 함께 있다는 사실을 상기시켜 살아 있는 신자들을 위로하려고 하지 않았기 때문이다.

사실, 그것은 살아 있는 신자들의 관심사가 아니었다. 그들의 관심사는 "우리가 사랑했던 이들이 그리스도의 재림에 참여할 수 있을까? 바울의 가르침에 따르면, 그것은 상상을 초월한 지극히 영광스러운 사건일 것이 분명해. 주님이 호령과 천사장의 소리와 하나님의 나팔 소리와 함께 하늘로부터 불꽃 가운데에서 강림해 환난에서 구원하고, 원수들을 벌하고, 큰 위엄을 드러내시면, 각 사람의 마음속에서 그분의 영광을 놀랍게 여기는 감격스러움이 넘칠 거야. 바울은 그것을 살아 있는 신자들을 위한 사건으로 묘사했어. 그런데 지금 우리가 사랑하는 이들은 이미 세상을 떠난 상태야,"라는 것이었다. 이것이 그들의 관심사였다. 과연 죽은 신자들은 기회를 놓친 것일까?

바울은 "그들은 기회를 놓치지 않았을 뿐 아니라 가장 먼저 부활의 육체를 입고 나타나 맨 앞줄에 앉을 것이오."라고 대답했다. 이것이 데살로니가전서 4장 16, 17절("그리스도 안에서 죽은 자들이 먼저 일어나고 그 후에 우리 살아남은 자들도 그들과 함께 구름 속으로 끌어 올려 공중에서 주를 영접하게 하시리니")의 요점이다. 바울의 말에는 "그렇지 않소. 그들은 기회를 잃지 않을 것이오. 그들의 입장은 조금도 불리하지 않소."라는 의미가 담겨 있었다.

이 말씀은 주님의 재림 이전에 주님 안에서 죽은 모든 시대의 신자들에게 적용된다. 그리스도인은 "나의 생전에 주님의 재림을 볼 수 있기를 그토록 바라왔건만 이제는 그 위대한 날을 맞이할 기회가 모두 사라졌어. 나는 살아 있는 신자들이 주님의 영광스러운 재림을 맞이하며 놀라워한 다음에 부활의 몸을 얻게 될 거야."라고 생각하며 죽음을 맞이해서는 안 된다. 그것은 사실이 아니다. 죽은 신자들도 살아서 주님의 재림을 맞이할 신자들과 똑같이 재림하시는 그리스도를 놀랍게 여기며 영광을 돌리게 될 것이다(살후 1:10). 따라서 주님의 재림을 사모하는 마음으로 오늘을 살아갈 뿐 아니라, 죽어 그분 앞에 나아갈 때까지도 그 마음을 끝까지 유지해야 한다. 심지어는 재림 이전에 죽어 천국에 갔을 때도 '마라나타,' 곧 "우리 주여 오시옵소서"(고전 16:22)라고 기도해야 한다. 우리는 그리스도와 함께 천국에 있는 동안에도 세상에 있을 때보다 더욱 주님의 나타나심을 사모하게 될 것이다.

→ " 누구든지 주님을 사랑하지 않는 사람은 저주를 받으라!
마라나타! 우리 주님 오십시오"(고전 16:22)

주님의 날은 아직 이르지 않았다

한편, 데살로니가후서 2장에 기록된 바울의 말은 예상 밖의 의미를 지니는 까닭에 자칫하면 그가 주님의 나타나심을 사모하는 마음을 고무하기 위해 지금까지 마지막 날에 관해 말한 내용의 긴급성을 옳게 파악하지 못할 가능성이 있다. 바울은 주님의 날이 아직 이르지 않았기 때문에 세상의 일을 중단한 채 빈둥거리지 말고, 일터로 돌아가라고 권유하는 것으로 그치지 않았다. 물론, 그가 그런 식의 권유를 한 것은 사실이다. 그러나 앞으로 알게 될 테지만, 그는 예수님의 나타나심을 사모하는 마음을 고무하기 위해 좀 더 깊은 무엇인가를 깨우쳐 주려고 노력했다.

"형제들아 우리가 너희에게 구하는 것은 우리 주 예수 그리스도의 강림하심과 우리가 그 앞에 모임에 관하여 영으로나 또는 말로나 또는 우리에게서 받았다 하는 편지로나 주의 날이 이르렀다고 해서 쉽게 마음이 흔들리거나 두려워하거나 하지 말아야 한다는 것이라 누가 어떻게 하여도 너희가 미혹되지 말라 먼저 배교하는 일이 있고 저 불법의 사람 곧 멸망의 아들이 나타나기 전에는 그 날이 이르지 아니하리니"(살후 2:1-3).

바울이 바로잡으려고 노력했던 오류는 주의 날이 이미 이르렀다는 주장이었다. 그는 주의 날이 아직 이르지 않았다고 강조했다.

일터로 돌아가라

바울은 데살로니가후서 3장에서 자신이 바로잡으려고 노력했던 오류의 실질적인 결과를 언급했다. 그것은 사람들이 일을 그만둔 채 게으르게 사는 것이었다. 바울은 주님의 재림에 관한 오류를 바로잡으려고 노력했을 뿐 아니라 신자들에게 게으른 자들을 대하는 방법을 가르쳐주었다. "게으르게 행하는…모든 형제에게서 떠나고"(살후 3:6), "어떻게 우리를 본받아야 할지를 너희가 스스로 아나니"(살후 3:7). '우리'는 바울과 실루아노와 디모데를 가리킨다(살후 1:1). 바울은 "우리가 너희 가운데서 무질서하게(게으르게) 행하지 아니하며"(살후 3:7), "누구에게서든지 음식을 값없이 먹지 않고"(살후 3:8), "(아무에게도 폐를 끼치지 아니하려고) 주야로 일했다"(살후 3:8)라고 말하면서 "우리가 사도의 권리(일꾼이 품삯을 받을 권한이 있다는 것)를 요구할 수도 있지만, 본을 보이기 위해 그것을 요구하지 않았다."라고 덧붙였다(살후 3:9).

그러고 나서 그는 단호한 어조로 "누구든지 일하기 싫어하거든 먹지도 말게 하라"(살후 3:10), "조용히 일하여 자기 양식을 먹으라"(살후 3:12)라고 말했다. 그는 고난이 얼마나 오랫동안 지속되고, 주님의 재림이 얼마나 오랫동안 지체되든, "선을 행하다가 낙심하지 말라"라고 권고했다. 이것은 "그 기간이 길든 짧든, 게으르지 말고 소득이 있는 일이든 무급 자원봉사든 일을 열심히 하라"라는 뜻이다.

그릇된 종말론은 그릇된 행위로 이어졌다. 재림을 잘못 생각했기 때문에 일상의 의무도 잘못 이행하는 결과가 나타났다. 데살로니가 신자들 가운데는 비정상적인 흥분 상태에 휩싸인 이들도 있었다. 따라서 바울은 그들에게 "쉽게 마음이 흔들려서는 안 된다"라고 말했다 (살후 2:2). 이는 현실을 합리적으로 바라보는 관점을 잃어서는 안 된다는 뜻이다.

사람들이 미혹되는 원인

바울이 다음에 언급한 내용 가운데 매우 흥미로운 사실 하나는 '배교'와 '불법의 사람'을 길고, 상세하게 설명한 것이다. 그의 목적이 단지 주의 날이 아직 이르지 않았다고 말하는 것이었다면, 데살로니가 후서 2장 3절("누가 어떻게 하여도 너희가 미혹되지 말라 먼저 배교하는 일이 있고 저 불법의 사람 곧 멸망의 아들이 나타나기 전에는 그 날이 이르지 아니하리니")라고 말하는 것으로 끝났을 것이다. 다시 말해. "이것이 내가 말하려는 요점이고, 전부다. 그러니 일터로 돌아가라"라고 말하는 것으로 충분했을 것이다. 특히 "내가 너희와 함께 있을 때에 이 일을 너희에게 말한 것을 기억하지 못하느냐"라는 5절은 매우 의미심장하다. 즉 바울은 '배교'와 '불법의 사람'을 다시 언급할 필요가 없었다. 데살로니가 신자들은 이미 그것들을 알고 있었다. 그는 3절에서 그 점을 다시 상기시켜 주었다. 그런데 그것으로 충분하지 않고 설명을 길게 덧붙여야 했던 이유가 무엇이었을까? 4-12절을 언급한 이유는 대체 무엇이었을까?

그 이유는 그리스도인들이 "불법의 비밀"(살후 2:7)과 "불의의 모든 속임"(살후 2:10)과 "사탄의 활동을 따라 (나타나는) 모든 능력과 표적과 거짓 기적"(살후 2:9)에 미혹되지 않도록 하기 위한 것이었다. 바울은 미혹의 원인이 '진리의 사랑을 받지 않은 데' 있다는 점을 분명하게 밝혔다. 다시 말해, 그 원인은 '진리를 사랑하는 마음'을 버리고, '불의를 좋아하는 마음'을 갖게 된 것에 있었다(살후 2:12).

'배교'와 '불법의 사람'을 언급한 내용의 초점은 음험한 속임수에 속아 넘어가는 이유를 밝히는 데 있었다. 결정적인 요인은 우리의 지식이 아닌 우리의 사랑에 있다. 사람들이 종말에 관한 속임수에 미혹되는 이유는 진리를 모르기 때문이 아니라 사랑하지 않기 때문이다(살후 2:10). 앞으로 알게 될 테지만, 이것은 주님의 나타나심을 사모하는 마음과 직접적으로 관련된다.[지식이 아니라 사랑이다.]

데살로니가전후서에 언급된 하나의 재림

데살로니가후서 2장의 논증은 "우리 주 예수 그리스도의 강림하심(파루시아스)"을 언급하는 데서부터 시작한다. 바울은 '강림하심'으로 번역된 헬라어(파루시아스)를 데살로니가전후서에서 그리스도의 재림을 가리키는 의미로 모두 여섯 차례 사용했다(살전 2:19, 3:13, 4:15, 5:23, 살후 2:1, 8). 이 용어는 신약성경에서 그리스도의 재림을 가리키는 의미로 흔히 사용되었다. 이 용어가 바울의 서신서에서 그리스도의 재림이 역사의 과정 안에서 영적으로 이루어졌다는 의미로 사용된 적은 한 번도 없다. 재림은 죽은 자들의 부활이 뒤따르는 실제 사건이다. "주께서 강림하실(파루시안) 때까지 우리 살아남아 있는 자도 자는 자보다 결코 앞서지 못하리라…그 후에 우리 살아남은 자들도 그들과 함께 구름 속으로 끌어 올려 공중에서 주를 영접하게 하시리니"(살전 4:15, 17).

바울은 데살로니가후서 2장 1절에서 '그들과 함께…끌어 올려지는 것'을 염두에 두고 "우리가 그 앞에 모임에 관하여"라고 말했다. 이처럼, 데살로니가후서 2장 1절의 '강림하심'과 데살로니가전서 4장 13-18절의 '강림하심'은 하나의 동일한 재림을 가리킨다. '우리가 그 앞에 모임(에피수나고게스)'이라는 문구가 예수님이 마태복음 24장 31절에서 자신의 재림을 언급하면서 사용하신 용어의 한 가지 형태라는 사실도 데살로니가후서 2장 1절의 '그 앞에 모임'과 데살로니가전서 4장 15-17절의 '그리스도의 강림하심'을 연관시켜주는 또 하나의 증거다. 예수님은 마태복음 24장 31절에서 "(인자가)…천사들을 보내리니 그들이 그의 택하신 자들을 하늘 이 끝에서 저 끝까지 사방에서 모으리라(에피수낙쿠신)"라고 말씀하셨다. '큰 나팔 소리'로 '모은다는' 것도 데살로니가전서 4장 16절의 '하나님의 나팔 소리(죽은 자들을 일으키고, 산 자들과 죽은 자들을 불러모아 그리스도를 만나게 하는 나팔 소리)'와 유사하다.

따라서 바울이 '주의 날'에 일어날 것이라고 말한 '우리 주 예수 그리스도의 강림하심'은 하나의 재림을 가리킨다(살후 2:1, 2). 그는 데살로니가전후서에서 한결같이 하나의 재림만을 염두에 두고 말했다. "그 때에 불법한 자가 나타나리니 주 예수께서 그 입의 기운으로 그를 죽이시고 강림하여 나타나심으로 폐하시리라"라는 데살로니가후서 2장 8절도 죽은 자들이 일어나고(살전 4:16), 예수님이 '자기의 능력의 천사들과 함께…불꽃 가운데에 나타나실' 재림의 날을 가리킨다(살후 1:7, 8).

배교란 무엇인가

바울은 "먼저 배교하는 일이 있고 저 불법의 사람 곧 멸망의 아들이 나타나기 전에는 그 날이 이르지 아니하리니"(살후 2:3)라는 말로 그리스도의 재림이 있기 전에 두 가지 일이 먼저 일어날 것이라고 예고했다. '배교(아포스타시아)'는 무엇일까? 이 용어는 이전에 믿었던 것을 저버린다는 의미를 지닌다. 이 용어는 신약성경의 다른 곳에서 '모세를 배반하도록 가르쳤다(아포스타시안 디다스케이스 아포 모우세오스)'는 의미로 사용되었다(행 21:21). 따라서 바울이 염두에 둔 배교는 그리스도를 저버리는 그리스도인들의 변절 행위를 가리킨다.

바울이 여기에서 말한 '배교'는 뭔가 정점에 달한 사건, 곧 교회와 세상에 큰 변화를 일으킬 획기적이고, 결정적이고, 파국적인 현상을 가리킨다. 내가 이렇게 말하는 이유는 당시에 배교가 이미 기독교적 경험 안에 고착화되어 있었기 때문이다. 예수님은 그런 상황을 예고하셨다. 그분은 배교를 복음 전파와 함께 자연스레 나타나게 될 현상으로 묘사하셨다.

> "또 이와 같이 돌밭에 뿌려졌다는 것은 이들을 가리킴이니 곧 말씀을 들을 때에 즉시 기쁨으로 받으나 그 속에 뿌리가 없어 환난이나 박해가 일어나는 때에 곧 넘어지는 자요"(막 4:16, 17).

바울이 그런 일상적인 배교를 염두에 두었다면 그의 논증은 별다른 의미가 없을 것이다. 그의 논증이 의미를 지니려면 여기에서 말하는 '배교'는 역사적으로 전례가 없는 획기적인 사건을 가리켜야 한다.

많은 사람이 실족할 것이라는 예수님의 예언

이 결정적인 배교를 암시하는 내용이 예수님의 가르침 안에서 발견된다. 이미 말한 대로, 재림에 관한 바울의 말과 예수님의 말씀은 서로 밀접하게 관련되어 있다(마 24:3, 27, 37, 살후 2:1-파루시아. 살전 4:15, 살후 2:1, 마 24:31-에피수나고게스). 배교와 불법의 개념에서도 또 다른 관련성이 엿보인다. 예수님은 마태복음 24장 9-13절에서 이렇게 말씀하셨다.

> "그 때에(역사를 관통하는 온 세상의 산고가 시작된 후에, 8절, 롬 8:22 참조) 사람들이 너희를 환난에 넘겨 주겠으며 너희를 죽이리니 너희가 내 이름 때문에 모든 민족에게 미움을 받으리라. 그 때에 많은 사람이 실족하게 되어 서로 잡아 주고 서로 미워하겠으며(물론, 이런 일은 역사 내내 일어날 것이다. 그러나 '그 때에'라는 문구는 예수님이 절정을 향해 차츰 심해져 가는 현상을 염두에 두고 말씀하신 듯한 인상을 준다) 거짓 선지자가 많이 일어나 많은 사람을 미혹하겠으며 불법이 성하므로 많은 사람의 사랑이 식어지리라 그러나 끝까지 견디는 자는 구원을 얻으리라."

물론, 이런 일들(환난, 순교, 신자들에 대한 증오심, 거짓 선지자들, 불법, 사랑 없음)은 역사 속에서 항상 일어나기 마련이지만, 예수님이 그런 일들이 절정에 달한 상황을 언급하셨다는 인상을 피하기는 매우 어려울 듯하다.[3] 9절과 10절의 '그 때에'는 점차 강해지는 점강적 의미를 지닌다.

---

3) 마태복음 24장의 내용을 AD 70년에 예루살렘이 멸망하기까지 일어났던 일련의 사건들에만 국한시키는 것은 잘못이다(이 책 16장을 참조하라). 문제는 1세기의 사건들을 바라보

그와 마찬가지로, 불법이 '성하므로(증가함으로)'라는 문구도 역사 속에
서 계속해서 나타났다가 없어지는 불법을 가리킨다면 아무런 의미가
없어 보인다. 따라서 '많은 사람이 실족하게 되어'라는 문구 역시 바
울이 데살로니가후서 2장 3절에서 언급한 대로 배교와 반역이 극심
해지는 현상을 가리키는 의미로 이해해야 한다(마 24:10-스칸달리스데손
타이. 마 13:21 참조).

　이런 사실은 데살로니가후서 2장 3, 7-9절과 마태복음 24장 12절
의 '불법' 사이에서 발견되는 뚜렷한 연관성을 통해 확증된다. 예수님
은 "불법이 성하므로 많은 사람의 사랑이 식어지리라"라고 말씀하셨
다. 불법에 영향을 받은 사람이 '많다'는 말은 실족할 사람이 '많고'(마
24:10), 미혹을 당할 사람을 '많다'(마 24:11. 마 24:5 참조)는 것과 서로 일

는 관점이 아닌 예수님의 생각을 그런 사건들에만 국한시키는 것에 있다. 나는 래드의 견
해에 동의한다. 그는 이렇게 말했다. "예수님의 가르침을 전체적으로 고려하면 한 가지 사
실이 분명하게 드러난다. 그것은 예수님이 예루살렘의 멸망과 자신의 종말론적 재림(파루
시아)을 둘 다 언급하셨다는 것이다. 크랜필드는 예수님의 생각 속에 역사적인 것과 종말
론적인 것이 함께 섞여 있었고, 마지막 종말론적 사건이 임박한 역사적 사건의 '투명성'
을 통해 드러난다고 말했다. 나는 이런 견해를 구약 시대의 선지자들에게 적용했고, 그 결
과 미래를 그런 식으로 단축해서 바라보는 것이 예언적 관점의 본질적인 요소 가운데 하
나라는 사실을 발견했다. 아모스서에서 주의 날은 역사적인 사건(암 5:18-20)과 종말론적
인 사건(암 7:4, 8:8-9, 9:5)을 둘 다를 가리킨다. 이사야는 바벨론에 대한 역사적인 보복의
날을 마치 종말론적인 주의 날처럼 묘사했고(사 13장), 스바냐는 주의 날(습 1:7, 14)을 익명
의 원수를 통해 일어날 역사적 재앙으로 묘사함과 동시에(습 1:10-12, 16, 17) 모든 피조물
이 지면에서 모조리 사라질 세계적인 대변동으로 묘사했다(습 1:2, 3, 18). (크랜필드의 표현
에 따르면) 이런 식으로 미래를 바라보는 방식은 "역사적인 위기를 통해 종말론적인 사건
들을 예고한다. 다시 말해, 역사 속에서 이루어지는 하나님의 심판은 마지막 심판을 예시
하고, 적그리스도의 계속적인 출현은 종말 직전에 있을 마귀의 마지막 결정적인 반항을 예
고한다." [C. E. B. Cranfield, *The Gospel according to St Mark: An Introduction and
Commentary* (Cambridge, UK: Cambridge University Press, 1959), 404]. George Eldon
Ladd, *A Theology of the New Testament*, rev. ed., ed. D. A. Hagner (Grand Rapids, MI:
Eerd mans, 1993), 199.

치한다. 이것은 심각한 배교 상황을 묘사한다. 바울은 이 불법의 개념을 적용해 "불법의 비밀이 이미 활동하였으나"(살후 2:7)라고 말함으로써 마지막 "불법의 사람"(살후 2:3, 8-'불법한 자')이 나타날 것을 예고했다. 예수님과 바울을 좀 더 밀접하게 연관시키면, 둘 다 '배교'와 '실족'을 거짓 '능력과 표적'에 미혹된 결과로 언급하고 있는 것을 알 수 있다(마 24:24, 살후 2:9).

따라서 "먼저 배교하는 일이 있고"라는 바울의 말은 보이는 교회 안팎에서 하나님과 그리스도와 그분의 백성을 대적할 획기적이고, 결정적이고, 파국적인 사건이 일어날 것을 가리킨다고 결론지을 수 있다. 모든 민족이 외부로부터 교회를 향해 적개심을 드러내고(마 24:9), 내부에서는 사랑이 식어질 것이다(마 24:12). 바울은 눈으로 직접 식별할 수 있는 한정적이고, 극적인 배교 행위, 즉 아직 찾아오지 않은 때에 일어날 상황을 염두에 두고 말했다.

불법의 사람

바울이 그리스도의 재림 이전에 일어날 것으로 언급한 또 다른 사건은 불법의 사람이 나타나는 것이었다. "저 불법의 사람 곧 멸망의 아들이 나타나기 전에는 그 날이 이르지 아니하리니"(살후 2:3). 바울은 불법의 사람에 관해 최소한 일곱 가지 정보를 알려주었다.

1) 그는 '사람,' 곧 천사나 귀신이 아닌 인간이다(살후 2:3).

2) 그는 불법적인 본성을 지니고 있다. 그는 '불법의 사람'으로 일컬어진다. 그는 자기 자신의 밖에 있는 모든 법을 무시한다.

3) 그런 의미에서 모든 법을 초월한 존재는 단 하나, 하나님밖에 없다. 이것이 불법의 사람이 주장하는 것이다. 그는 자신이 하나님이라

고 주장한다. "그는 대적하는 자라 신이라고 불리는 모든 것과 숭배함을 받는 것에 대항하여 그 위에 자기를 높이고 하나님의 성전에 앉아 자기를 하나님이라고 내세우느니라"(살후 2:4). 이 사람이 최종적이고, 궁극적인 적그리스도, 곧 그리스도를 대적하는 거짓 그리스도다. 바울은 '적그리스도'라는 용어를 사용한 적이 없다. 이 용어를 사용한 사도는 요한뿐이다(요일 2:18, 22, 4:3, 요이 1:7). 그러나 불법의 사람에 관한 바울의 개념은 적그리스도에 관한 요한의 개념과 똑같았다.

요한은 마지막 때에 "적그리스도가 오리라"(요일 2:18)라고 말했지만, 이미 자신의 시대에 "적그리스도의 영"(요일 4:3)을 지닌 많은 적그리스도가 나타났다는 것을 알고 있었다. 이것이 그가 "지금도 많은 적그리스도가 일어났으니"(요일 2:18)라고 말했던 이유다. 그와 비슷하게 바울도 장차 '불법의 사람'이 올 테지만 이미 "불법의 비밀이 활동하였다"라고 말했다. 그는 종말의 징후들이 이미 역사 속에서 많이 나났지만, 배교와 불법의 사람을 통해 이루어질 궁극적인 위기가 식별 가능한 형태로 나타날 것이라는 점을 일깨워주려고 노력했다. "일어나 머리를 들라 너희 속량이 가까웠느니라"(눅 21:28)라는 예수님의 말씀대로, 결정적인 순간이 다가올 때가 있을 것이다.

4) 불법의 사람은 멸망을 위해 태어났다. 그의 영적 본성은 파멸을 향해 나아갈 수밖에 없다. 그는 본질상 악할 뿐 아니라 멸망할 운명을 타고났기 때문에 아무런 미래가 없다. 따라서 그가 그리스도나 그분의 왕국을 심각하게 위험에 빠뜨릴 가능성은 전혀 없다. 불법의 사람은 원하는 일을 시작하기도 전에 패배할 것이다.

5) 그는 사람이지만 사탄의 능력을 통해 세상이 나타난다. "악한 자의 나타남은 사탄의 활동을 따라"(살후 2:9). 불법의 사람과 그리스도와

의 싸움을 획책하는 주범은 바로 하나님의 대적(大敵)인 마귀다.

6) 따라서 그는 사람이지만 초자연적인 능력을 소유한다. 바울은 이를 "모든 능력"으로 일컬었다(살후 2:9). 그는 그것으로 표적과 거짓 기적을 행한다. 그가 행하는 표적과 기적은 실제로 일어나 거짓을 조장한다. 그것들은 속이는 것을 목표로 하는 실제 기적이다(신 13:1-3, 마 24:24 참조).

7) 따라서 불법의 사람이 지닌 속이는 능력은 전무후무할 것이다. "악한 자의 나타남은…불의의 모든 속임으로 멸망하는 자들에게 있으리니"(살후 2:9, 10). 이것은 좀 더 문자적으로 옮기면 '모든 사악한 속임수로'라는 의미를 지닌다. 데살로니가후서 2장 11절에서 알 수 있는 대로, 그는 악을 유쾌한 것으로 보이게 만들어 사람들을 미혹한다.

그런 일들이 일어나면 상황이 더욱 분명해질 것이다

'(불법의 사람이) 하나님의 성전에 앉아'라는 바울의 말이 무슨 의미인지 정확하게 알 필요는 없다. 이 말은 AD 70년에 유대인의 성전이 더럽혀진 사건만을 가리키지 않는다. 이렇게 말할 수 있는 근거는 바울이 8절에서 "그 때에 불법한 자가 나타나리니 주 예수께서 그 입의 기운으로 그를 죽이시고 강림하여 나타나심으로 폐하시리라"라고 말했기 때문이다. 여기에서 '강림하심(파루시아스)'은 1절의 '강림하심,' 곧 그리스도께서 택하신 자들을 사방에서 모으실 때를 가리킨다(마 24:31 참조). 다시 말해, 이것은 데살로니가후서 1장 7, 8절의 '강림하심,' 곧 '예수께서 자기의 능력의 천사들과 함께…불꽃 가운데에 나타나실 때'이자 데살로니가전서 2장 19절과 3장 13절과 4장 15절의 '강림하심,' 곧 죽은 성도들이 일어나고, 살아 있는 성도들이 그들과 함께 공중에서 주님을 만날 때를 가리킨다. 여기에서 말하는 '배교'와 '불법의 사람'은 종말의 때에 나타날 일들에 해당한다. 그 날에 주님이 영광스럽게 강림해 나타나서(테 에피파네이아 테스 파루시아스 아우투) 그를 죽여 폐하실 것이다(아넬레이…카이 카타르게세이).

예루살렘이든 바티칸이든 제네바든 솔트레이크시티든 콜로라도 스프링스든, 불법의 사람이 앉을 장소는 문제의 본질과는 무관하다. 어디가 되었든 그곳은 세계적으로 거짓 숭배가 이루어지는 중심지가 될 것이다. 그는 그곳에서 모든 법 위에 군림하며 자신을 하나님으로 내세울 것이다. 그 날에는 볼 줄 아는 눈이 있는 사람들에게는 말세의 징조들이 지금보다 더 확실하게 드러날 것이다. "형제들아 너희는 어둠에 있지 아니하매 그 날이 도둑같이 너희에게 임하지 못하리니 너희는 다 빛의 아들이요 낮의 아들이라"(살전 5:4, 5).

경고와 격려

지금까지 살펴본 대로, 바울은 데살로니가후서 1장과 2장에서 경고와 격려의 말씀을 모두 언급했다. 1장은 주 예수님이 "자기의 능력의 천사들과 함께 불꽃 가운데 나타나서 하나님을 모르는 자들과 우리 주 예수의 복음에 복종하지 않는 자들에게 형벌을 내리실 것"이라고 경고했다(살후 1:7, 8). 경고를 받으라. 당신은 그 불에 징벌당하는 쪽에 서기를 원하지 않을 것이다. 또한, 1장은 주님이 불꽃 가운데 나타나서 그리스도께 충실하기 위해 고난을 감수한 신자들에게 '안식'으로 갚으시고, 모든 믿는 자들에게서 놀랍게 여김을 받고 영광을 얻으실 것이라고 격려했다(살후 1:7, 10).

2장은 말세에 나타날 배교의 씨앗이 '불법의 비밀'을 통해 이미 뿌려졌다고 경고했다(살후 2:7). 이 배교는 사탄이 큰 능력으로 역사해서 발생할 것이고(살후 2:9), 하나님이 친히 진리를 사랑하지 않는 자들을 큰 미혹에 빠지도록 넘겨주실 것이다(살후 2:10, 11). 따라서 배교에 가담하지 않기 위해 최선을 다해야 한다. 또한, 2장은 주님이 강림해 나타나셔서 사탄의 능력을 부여받은 배교의 화신(불법의 사람)을 폐하실 것이라고 격려했다(살후 2:8). 따라서 그가 성자 하나님의 구원 계획을 망쳐놓을까 봐 두려워할 필요는 조금도 없다.

진리의 사랑을 받지 않는 마음

'주님이 강림해 나타나실 때(테 에피파네이아 테스 파루시아스 아우투)'를 생각하면서 이런 경고와 격려의 말씀을 접한다면 어떤 태도를 보여야 마땅할까? 무엇보다도 주님의 나타나심을 더욱더 열렬히 사모해야 한다. 물론, 바울이 정확히 그렇게 말하지는 않았다. 그러나 그가 배교와 불법한 자와 불법의 비밀을 언급한 대목의 결론부를 주의 깊게 살펴볼 필요가 있다.

"악한 자의 나타남은…불의의 모든 속임으로 멸망하는 자들에게 있으리니 이는 그들이 진리의 사랑을 받지 아니하여 구원함을 받지 못함이라 이러므로 하나님이 미혹의 역사를 그들에게 보내사 거짓 것을 믿게 하심은 진리를 믿지 않고 불의를 좋아하는 모든 자들로 하여금 심판을 받게 하려 하심이라"(살후 2:9-12).

위의 말씀은 사람들이 배교에 휘말리게 되는 근본적인 이유를 파악하는 데 매우 중요한 성경 본문이 아닐 수 없다. 사람들은 왜 미혹될까? 10절은 '그들이 진리의 사랑을 받지 아니하기(텐 아가펜 테스 알레테이아스 아우크 에덱산토)' 때문이라고 대답한다. 이것은 독특한 표현이다. '진리의 사랑을 받는다(welcome a love)'는 표현을 사용하고 있다. 이는 사람들이 진리를 사랑하지 않을 뿐 아니라 더 본질적으로는 진리를 사랑하기를 원하지 않는다는 뜻이다. 그들은 진리를 마음으로 반기지 않는다. 그들의 마음은 이미 불법의 비밀에 참여하고 있는 상태다. "내가 곧 나 자신의 진리다. 나는 외부로부터 진리를 받는다는 생각조차 하기 싫다."라는 것이 불법의 본질이다.

11-12절은 그들이 진리 대신 무엇을 사랑하는지를 분명하게 보여 준다. "이러므로 하나님이 미혹의 역사를 그들에게 보내사 거짓 것을 믿게 하심은 진리를 믿지 않고 불의를 좋아하는 모든 자들로 하여금 심판을 받게 하려 하심이라." 하나님은 진리를 거부하는 자들을 큰 미혹에 빠지도록 넘겨주신다. 그렇다면 그들이 진리를 거부하는 궁극적인 이유는 무엇일까? 그들은 진리 대신 무엇을 사랑할까? 그들은 '불의를 좋아한다'(살후 2:12). 핵심은 '좋아함(즐거움)'에 있다. 이것은 사랑의 문제다. 10절을 보면, 불법한 자의 속임수가 '불의의 속임'이라는 것을 알 수 있다. 다시 말해, 그는 진리보다 불의를 통해 더 큰 즐거움을 얻도록 부추겨 사람들을 미혹한다.

여기에서 바울이 생각하는 것과 말세에 대한 예수님의 예언("불법이 성하므로 많은 사람의 사랑이 식어지리라"-마 24:12)의 연관성을 발견하기는 그리 어렵지 않다. 불법한 마음은 진리를 사랑하지 않는다. 스스로 신이 되기를 좋아하는 사람, 곧 불의를 사랑하고 스스로 법이 되려고 하는 사람의 마음속에는 진리와 다른 사람들에 대한 사랑이 존재하지 않는다.

불법의 비밀에 대항하기 위한 핵심 전략

주 예수님의 나타나심을 사모하는 것이 바울이 데살로니가후서 2장 10, 12절에서 염두에 두었던 진리 사랑의 본질적인 요소라는 것이 나의 결론이다. 따라서 주님의 나타나심을 사모하도록 고무하는 것이 '이미 활동하고 있는'(살후 2:7) 불법의 비밀로부터 우리 자신과 우리의 교회를 보호하기 위한 핵심 전략이다. 우리는 데살로니가후서 1장과 2장에 기록된 경고의 말씀을 통해서는 주님의 나타나심을 사모하는 마음이 냉랭해지지 않도록 최선을 다하고, 그곳에 기록된 격려의 말씀을 통해서는 예수님이 장차 거센 불꽃 가운데 나타나서 우리의 모든 적을 물리치실 것이라고 확신해야 한다. 우리는 이 세상에서조차 승리자이신 그리스도의 강림하심을 놀랍게 여겨야 한다. 우리는 세상이 줄 수 있는 그 어떤 것보다 그리스도 안에서 더 큰 즐거움을 발견하고, 그분의 나타나심을 간절히 사모해야 한다.

10.
각 사람이 행한 대로
갚아주실 것이다

이번 장과 다음 장에서는 "주님이 강림하실 때 '행한 대로 갚아주시는 심판'이 이루어질 것인데, 그것이 어떻게 그분의 나타나심을 사모하도록 돕는가?"라는 문제를 살펴볼 생각이다. 이 물음에 대답하려면, 예수님이 오셨을 때 그런 심판이 있을 것이고, 그 날에 우리의 행위가 어떤 역할을 할 것인지를 분명하게 파악해야 할 필요가 있다. 이를 위해 이번 장에서는 "행위가 우리의 믿음을 확증하는 역할을 하는가? 행위에 보상이 따르는가?"라는 질문을 먼저 생각해 보고, 11장에서는 "그런 심판이 있을 것을 생각하면, 주님의 나타나심을 사모하는데 어떤 도움을 줄까?"라는 질문을 차례로 살펴보기로 하자.

기뻐해야 할까, 두려워해야 할까

예수님은 "그 때에 각 사람이 행한 대로 갚으리라"(마 16:27)라고 말씀하셨다. 이 말씀을 들을 때 그분의 나타나심을 사모하고 싶은 마음이 드는가, 아니면 두려움이 느껴져 그분의 나타나심을 피하고 싶은 마음이 드는가? 요한계시록 22장 12절("보라 내가 속히 오리니 내가 줄 상이 내게 있어 각 사람에게 그가 행한 대로 갚아주리라") 말씀에 대해서는 또 어떤 마음이 드는가? 주님의 나타나심을 기뻐하고 싶은 마음이 드는가? 바울도 그런 심판을 염두에 두고 "이는 우리가 다 반드시 그리스도의 심판대 앞에 나타나게 되어 각각 선악간에 그 몸으로 행한 것을 따라 받으려 함이라"(고후 5:10)라고 말했다.

그리스도께서 나타나실 때 해를 받게 될 그리스도인들

만일 그 날에 모든 그리스도인이 무조건 "잘하였도다 착하고 충성된 종아"(마 25:21, 23)라는 칭찬을 듣는다면, 행위대로 갚아주는 심판이 걱정스럽기보다는 기쁘게 느껴질 것이다. 그러나 고린도후서 5장 10절에 기록된 바울의 말을 생각해 보라. 그는 우리가 '선악간에 그 몸으로 행한 것을 따라 받을 것'이라고 말했다. '악'이 언급된 것에 주목하라. 우리가 참된 그리스도인인데 좋은 열매를 맺는 삶을 살지 못했다면 어떻게 될까?

고린도전서 3장 11-15절은 그리스도의 종들에 관해 이렇게 말씀한다.

"이 닦아 둔 것 외에 능히 다른 터를 닦아 둘 자가 없으니 이 터는 곧 예수 그리스도라 만일 누구든지 금이나 은이나 보석이나 나무나 풀이나 짚으로 이 터 위에 세우면 각 사람의 공적이 나타날 터인데 그 날이 공적을 밝히리니 이는 불로 나타내고 그 불이 각 사람의 공적이 어떠한 것을 시험할 것임이라 만일 누구든지 그 위에 세운 공적이 그대로 있으면 상을 받고 누구든지 그 공적이 불타면 해를 받으리니 그러나 자신은 구원을 받되 불 가운데서 받은 것 같으리라."

바울은 위의 말씀에서 교회의 참된 터이신(고전 3:10, 11) 그리스도 위에 공적을 쌓게 될 그리스도인들을 직접 다루었다. 공적을 쌓는 가장 주된 재료는 개인이 베푸는 가르침이다. 따라서 '나무나 풀이나 짚'은 결함이 있는 가르침을 가리킬 가능성이 크다. 아마도 바울은 여기에서 노골적으로 복음을 부인하는 이단을 염두에 두지는 않았을 것이다. 그는 이단에 대해서는 저주를 선언했다(갈 1:8, 9). 그가 염두에 둔 것은 약간의 오류가 있거나 지혜롭지 못하거나 부적절하거나 그릇 적용했거나 설명이 불충분하거나 피상적이거나 왜곡되거나 삐뚤어진 가르침, 곧 세속적인 것과 비성경적인 교회 전통을 따르는 가르침이었을 것이다.

한편, "마음에 가득한 것을 입으로 말함이라"(마 12:34)라는 말씀이 암시하는 대로, 사람은 자신의 마음과 생각 속에 세속적인 것이 도사리고 있다는 것을 전혀 의식하지 않은 채로 그릇된 가르침을 일관되게 전할 수 있다. 따라서 여기에서 말하는 심판의 원리는 단지 교사들과 그들의 가르침만이 아니라 옳지 못한 태도와 행위에도 똑같이 적용된다. 모든 신자가 교회를 세우는 데 일익을 담당하고 있고, 교회를 세우는 것이 '참된 것(진리)'은 물론, '사랑으로' 이루어져야 한다는 것을 생각하면(엡 4:15, 16) 이 점은 더욱더 분명해진다.

각 사람이 개별적으로 '잘했다'라는 말을 듣게 될까

고린도전서 3장 15절에 언급된 개인('누구든지')이 "잘하였도다 착하고 충성된 종아"라는 예수님의 말씀을 듣게 될까? 바울은 "(각 사람의 가르침이나 행위가) 나타날 터인데…이는 불로 나타내고 그 불이 각 사람의 공적이 어떠한 것을 시험할 것임이라…누구든지 그 공적이 불타면 해를 받으리니 그러나 자신은 구원을 받되 불 가운데서 받은 것 같으리라"(고전 3:13, 15)라고 말했다.

'해를 받으리니'라는 문구는 "우리가 다 반드시…각각 선악간에 그 몸으로 행한 것을 따라 받으려 함이라"(고후 5:10)라는 말씀의 의미를 설명해 준다. '해를 받는 것'(고전 3:15)이 그리스도인이 생전에 저지른 '악'에 대한 심판이다. "누구든지 그 공적이 불타면 해를 받으리니."

그리스도인이 받게 될 '해'는 그가 받을 수 있었으나 받지 못하게 될 상급을 가리킨다. "만일 누구든지 그 위에 세운 공적이 그대로 있으면 상을 받고"라는 14절이 이 점을 분명하게 보여준다. 따라서 '상을 받거나' '해를 받거나' 둘 중 하나다. 이처럼, '해를 받는다'라는 말은, 받을 수도 있었던 상급을 잃게 되는 것을 의미한다. 따라서 고린도전서 3장 10-15절에 묘사된 각 사람의 사역을 근거로 "잘하였도다 착하고 충성된 종아"(마 25:21, 23)라는 칭찬을 듣지 못하게 될 그리스도인들이 있을 것이라고 말해도 무방할 것이다. 적어도 더 신실한 다른 제자들에게 하시는 것과 동일한 칭찬을 듣지 못할 것이라고 말해도 무방할 것이다. 그런 칭찬의 말은 다섯 달란트로 열 달란트를 만들고, 두 달란트로 네 달란트를 만든 종들에게 주어질 것이다(마 25:20-23).

거룩하게 살지 못한 것이 믿음이 가짜였다는 의미일까

그러나 어떤 사람은 "사랑을 실천하지 않은 것은 거듭나지 못했다는 증거, 곧 그리스도와 연합하지도 못했고, 그리스도인도 아니라는 증거가 아니겠는가?"라고 물을지도 모른다. 6장과 7장에서 논의한 내용을 고려하면, 이 질문은 특별히 더 적절하게 느껴진다. 6장과 7장의 목적은 "또 진실하여 허물없이 그리스도의 날까지 이르고"(빌 1:10), "너희 마음을 굳건하게 하시고 우리 주 예수 그리스도께서…강림하실 때에…거룩함에 흠이 없게 하시기를 원하노라"(살전 3:13), "주께서 너희를 우리 주 예수 그리스도의 날에 책망할 것이 없는 자로 끝까지 견고하게 하시리라"(고전 1:8), "너희로 그 영광 앞에 흠이 없이 기쁨으로 서게 하실 이"(유 1:24)와 같은 신약성경의 말씀들이 지니는 의미를 밝히는 것이었다.

6장과 7장의 결론 가운데 하나는 다음과 같았다.

> 흠 없는 상태로 그리스도의 날을 맞이하려면 실제로 사랑을 실천하며 살아야 한다. 그러나 그 날을 흠 없는 상태로 맞이할 수 있는 이유는 사랑 때문이 아니다. 사랑이 우리를 흠 없는 상태로 만드는 것이 아니다. 사랑은 믿음으로 그리스도와 연합함으로써 얻은 흠 없는 상태를 확증하는 증거일 뿐이다. 무죄하신 그리스도께서 우리를 하나님과 화목하게 하셨다(갈 5:6). 사랑은 믿음을 확증하는 필수적인 증거이고, 믿음은 우리의 완전한 의이신 그리스도와 우리를 하나로 연합시킨다. 따라서 사랑은 우리의 흠 없는 상태를 확증한다. 사랑이 없으면 흠 없는 상태가 아니다…비록 불완전하더라도 그리스도 안에 있는 완전무결한 상태를 확증해 줄 참된 사랑이 우리 안에 있어야 한다.

아래의 내용도 이미 앞에서 살펴본 것이다.

> 죄가 없는 완전무결한 상태는 신자들의 삶 속에서 교만한 이기심을 버리고 겸손한 사랑을 지니는 참된 변화를 통해 확증되어야만 실질적

으로 이루어진다. 바울이 신자들의 마음속에 사랑이 넘치게 해달라고 기도했던 이유는 그 사랑이 구원 신앙을 확증하는 증거이기 때문이다. 사랑은 신자들이 그리스도와 연합한 결과로 그분의 완전하심이 전가되어 흠 없는 상태로 여김을 받았다는 것을 확증하는 증표다.

따라서 위의 질문에 대한 대답은 '그렇다'이다. 사랑을 실천하는 삶을 사는 데 실패한 것은 거듭나지 못했다는 것, 곧 그리스도와 연합하지도 못했고, 참된 그리스도인도 아니라는 것을 드러낸다.

빛 가운데 행하는 것은 완전하지 않다

이 문제를 가장 확실하게 다룬 성경 본문은 요한일서 3장 14절과 4장 8절일 것이다. "우리는 형제를 사랑함으로 사망에서 옮겨 생명으로 들어간 줄을 알거니와 사랑하지 아니하는 자는 사망에 머물러 있느니라…사랑하지 아니하는 자는 하나님을 알지 못하나니 이는 하나님은 사랑이심이라." 그러나 6장에서 논의한 대로, 요한일서는 다른 사람들을 사랑하는 것이 참 신자의 증표라는 것을 가장 강력하게 증언하면서도 신자의 거듭남을 확증하는 증표인 사랑의 실천이 이 세상에서는 온전하지 않다고 가르친다.

"그가 빛 가운데 계신 것 같이 우리도 빛 가운데 행하면 우리가 서로 사귐이 있고 그 아들 예수의 피가 우리를 모든 죄에서 깨끗하게 하실 것이요 만일 우리가 죄가 없다고 말하면 스스로 속이고 또 진리가 우리 속에 있지 아니할 것이요 만일 우리가 우리 죄를 자백하면 그는 미쁘시고 의로우사 우리 죄를 사하시며 우리를 모든 불의에서 깨끗하게 하실 것이요 만일 우리가 범죄하지 아니하였다 하면 하나님을 거짓말 하는 이로 만드는 것이니 또한 그의 말씀이 우리 속에 있지 아니하니라"(요일 1:7-10).

보다시피, 요한은 "빛 가운데 행하면" 예수님의 피가 우리를 모든 죄에서 깨끗하게 하실 것이라고 말했다. "우리도 빛 가운데 행하면… 그 아들 예수의 피가 우리를 모든 죄에서 깨끗하게 하실 것이요"(요일 1:7). 바꾸어 말해, 빛 가운데 행하지 않으면 용서도, 구원도 받을 수 없다. 물론, 바울의 말은 행함이 구원의 근거가 아니라 구원을 확증하는 증거라는 것이다. 그것은 꼭 필요한 증거다. 그러나 빛 가운데 행한다고 해서 무죄하다는 것은 결코 아니다.

빛 가운데 행한다고 해서 죄가 없다고 말한다면, 그것은 우리 자신을 속이는 것이다. "그의 형제를 사랑하는 자는 빛 가운데 거하여"(요일 2:10)라는 말씀이 암시하는 대로, 요한은 빛 가운데 행하는 것에 사랑으로 행하는 것이 포함되어 있다고 생각했다. 요한은 다른 모든 신약성경 저자들과 마찬가지로 사랑의 실천이 (현세에서는 항상 불완전할지라도) 우리가 믿음으로 거듭나 죄 사함을 받았다는 사실을 확증하는 증표라고 가르쳤다(요일 5:1).

이런 사실은 고린도전서 3장 15절이 '구원을 받되 불 가운데서 받은 것 같을 것'이라고 묘사한 사람도 실제로 거듭났고, 그리스도와 연합했다는 사실을 충분히 확증해 줄 사랑의 삶을 살았다는 것을 의미한다. 하나님이 실제로 '잘했다'라는 표현을 사용했든 사용하지 않으셨든 상관없이 그런 사람에게는 항상 칭찬받을 만한 것이 있을 것이 틀림없다. 우리의 가르침과 사랑이 결함이 있다고 해서 그리스도를 믿는 우리의 믿음이나 다른 사람들에 대한 우리의 사랑이 무효가 될 정도는 아니다. 그리스도께서는 심판의 날에 우리의 동기를 정확하게 평가하실 것이다. 따라서 우리는 "그러므로 때가 이르기 전 곧 주께서 오시기까지 아무것도 판단하지 말라 그가 어둠에 감추인 것들을 드러내고 마음의 뜻을 나타내시리니"(고전 4:5)라는 바울의 말에 주의를 기울여야 할 필요가 있다.

'행한 대로 갚는' 구원의 심판

지금까지 살펴본 대로, 주님이 강림해 심판을 베푸실 때 우리의 삶 전체(행위와 마음의 동기)가 이중 기능을 담당하게 될 것이다. 먼저, 우리가 실천한 사랑의 삶은 우리가 지닌 구원 신앙의 진정성을 확증하는 기능을 한다. 바울은 "하나님이 각 사람에게 그 행한 대로 보응하시되 참고 선을 행하여 영광과 존귀와 썩지 아니함을 구하는 자에게는 영생으로 하시고"(롬 2:6, 7)라고 말했다. 영생의 선물은 우리가 행한 사랑의 행위와 일치한다.

이것은 영생이 값없는 은혜의 선물이라는 사실과 상충되지 않는다. 영생은 선한 행위로 얻는 것이 아니다. "하나님의 은사(값없는 선물)는 그리스도 예수 우리 주 안에 있는 영생이니라"(롬 6:23, 5:21 참조). 하나님이 우리가 행한 대로 영생을 주신다는 바울의 말은 우리의 행위가 영생을 얻을 가치가 있다는 의미가 아니다. 그의 말은 행위가 우리의 믿음을 확증하는 증거라는 뜻이다(갈 5:6). 행위는 우리가 그리스도 안에 있는 새로운 피조물이라는 사실을 확증한다(엡 2:8-10). 바울은 이 점을 다음과 같이 분명하고, 명료하게 밝혔다.

"우리를 구원하시되 우리가 행한 바 의로운 행위로 말미암지 아니하고(οὐκ ἐξ ἔργων τῶν ἐν δικαιοσύνῃ) 오직 긍휼하심을 따라 중생의 씻음과 성령의 새롭게 하심으로 하셨나니 우리 구주 예수 그리스도로 말미암아 우리에게 그 성령을 풍성히 부어주사 우리로 그의 은혜를 힘입어 의롭다 하심을 얻어 영생의 소망을 따라 상속자가 되게 하려 하심이라"(딛 3:5-7).

우리의 구원은 "행위로 말미암지 않았다." "그(그리스도)가 우리를 대신하여 자신을 주심은 모든 불법에서 우리를 속량하시고 우리를 깨끗하게 하사 선한 일을 열심히 하는 자기 백성이 되게 하려 하심이라"(딛 2:14)라는 말씀대로, 우리는 선을 행하기 위해 구원받았다. 바울은 에베소서 2장 8-10절에서도 이렇게 말했다.

"너희는 그 은혜에 의하여 믿음으로 말미암아 구원을 받았으니 이것은 너희에게서 난 것이 아니요 하나님의 선물이라 행위에서 난 것이 아니니 이는 누구든지 자랑하지 못하게 함이라 우리는 그가 만드신 바라 그리스도 예수 안에서 선한 일을 위하여 지으심을 받은 자니."

한 마디로, 우리는 행위로 구원받은 것이 아니라 선한 행위를 하기 위해 구원받았다. 행위는 우리를 새로운 피조물로 만드는 원인이 아닌 그 결과다. 좋은 열매가 좋은 나무라는 증거인 것처럼, 행위는 우리가 새롭게 거듭났다는 증거다(마 7:17-19 참조).

이제 논의의 초점을 그리스도께서 강림해 심판을 베푸실 때 우리의 행위가 담당할 이중 기능에 다시 맞춰보자. 위에서 두 기능 가운데 하나(사랑을 실천하는 삶이 구원 신앙의 진정성을 확증하는 증거라는 것)를 살펴보았다(요일 3:14). 현세에서 이루어지는 사랑의 삶을 통해 하나님이 우리를 받아주셨다는 사실이 확증된다(벧후 1:10). "행함이 없는 믿음은 죽은 것이니라"(약 2:26)라는 말씀대로, 우리의 행위는 구원의 공로가 아닌 살아 있는 믿음의 증표다.

그리스도께서 강림해 상을 베푸신다

그리스도께서 강림하시는 날에 우리의 행위가 담당할 또 하나의 기능은 그리스도께서 각각의 그리스도인이 받게 될 상을 결정하실 판단 기준으로 작용한다는 것이다. 고린도후서 5장 10절("우리가 다 반드시…각각 선악간에 그 몸으로 행한 것을 따라 받으려 함이라")과 고린도전서 3장 15절("누구든지 그 공적이 불타면 해를 받으리니")을 통해 이미 살펴본 대로, 그리스도인들에게 주어지는 상은 저마다 다르다. 이 성경 구절들에는 그리스도께서 심판의 날에 그리스도인들에게 제각기 다르게 주어질 상을 결정하실 것이라는 의미가 분명하게 함축되어 있다.

예수님은 자신이 재림했을 때 그런 식의 심판이 이루어질 것이라고 암시하셨다.

"예수께서 제자들에게 이르시되 누구든지 나를 따라오려거든 자기를 부인하고 자기 십자가를 지고 나를 따를 것이니라 누구든지 제 목숨을 구원하고자 하면 잃을 것이요 누구든지 나를 위하여 제 목숨을 잃으면 찾으리라 사람이 만일 온 천하를 얻고도 제 목숨을 잃으면 무엇이 유익하리요 사람이 무엇을 주고 제 목숨을 바꾸겠느냐 인자가 아버지의 영광으로 그 천사들과 함께 오리니 그 때에 각 사람이 행한 대로 갚으리라"(마 16:24-27).

'갚으리라'라는 문구는 마치 예수님과 제자들 사이에 거래가 이루어져 그들의 사역으로 인해 갚으셔야 할 빚이 생기는 것처럼 들린다. 바꾸어 말해, 마치 정직한 고용주가 그에 상응하는 삯을 치러야 할 것 같은 느낌을 준다. 그러나 나는 예수님이 자신의 사역이나 심판을 그런 식으로 이해하셨다고 생각하지 않는다. 신약성경과 예수님의 가르침 모두 '갚는다'라는 말을 예수님이 빚진 것을 갚으신다는 식의 거래 개념으로 다루지 않는다.[1]

갚는다'라는 것은 '빚을 갚는다'라는 의미가 아니다

'갚는다'라는 것은 '빚을 갚는다'라는 의미가 아니다. "(하나님은) 무엇이 부족한 것처럼 사람의 손으로 섬김을 받으시는 것이 아니니 이는 만민에게 생명과 호흡과 만물을 친히 주시는 이심이라"(행 17:25)라는 말씀에서 알 수 있는 대로, 하나님은 아무에게도 빚을 지지 않으신다. 오히려 모든 사람이 모든 것을 제공하시는 하나님의 은혜에 빚을 지고 있다. 이런 이유로 바울은 "누가 주께 먼저 드려 갚으심을 받겠느냐"라고 말했다. 그런 사람은 아무도 없다. 왜냐하면 "만물이 주에게서 나오고 주로 말미암고 주에게로 돌아가기" 때문이다(롬 11:35, 36).

예수님도 "인자가 온 것은 섬김을 받으려 함이 아니라 도리어 섬기

---

1) 예를 들어, 누가복음 17장 7-10절은 예수님이 우리에게 빚을 지실 이유가 없다고 가르친다. "이와 같이 너희도 명령받은 것을 다 행한 후에 이르기를 우리는 무익한 종이라 우리가 하여야 할 일을 한 것뿐이라 할지니라."

려 하고 자기 목숨을 많은 사람의 대속물로 주려 함이니라"(막 10:45)
라고 말씀하셨다. 예수님의 사역은 필요한 일꾼들을 고용해 일을 시키
고 나서 대가를 지불하는 것과는 아무런 상관이 없다. 오히려 그분은
"이와 같이 너희도 명령받은 것을 다 행한 후에 이르기를 우리는 무익
한 종이라 우리가 하여야 할 일을 한 것뿐이라 할지니라"(눅 17:10)라고
가르치셨다. 간단히 말해, 그분은 아무것도 빚지지 않으신다.

'갚는다(아포디도미)'라는 말은 다양한 의미를 지닌다. 이 용어는 '빚
진 것을 갚는다'라는 의미가 아니다. 이 용어의 다양한 용법을 몇 가
지 소개하면 다음과 같다.

> "책을 덮어 그 맡은 자에게 주시고(give it back) 앉으시니"(눅 4:20).
> "사도들이 큰 권능으로 주 예수의 부활을 증언하니(giving their testi-
> mony)"(행 4:33).
> "무릇 징계가 당시에는 즐거워 보이지 않고 슬퍼 보이나…의와 평강
> 의 열매를 맺느니라(yield the peaceful fruit)"(히 12:11).
> (〈한글 개역개정 성경〉에는 그 의미가 분명하게 드러나 있지 않지만, 인용된 성경
> 구절들에서 '갚는다'라는 헬라어는 주로 '주다(give)'라는 의미로 사용되었다—역
> 자주)

상급을 선행의 공로에 대한 대가로 생각해서는 안 되는 이유는 하
나님이 도덕적인 가치를 지닌 것으로 인정하시는 행위가 '믿음의 역
사'뿐이기 때문이다(살전 1:3, 살후 1:11). 믿음이 없이는 하나님을 기쁘
시게 할 수 없다(히 11:6). 따라서 바울은 '믿음의 순종'을 사역의 목표
로 삼았다(롬 1:5, 16:26 참조). 다시 말해, 그리스도의 상을 받을 수 있는

유일한 선행은 하나님이 은혜의 능력으로 우리를 통해 역사하시도록 그분을 믿고 신뢰하는 것뿐이다. 이런 이유로 바울은 "내게 주신 그의 은혜가 헛되지 아니하여 내가 모든 사도보다 더 많이 수고하였으나 내가 한 것이 아니요 오직 나와 함께 하신 하나님의 은혜로라"(고전 15:10)라고 말했다.

바울은 "우리 하나님이…모든 선을 기뻐함과 믿음의 역사를 (그의) 능력으로 이루게 하시고…우리 하나님과 주 예수 그리스도의 은혜대로…그 안에서 영광을 받게 하려 함이라"(살후 1:11, 12)라고 기도했다. '그의 능력으로,' '그의 은혜대로,' '우리의 믿음의 역사'라는 표현에 주목하라. 하나님이 상을 주시는 사랑의 삶은 그분이 우리 안에서 역사하시는 삶이다. 이처럼, '갚는다'는 것은 그리스도께서 우리가 행하는 행위의 선함과 아름다움에 상응하는 상을 베푸신다는 의미를 지닌다.

은혜로 주어지는 믿음으로 받는 칭찬과 영광과 존귀

베드로 사도도 믿음과 은혜와 상을 하나로 연결시켰다. 그는 이렇게 말했다.

> "그러므로 너희가 이제 여러 가지 시험으로 말미암아 잠깐 근심하게 되지 않을 수 없으나 오히려 크게 기뻐하는도다 너희 믿음의 확실함은 불로 연단하여도 없어질 금보다 더 귀하여 예수 그리스도께서 나타나실 때에 칭찬과 영광과 존귀를 얻게 할 것이니라"(벧전 1:6, 7).

믿음으로 얻는 '칭찬(에파이논)'은 로마서 2장 29절("그 칭찬이 사람에게서가 아니요 다만 하나님에게서니라")과 고린도전서 4장 5절("그 때에 각 사람에게 하나님으로부터 칭찬이 있으리라")처럼 신자들이 주님에게서 받는 칭찬을 가리킨다. 그와 마찬가지로 우리가 심판의 날에 받게 될 '영광'도 베드로가 그리스도께서 나타나실 때 참여하기를 기대했던 영광을 가리킨다. "너희 중 장로들에게 권하노니 나는 함께 장로 된 자요 그리스도의 고난의 증인이요 나타날 영광에 참여할 자니라"(벧전 5:1). 또한, 그리스도께서 나타나실 때 우리가 받는 '존귀'는 불 시련을 견디고 살아남은 믿음을 소유한 자들에게 약속된 존귀를 가리킨다. 베드로는 "믿는 너희에게는 보배(존귀)이나"라고 말했다(벧전 2:7). "참고 선을 행하여 영광과 존귀와 썩지 아니함을 구하는 자들"은 존귀함을 받는다(롬 2:7).

우리 같이 비천하고, 불완전한 그리스도의 종들이 그분이 나타나실 때 칭찬과 영광과 존귀함을 받게 된다는 것은 참으로 가슴 벅찬 희망이 아닐 수 없다. 여기에서의 요점은 칭찬이 우리에게 주어지는 이유가 행위의 공로가 아닌 믿음의 역사 때문이라는 것이다. 현세에서 믿음으로 하나님의 은혜를 의지해 주님께 합당한 삶을 살면, 은혜가 절정에 달해 은혜를 의지하며 산 것에 대해 상을 받게 될 것이다. 이것이 베드로가 "그러므로 너희 마음의 허리를 동이고 근신하여 예수 그리스도께서 나타나실 때에 너희에게 가져다주실 은혜를 온전히 바랄지어다"(벧전 1:13)라고 말했던 이유다. 우리가 그리스도의 강림하심을 갈망하며 "칭찬과 영광과 존귀"를 바라는 것은 온전히 은혜에 근거한 소망이다. 은혜가 우리에게 임할 것이다. 하나님이나 천사들이나 성도들이 우리를 칭찬하고, 영광스럽게 하고, 존귀하게 하는 것이 모두 다 은혜에서 비롯한다. 불 시련을 견뎌낸 우리의 믿음, 곧 예수님을 삶의 가장 은혜로운 선물로 받아들인 믿음이 칭찬을 받을 것이다. 따라서 칭찬과 영광과 존귀를 비롯해 상을 받는다는 것은 곧 그리스도 안에 있는 하나님의 은혜와 아름다우심과 가치를 찬미하는 것을 의미한다.

상은 다양하다

예수님은 제자마다 제각기 다른 상을 받게 될 것이라고 가르치셨다. 예를 들어, 예수님은 '열 므나 비유'(눅 19:11-27)에서 "어떤 귀인이 왕위를 받아 가지고 오려고 먼 나라로 갈 때에"(눅 19:12)라는 말씀으로 비유와 재림의 연관성을 시사하셨다. 귀인은 종 열 명을 불러 각각 한 므나씩 주었다.[2] 그러고 나서 그는 얼마 뒤에 '왕위를 받아 가지고' 돌아와서 "종들이 각각 어떻게 장사하였는지를 알고자 하여 그들을 불렀다"(눅 19:15).

> "그 첫째가 나아와 이르되 주인이여 당신의 한 므나로 열 므나를 남겼나이다 주인이 이르되 잘하였다 착한 종이여 네가 지극히 작은 것에 충성하였으니 열 고을 권세를 차지하라 하고 그 둘째가 와서 이르되 주인이여 당신의 한 므나로 다섯 므나를 만들었나이다 주인이 그에게도 이르되 너도 다섯 고을을 차지하라 하고"(눅 19:16-19).

나는 이 비유가 "인자가 아버지의 영광으로 그 천사들과 함께 오리

---

2) "므나의 가치는 육체 노동자가 일주일에 6일씩 서너 달 동안 일해서 받는 품삯에 해당한다." Robert H. Gundry, *Commentary on the New Testament: Verse-by-Verse Explanations with a Literal Translation* (Peabody, MA: Hendrickson, 2010), 317.

니 그 때에 각 사람이 행한 대로 갚으리라"(마 16:27)라는 예수님의 말씀과 밀접한 관계가 있다고 생각한다. '갚는다'라는 것은 '상을 베푼다'라는 뜻이다. 상은 제자마다 다르게 주어진다. 다른 종이 남긴 것의 절반만 남긴 종도 책망을 받지 않았다. 가진 것마저 빼앗긴 종은 아무것도 남기지 않은 종뿐이었다. "없는 자는 그 있는 것도 빼앗기리라"(눅 19:26).

바울과 아볼로는 서로 다른 상을 받을 것이다

바울도 제자가 '일한 대로' 상이 달라질 것이라고 가르쳤다.

> "나는 심었고 아볼로는 물을 주었으되 오직 하나님께서 자라나게 하셨나니 그런즉 심는 이나 물 주는 이는 아무것도 아니로되 오직 자라게 하시는 이는 하나님뿐이니라 심는 이와 물 주는 이는 한가지이나 각각 자기가 일한 대로 자기의 상을 받으리라 우리는 하나님의 동역자들이요 너희는 하나님의 밭이요 하나님의 집이니라"(고전 3:6-9).

"각각 자기가 일한 대로 자기의 상을 받으리라." '상'으로 번역된 헬라어(미스돈)도 '갚는다'와 같이 다양한 의미를 지닌다. 이 용어에는 일꾼들이 하나님을 빚지게 만들어 보상을 받는다는 의미가 담겨 있지 않다. 이 용어는 단지 '상'을 의미할 뿐이다(마 5:12, 고전 9:8). 농장 일꾼들이 삯을 받는다는 진술은 제자의 충실한 수고와 주 예수님에게서 받는 상급 사이에 상응 관계가 있을 것이라는 의미를 전달한다.

이것은 공로에 대한 보상이 아니라 우리가 하나님의 은혜를 의지해 이룬 사역의 가치와 아름다움을 그분께 인정받는 것을 의미한다.

상을 받을 수 있는 아름다운 사역은 "하나님이 공급하시는 힘으로" 이루어진다. 따라서 모든 일을 통해 오직 하나님만 영광을 받으신다(벧전 4:11). 하나님은 값없는 은혜를 의지해 실천한 순종의 도덕적인 아름다움에 상응하는 상을 베푸신다.

이것이 좋은 소식인 이유

지금까지 서두에서 제기한 질문에 대한 대답을 제시하려고 노력했다. 결론적으로 말해, 우리의 행위(믿음의 순종)는 주 예수님이 재림하실 때 두 가지 기능을 담당한다. 한 가지 기능은 우리의 순종이 구원 신앙을 확증한다는 것이다. 이것이 성경이 우리의 순종(또는 거룩함이나 사랑)이 우리의 마지막 구원에 꼭 필요하다고 가르치는 이유다(갈 5:21, 엡 5:5, 히 12:14, 요일 3:10). 이것은 구원의 근거가 아닌 증거로 필요하다. 그리스도의 날에 우리의 행위가 담당할 또 다른 기능은 그리스도께서 그것을 적절하게 평가해 상을 베푸신다는 것이다. 그렇다면 이런 기대감은 주님의 나타나심을 사모하는 데 어떤 도움을 줄까? 이것이 11장에서 살펴볼 주제다.

11.
상을 받기를 바라는
소망 안에서 즐거워하라

10장에서 제기한 물음을 다시 생각해 보자. 예수님이 강림하시면 "각 사람이 행한 대로 갚으실 것이고"(마 16:27), 모든 그리스도인이 "잘하였도다 착하고 충성된 종아"와 같은 칭찬을 다 똑같이 받는 것은 아니다. 이런 사실을 알면 주님의 나타나심을 사모하는 데 어떤 도움을 줄까? 나는 이 질문에 대한 대답을 여섯 가지로 나눠 답할 생각이다. 바꾸어 말해, 그리스도께서 나타나실 때 그리스도인들에게 주어질 상은 모두 여섯 가지다.

1) 정죄가 없다

아무리 불완전하더라도 참 신자라면 누구나 제각기 상이나 해를 받을 테지만, "그리스도 예수 안에 있는 자에게는 결코 정죄함이 없다"(롬 8:1)는 즐거운 확신을 가질 수 있을 것이다. '지브롤터 암벽'과도 같은 이런 견고한 확신 위에서 상을 베푸는 의식이 진행될 것이다. 정죄는 전혀 없다. "그(예수님)를 믿는 자는 심판(정죄)을 받지 아니하는 것이요"(요 3:18).

불이 우리의 결함 있는 생각과 행위를 불사른다고 해도(고전 3:15),

우리는 그 날에 하나님이 주시는 더 큰 확신으로, 곧 불길을 막아주는 그리스도의 의로 우리를 가린 채로 그것을 통과할 것이다. 우리는 불속에서도 "누가 능히 하나님께서 택하신 자들을 고발하리요 의롭다 하신 이는 하나님이시니 누가 정죄하리요 죽으실 뿐 아니라 살아나신 이는 그리스도 예수시니 그는 하나님 우편에 계신 자요 우리를 위하여 간구하시는 자시니라"(롬 8:33, 34)라고 노래할 것이다.

"내가 진실로 진실로 너희에게 이르노니 내 말을 듣고 또 나 보내신 이를 믿는 자는 영생을 얻었고 심판에 이르지 아니하나니 사망에서 생명으로 옮겼느니라"(요 5:24)라는 예수님의 말씀을 기억하면 절대로 흔들리지 않을 것이다. 우리는 "아니야, 우리는 심판을 받을 거야, 예수님이 우리를 잘못 인도하셨어."라고 말하지 않고, 그분의 말씀에 담긴 참뜻을 알게 될 것이다. '심판에 이르지 않는다'라는 것은 '유죄 판결을 받아 정죄당하지 않을 것이다'라는 뜻이다. 즉 이것은 이미 이루어진 칭의의 판결을 토대로 상을 베푸는 심판이 있을 것을 의미한다. 우리는 이미 '사망에서 생명으로 옮겨졌다'(요 5:24, 요일 3:14 참조).

2) 모든 선행이 상을 받는다

우리는 그 날에 우리가 세상에서 믿음으로 행한 모든 선행에 상을 베푸시는 하나님의 놀라운 은혜 앞에서 감격을 금치 못할 것이다. 바울은 종들에게 "기쁜 마음으로 섬기기를 주께 하듯 하고 사람들에게 하듯 하지 말라 이는 각 사람이 무슨 선을 행하든지(ἐάν τι ποιήσῃ ἀγαθόν)…주께로부터 그대로 받을 줄을 앎이라"(엡 6:7, 8)라고 말했다. 내가 헬라어를 표기한 이유는 이 놀라운 약속이 절대적으로 확실하다는 것을 보여주기 위해서다. 이 문구를 깊이 생각하라. 우리가 행한 모든 선행이 빠짐없이 하늘에 기록되어 그리스도의 날에 적절한 상을 받는다. 우리가 그리스도를 영접한 때부터 죽을 때까지 행한 모든 선행이 일일이 다 상을 받을 것이다. "누구든지 제자의 이름으로 이 작은 자 중 하나에게 냉수 한 그릇이라도 주는 자는 내가 진실로 너희에게 이르노니 그 사람이 결단코 상을 잃지 아니하리라"(마 10:42)라는 예수님의 말씀을 생각하면, 내가 이 약속에 관해 한 말이 조금도 과장이 아니라는 것을 알 수 있을 것이다. "제자의 이름으로" 하찮아 보이는 한 잔의 물을 제공하는 것도 상을 잃지 않는다. 하나님은 그리스도를 높이는 마음에서 우러나와 행하는 것은 아무리 작은 행위라도 모두 상을 주신다.

이 말씀의 의미는 매우 깊고, 심원하기 때문에 좀 더 생각해 볼 필요가 있다. 많은 사람이 결혼이나 자녀 양육이나 우정이나 직업과 같은 것에 대한 헌신적인 열정을 포기하는 이유 가운데 하나는 아무도 알아주지 않는 상황에서 악을 선으로 갚아야 한다는 생각 때문이다. 우리는 사람들을 사랑해야 한다는 것을 알고 있다. 예를 들어, 우리는 배우자를 사랑하려고 노력한다. 그런데 상대방이 수십 년 동안 무관심하거나 부정적으로 반응할 때가 너무나도 많다. 배우자 학대라는 끔찍한 경우는 논외로 하고, 우리 가운데 대다수가 배우자와의 관계에서 경험하는 실망이나 낙심이나 좌절이나 후회나 성가심 같은 경우만 생각해 보자. 내가 말하려는 요점은 자녀나 친구나 배우자나 동료가 감사하는 마음을 조금도 내비치지 않는 상태에서 번번이 참으며 올바로 행동하려고 노력했다면, 비록 사람들은 그것을 간과하더라도 하늘에 계시는 하나님은 그 모든 노력을 지켜보며 낱낱이 기록하고 계신다는 것이다. 크고 작은 은혜의 행위들이 우리의 상상을 초월한 방식으로 상이 되어 우리에게 주어질 것이다. 그때가 되면 우리는 기쁨을 주체하지 못하며 "그렇게 노력할 만한 가치가 있었군."이라고 말하게 될 것이다. "각 사람이 무슨 선을 행하든지⋯그대로 받을 줄을 앎이라"(엡 6:8). 불에 타서 없어질 결함이 아무리 많더라도 이 사실은 절대적으로 확실하다.

3) 충실한 태도로 고난을 감내한 행위는 빠짐없이 상을 받는다

그리스도의 날에 주어질 다양한 상에는 고난에 대한 영광스러운 보상도 포함된다. 보상의 정도는 다양할 것이다. 나는 세 가지 고난을 염두에 두고 이런 말을 하고 있다. 첫째는 육체적인 노쇠과 질병으로 인한 고난이고, 둘째는 박해로 인한 고난이며, 셋째는 다른 사람들을 섬기기 위해 감수하는 고난이다.

육체적인 허약함과 질병으로 인한 고난이 보상될 것이다

"그러므로 우리가 낙심하지 아니하노니 우리의 겉사람은 낡아지나 우리의 속사람은 날로 새로워지도다 우리가 잠시 받는 환난의 경한 것이 지극히 크고 영원한 영광의 중한 것을 우리에게 이루게 함이니 우리가 주목하는 것은 보이는 것이 아니요 보이지 않는 것이니 보이는 것은 잠깐이요 보이지 않는 것은 영원함이라"(고후 4:16-18).

이것은 박해가 아닌 노쇠나 질병으로 인한 허약함이나 장애로 인한 고통을 가리킨다. 모든 그리스도인이 똑같은 정도로 이런 식의 고난을 겪는 것은 아니다. 고난의 거룩하게 하는 효과를 통해 유익을 얻을 기회를 모두 놓친 채로 죽을 때까지 그런 식으로 고통만 당한다면 무슨 위로가 있겠는가? 바울의 말은 그리스도인의 고난 가운데 무의미한 고난은 없다는 뜻이다. 고난은 '영원한 영광의 중한 것을 이루기 위한 것'이다. 현재의 고난과 우리가 장차 누릴 영광 사이에는 확실한 상관관계가 존재한다. 하나님은 각 사람이 고난받은 대로 상을 베푸실 것이다. 상은 다양할 것이다. 우리 가운데 고난을 적게 받은 사람들은 고난을 많이 받은 사람들이 우리보다 더 큰 상을 받는 것을 보고 크게 기뻐할 것이다.

박해로 인한 고난이 보상될 것이다

"나로 말미암아 너희를 욕하고 박해하고 거짓으로 너희를 거슬러 모든 악한 말을 할 때에는 너희에게 복이 있나니 기뻐하고 즐거워하라 하늘에서 너희의 상이 큼이라 너희 전에 있던 선지자들도 이같이 박해하였느니라"(마 5:11, 12)

이 말씀은 모든 그리스도인이 큰 상, 곧 영생을 얻을 것이기 때문에 박해를 받는 신자들은 용기를 내야 한다는 의미로 이해할 수도 있다. 그러나 나는 예수님이 그런 의미가 아니라 "특별한 박해에는 특별한 보상이 뒤따른다."라는 의미로 선지자들의 경험을 언급하면서 박해를 당할 때 기뻐하라고 말씀하셨다고 생각한다.

다른 사람들을 섬기기 위해 고난을 감수하면 보상을 받을 것이다

"잔치를 베풀거든 차라리 가난한 자들과 몸 불편한 자들과 저는 자들과 맹인들을 청하라 그리하면 그들이 갚을 것이 없으므로 네게 복이 되리니 이는 의인들의 부활시에 네가 갚음을 받겠음이라"(눅 14:13, 14).

예수님은 의인들이 부활할 때, 곧 자기가 영광 중에 강림해서 상을 베풀 때 현세에서 아무것도 갚을 능력이 없는 사람들을 섬기기 위해 우리가 감수해야 할 불편이나 고난이나 자기 절제와 같은 요소를 고려할 것이라고 약속하셨다. 모든 그리스도인에게 주어질 영생만으로도 모든 희생을 보상하기에 충분하지만, 이 말씀에는 그 이상의 의미가 담겨 있다. 즉 예수님은 우리가 현세에서 받지 못하는 보상이 있다면, 의인들이 부활할 때 우리가 받지 못한 보상을 받게 될 것이라고 약속하셨다. 이 약속은 반드시 이루어질 것이다.

4) 해를 받되 죄는 없을 것이다

심판의 불이 우리의 불완전한 생각과 가르침과 사역과 행위를 불사를 때 상을 받지 못하는 결과가 초래될 수 있지만(고전 3:14, 15), 그것은 오히려 우리를 유익하게 할 것이고, 우리에게 필요한 경험이 될 것이다. 더욱이 우리는 죽음을 통해 완전해졌거나(히 12:23), 그리스도께서 강림하실 때 그분 앞에서 완전해진(무죄한) 상태로(요일 3:2) 정화의 경험을 하게 될 것이다. 다시 말해, 자기 연민을 자아내는 죄가 존재하지 않는 상태로 우리가 마땅히 받아야 할 징계를 통해 유익을 얻게 될 것이다.

내가 말하려는 요점이 "하나님의 뜻대로 하는 근심은 후회할 것이 없는 구원에 이르는 회개를 이루는 것이요"(고후 7:10)라는 바울의 말에 분명하게 드러나 있다. 물론, 바울의 말은 우리의 마음이 아직 불완전한 상태에 놓여 있는 현세에서의 경험을 가리키고 있다. 그렇다면 죄 없는 완전한 상태로 그리스도 앞에 서게 될 신자들이 해를 받는다는 것은 과연 어떤 경험일까? 신자라면 누구나 자신의 삶을 돌아보면 그리스도께서 맡기신 일을 좀 더 충실하게 처리할 수 있었을 것이라며 아쉬워할 순간들이 수없이 떠오를 것이 틀림없다. 그런 삶의 결함들이 심판의 불에 불살라지는 경험은 결코 작은 일이 아닐 것이다.

그러나 우리는 정결하게 된 마음으로 그 모든 것의 의미를 숙고하면서 죄와 상관없는 후회(곧 자기 연민이나 불만이나 은혜를 무시하는 태도나 시무룩한 감정이 전혀 없는 아쉬움)를 느끼게 될 것이다. 그것은 파괴적인 고통이 전혀 느껴지지 않는 후회, 곧 건설적인 성격을 띤 후회일 것이다. 바꾸어 말해, '의인이 겨우 구원을 받는다는 것'에 놀라워하며 감사하는 마음이 더욱 강렬해질 것이다(벧전 4:18). 지금으로서는 우리의 상상을 초월하는 일이지만, 상을 잃는 것으로 인한 기쁨의 감소, 곧 죄나 정죄가 없는 제약을 경험하게 될 것이다. 기쁨을 누릴 수 있는 용량은 더 작겠지만, 하나님의 은혜롭고, 지혜로운 처사에 영원토록 만족할 것이다.

5) 다른 사람이 더 큰 상을 받는 것을 보고 기뻐할 것이다

그리스도의 날, 곧 상을 베푸는 날에 다른 사람들이 크게 행복해하는 모습을 보면 덩달아 기쁠 것이다. 그 날의 심판은 개개인을 상대로 이루어질 것이다(마태복음 16장 27절, 고린도전서 3장 8절, 요한계시록 22장 12절에 사용된 '각 사람'이라는 문구에 주목하라). 그러나 그렇다고 해서 그 날에 성도들이 각자 자기 자신만을 중시할 것으로 생각한다면 큰 오산이다. 그 날에는 다른 사람들이 상을 받는 것을 볼 때 모두가 함께 기뻐할 것이다.

바울은 그런 경험을 여러 번 암시했다. 예를 들어, 그는 "우리의 소망이나 기쁨이나 자랑의 면류관이 무엇이냐 그가 강림하실 때 우리 주 예수 앞에 너희가 아니냐 너희는 우리의 영광이요 기쁨이니라"(살전 2:19, 20)라고 말했다. 바울은 그리스도께서 강림하실 때 자신이 겪게 될 경험을 분명하게 언급했다. 바울은 심판의 불로 인해 상을 잃는 것에 중점을 두지 않았다. 그가 중점을 둔 것은 데살로니가 신자들이 자기와 함께 천국에 있을 것이라는 사실이었다. 그들이 완전해져 상을 받고 기뻐하면 그도 함께 기뻐할 것이었다.

바울은 빌립보 신자들에게도 "생명의 말씀을 밝혀 나의 달음질이 헛되지 아니하고 수고도 헛되지 아니함으로 그리스도의 날에 내가 자랑할 것이 있게 하라"라고 당부했다(빌 2:16). 그는 "그리스도의 날," 곧 그리스도의 재림을 바라보았다. 그는 그 날에 빌립보 신자들이 자신의 자랑이 될 수 있기를 바랐다. 그는 그들이 자신의 충실한 사역의 열매가 되기를 바라며, 그 날에 그들에게 일어날 일을 통해 그리스도로부터 받을 자신의 상이 더욱 배가되기를 원했다.

정도는 다르겠지만 그런 일이 우리 모두에게 일어날 것이다. 우리가 예수님을 믿는 믿음으로 살며 그분의 말씀을 지키려고 노력하면, 우리가 생각하는 것보다 더 많은 사람이 우리의 삶을 통해 영향을 받게 될 것이다. 바꾸어 말해, 우리가 미처 의식하지 못하는 매우 작고, 단순한 일들을 통해 그런 결과가 나타날 것이다. 우리가 건넨 말 한마디가 다른 사람들을 고무해 더 잘 행동하게 만들었을 수도 있고, 우리가 행한 행동이 그들의 삶에 이로운 결심을 고무했을 수도 있다. 다른 사람들의 삶에 유익을 끼친 이런 식의 수많은 말과 행동이 마지막 날에 확연하게 드러날 것이다. 그때가 되면 그들이 우리의 자랑이요 기뽐이 될 것이다.

6) 하나님 안에서 즐거워할 수 있는 능력이 더욱 증대될 것이다

마지막으로, 상이 어떤 외적 형태를 띠더라도 모든 상의 본질은 하나님 안에서 즐거워할 수 있는 능력이 증대된다는 것에 있다. 교만함이나 시기심 없이 모든 신자가 다양한 형태의 완전한 행복을 함께 경험하면서 영원히 조화롭게 서로를 빛낼 것이다. 그로써 "한 지체가 영광을 얻으면 모든 지체가 함께 즐거워하느니라"(고전 12:26)라는 말씀이 영광스러운 진리로 확연하게 드러날 것이다.

나를 비롯해 교회사에 등장했던 많은 사람들이 행복을 느끼는 능력의 정도가 제각기 다르다는 것을 상의 본질로 생각했던 이유는 영원한 세상에서 경험하게 될 다양성이 어떤 성도들은 불완전한 행복을 느끼고, 어떤 성도들은 완전한 행복을 느끼는 데서 비롯하는 것이 아니기 때문이다.[1] 오히려 성경은 모든 그리스도인이 고통과 죄가 없는

---

1) "부활 이후에, 곧 마지막 우주적인 심판이 완결되고 나면 서로 뚜렷하게 구분되는 두 왕국이 성립될 것이다. 하나는 그리스도의 왕국이고, 다른 하나는 마귀의 왕국이다… 전자의 경우에는 행복의 정도가 다를 것이다. 어떤 사람은 다른 사람에 비해 월등히 더 행복할 것이다. 후자의 경우에는 비참함의 정도가 다를 것이다. 어떤 사람은 다른 사람보다 비참함이 좀 덜할 것이다." Augustine, *The Enchiridion, in St. Augustin: The Holy Trinity, Doctrinal Treatises, Moral Treatises*, ed. P. Schaff, trans. J. F. Shaw (Buffalo, NY: Christian Literature Co., 1887), 3:273.
"행복의 정도는 다양하다, 행복은 모두에게 똑같지 않다." Thomas Aquinas, *Summa theologica*, trans. Fathers of the English Dominican Province (London: Burns Oates & Washbourne, n.d.).
동방 교회의 정통 신앙고백 382문, "모두가 똑같이 행복할까? 그렇지 않다. 각 사람이 세상에서 믿음과 사랑과 선행의 싸움을 얼마나 잘 감당했는지에 따라 행복의 정도가 다를 것이다. '해의 영광이 다르고 달의 영광이 다르며 별의 영광도 다른데 별과 별의 영광이 다르도다 죽은 자의 부활도 그와 같으니'-고전 15:41-42." *The Creeds of Christendom, with*

상태에서 하나님을 영원토록 즐거워할 것이라고 약속한다.

> "보라 하나님의 장막이 사람들과 함께 있으매 하나님이 그들과 함께 계시리니 그들은 하나님의 백성이 되고 하나님은 친히 그들과 함께 계셔서 모든 눈물을 그 눈에서 닦아 주시니 다시는 사망이 없고 애통하는 것이나 곡하는 것이나 아픈 것이 다시 있지 아니하리니 처음 것들이 다 지나갔음이러라…다시 저주가 없으며 하나님과 그 어린 양의 보좌가 그 가운데에 있으리니 그의 종들이 그를 섬기며"(계 21:3-4, 22:3).

그러나 내세에서 성도들이 담당할 서로 다른 역할이나 기능은 그것들이 하나님을 경험하는 데서 비롯하는 행복과 무관한 경우에는 상으로 경험될 수 없을 것으로 보인다. 더욱이, 바울이 부활을 묘사한 내용("해의 영광이 다르고 달의 영광이 다르며 별의 영광도 다른데 별과 별의 영광이 다르도다 죽은 자의 부활도 그와 같으니"-고전 15:41, 42)은 하나님의 영광을 더 크게, 또는 더 작게 나타낼 것이라는 의미로 보이는 영광의 다양성을 언급하고 있다. 이것은 기쁨을 더 크게 또는 더 작게 경험할 것이라는 의미일 수 있다. 따라서 나는 영화롭게 된 그리스도인이 모두 완전한 행복을 누릴 테지만, 행복을 느끼는 용량은 제각기 다르다는 것을 그

---

a History and Critical Notes: The Greek and Latin Creeds, with Translations, ed. P. Schaff (New York: Harper & Brothers, 1890), 2:505.

로버트 건드리는 고린도후서 5장 10절을 설명하면서 "구원은 잃지는 않을 테지만, 그것에 대한 즐거움은 줄어들 것이다. 상은 구원의 즐거움을 증대시키는 역할을 한다."라고 말했다. Robert H. Gundry, *Commentary on the New Testament: Verse-by-Verse Explanations with a Literal Translation* (Peabody, MA: Hendrickson, 2010), 703.

리스도의 날에 주어질 상의 본질로 결론짓고 싶다.

만일 지금까지의 논의가 올바르다면, 이번에는 "어떻게 그토록 방대한 다양성이 아름다운 미래가 될 수 있을까? 주님이 모두가 완전한 행복을 느끼면서도 이처럼 놀라운 다양성을 유지하게 하신다는 것을 생각하면, 과연 그분의 나타나심을 사모하는 데 어떤 도움이 될까?"와 같은 문제를 생각해봐야 할 듯하다. 내가 아는 한, 로마서 2장 10절에 대한 조나단 에드워즈의 설교보다 이런 미래의 아름다움을 더 잘 묘사한 글은 어디에도 없을 듯하다. 먼저, 그는 성도들이 영원한 세상에서 영화롭게 된 인격으로 누리는 행복이 중단 없이 완전하게 영원토록 계속된다는 성경적 현실을 묘사했다.

성도들의 이 행복은 잠시도 끊이지 않을 것이다. 그것에 어떠한 불순물도 섞이지 않을 것이고, 그들의 빛을 흐릿하게 만들 요인도 전혀 없을 것이며, 그들의 사랑을 냉랭하게 만드는 것도 존재하지 않을 것이다. 희락의 강수가 멈추지 않고, 하나님과 그리스도의 영광과 사랑이 영원토록 똑같은 상태로 아무런 방해도 받지 않고 온전히 나타날 것이다. 죄나 부패가 그곳에 침입하지 않을 것이고, 그들의 복된 상태를 방해하는 유혹도 없을 것이다. 성도들 안에 있는 거룩한 사랑이 냉랭해지거나 일관되지 않게 되는 경우는 절대로 없고, 그들의 기능들이 무기력해지는 일도 전혀 없을 것이다. 그들은 싫증을 느끼는 법이 없고, 그런 기쁨의 감정이 항상 최고조의 상태를 유지할 것이며, 영광스러운 성도들이 함께 모여 지칠 줄 모르고 할렐루야를 외칠 것이다. 그들의 활동은 매우 활기차고 능동적일 테지만 항상 완벽하고 용이하게 이루어질 것이다. 태양이 조금도 지치지 않고 항상 빛을 비추는 것처

럼, 성도들도 조금도 지치지 않고 하나님을 사랑하고, 찬양하고, 경외
할 것이다.[2]

그는 이렇게 말하고 나서 수많은 성도들이 느끼는 다양하고, 순수
하고, 완전한 행복이 어떻게 그리스도의 몸의 완벽한 집단적 경험으
로 귀결되는지를 영광스럽게 묘사했다.

> 위에서 말한 성도들의 영광은 그들이 세상에서 거룩함과 선행에 얼마
> 나 뛰어났는지에 비례할 것이다. 그리스도께서 행위에 따라 모두에게
> 상을 베푸실 것이다…다른 사람들이 더 큰 영광을 누리고 자신의 행
> 복과 영광의 정도가 덜하더라도 결코 언짢게 여기지 않을 것이다. 왜
> 냐하면 모두가 온전히 행복할 것이고, 온전히 만족할 것이기 때문이
> 다. 비록 그릇의 크기는 제각기 다르더라도 행복의 바다에 던져진 그
> 릇마다 모두 가득 찰 것이다. 천국에는 시기심과 같은 것은 존재하지
> 않고, 오직 완전한 사랑만이 모두를 지배할 것이다.
> 영광이 다른 사람들만큼 크지 않은 사람들도 자기보다 더 큰 영광을
> 누리는 사람들을 시기하지 않을 것이다. 오히려 크고, 강하고, 순수한
> 사랑을 불러일으켜 더 큰 행복을 누리는 사람을 보고 기뻐할 것이다.
> 다른 사람들에 대한 그들의 사랑은 다른 사람들이 자기들보다 더 행
> 복한 것을 순수하게 기뻐할 만큼 깊다. 따라서 그들의 행복은 조금도
> 줄어들지 않고, 오히려 더욱 증대된다. 그들은 의의 행위가 가장 뛰어

---

2) Jonathan Edwards, *The Works of Jonathan Edwards*, 2 vols. (Edinburgh, UK: Banner of Truth, 1974), 2:902.

난 사람들이 가장 큰 영광을 누려야 마땅하다고 생각하고, 그렇게 된 것을 가장 온당한 일로 여겨 기뻐할 것이다.

가장 사랑스러운 자들로 나타나 가장 큰 영광을 누리는 자들은 또한 사랑이 가장 크게 넘칠 것이다. 그들은 가장 큰 행복을 누리는 것에 걸맞게 다른 사람들에게 거룩한 사랑과 선을 베푸는 데도 가장 뛰어날 것이다…영광이 탁월한 사람들은 겸손함도 탁월할 것이다. 세상에서는 다른 사람들보다 뛰어난 사람들이 시기의 대상이지만(그 이유는 사람들이 그 뛰어남을 높아짐의 의미로 생각하기 때문이다), 천국에서는 그렇지 않을 것이다. 가장 큰 행복을 느끼는 천국의 성도들은…또한 겸손할 것이다. 천국의 성도들은 땅 위의 성도들보다 더 겸손하다. 그들 가운데서는 높아질수록 더 겸손해진다. 하나님을 가장 많이 아는, 가장 뛰어난 성도들은 그분을 가장 많이 알고 있기 때문에 그분과 자신들의 차이를 가장 생생하게 의식한다. 따라서 그들은 스스로를 가장 작은 자로 여겨 가장 겸손하게 처신한다. 천국에서는 어떤 사람들을 다른 사람들보다 더 높이더라도 그들의 아래에 있는 사람들의 완전한 행복과 기쁨이 조금도 줄어들지 않는다. 그들은 오히려 그로 인해 더 행복해한다. 그들은 서로 하나로 연합해 있기 때문에 모두가 서로의 행복에 참여한다. 그로써 "한 지체가 영광을 얻으며 모든 지체가 함께 즐거워하느니라"(고전 12:26)라는 말씀을 통해 선언된 것이 완벽하게 성취된다.[3]

다른 많은 신비와 마찬가지로, 우리가 영구한 시간 속에서 그리스

---

3) Edwards, *Works*, 2:902.

주 예수여 오시옵소서

도의 탁월하심을 점점 더 많이 알아가는 동안, 행복의 차이가 어떤 식으로 유지될 것인지에 관한 문제는 전적으로 하나님의 손에 맡겨놓아야 할 필요가 있다. 나는 이 신비를 하나님께 기꺼이 맡기고 싶다. 우리를 위해 충분한 계시가 주어졌기 때문에 하나님이 감추신 것을 알려고 애쓰기보다는 우리가 알고 있는 것을 묵상하며 즐거워하는 데 전념하는 것이 더 낫다(신 29:29).

우리 모두 주님의 나타나심을 사모하자

나는 이 여섯 가지를 토대로 "그리스도께서 나타나서 심판을 베푸실 날을 두려워하지 않고 기쁘게 고대할 수 있는가?"라는 질문을 다시금 되묻고 싶다. 대답은 '그렇다'이다. 예수님은 모든 일을 잘 처리하실 것이다. 우리가 두려워 물러서야 할 것은 아무것도 없다. 심지어 우리가 받을 '해'까지도 거룩하게 되어 하나님의 은혜를 새롭게 경험하도록 이끌 것이다. "우리 하나님과 주 예수 그리스도의 은혜대로 우리 주 예수의 이름이 너희 가운데서 영광을 받으시고 너희도 그 안에서 영광을 받게 하려 함이라"(살후 1:12)라는 말씀대로 이루어질 것이다.

12.
주권자이자 종이신 분과의
인격적인 교제를 통해 주어지는 기쁨

부활한 육체를 입고 예수님과 인격적인 교제를 나누는 기쁨은 세상에서 누릴 수 있는 그 어떤 것보다도 뛰어난 기쁨일 것이다. 예수님은 이미 자신의 지상 사역을 통해 제자들에게 자신의 기쁨을 제공하셨다. "내가 이것을 너희에게 이름은 내 기쁨이 너희 안에 있어 너희 기쁨을 충만하게 하려 함이라"(요 15:11). "이 말을 하옵는 것은 그들로 내 기쁨을 그들 안에 충만히 가지게 하려 함이니이다"(요 17:13). 예수님의 기쁨은 성부를 향한 영원한 사랑의 기쁨이었다. "오직 내가 아버지를 사랑하는 것을⋯알게 하려 함이로라"(요 14:31). 예수님의 기쁨을 공유하는 것은 곧 성자께서 성부에게서 느끼시는 기쁨을 공유하는 것이다. 이것은 또한 성부께서 성자에게서 느끼시는 기쁨을 공유하는 것이기도 하다. 이것이 이 기쁨이 충만한 기쁨인 이유다. 그러나 예수님은 이 충만한 기쁨이 세상이라는 한계 속에서는 절정에 이르지 못할 것을 알고 계셨다.

따라서 그분은 장차 우리에게 피조물의 능력이 닿는 최대한도까지 자기와 교제를 나눌 수 있는 초자연적인 능력을 내려주시길 기도하셨다. "의로우신 아버지여⋯내가 아버지의 이름을 그들에게 알게 하였고 또 알게 하리니 이는 나를 사랑하신 사랑이 그들 안에 있고 나도 그들 안에 있게 하려 함이니이다"(요 17:25, 26). 이것은 하나님의 아들을 사랑하고, 즐거워하는 것을 우리 자신의 능력에만 맡겨두지 않겠다는 약속이다. "나를 사랑하신 사랑이 그들 안에 있고"라는 말씀에서 알 수 있는 대로, 우리에게는 성자에 대한 성부의 사랑이 주어질 것이다. 우리는 성자 안에서 성부께서 느끼시는 기쁨에 동참할 것이다. "이는 내 사랑하는 아들이요 내 기뻐하는 자라"(마 3:17). 여기서의 기쁨은 무한하신 하나님이 무한히 영광스럽고 보배로우신 성자에게서 느끼시는 기쁨이다.

하나님의 기쁨으로 그리스도를 즐거워할 것이라는 소망

이 소망은 우리가 느끼는 현재의 감정이 얼마나 불완전하고, 불충분한지를 생각하면 특히 더 놀랍다. 예수님에 대한 사랑과 그로 인한 기쁨은 그분의 참된 가치에 비하면 그야말로 빈약하기 짝이 없다. 우리가 주님과의 관계를 통해 느끼는 감정은 우리가 마땅히 느껴야 할 수준에 턱없이 모자란다. 그렇다면 주님이 나타나실 때 우리가 영화롭게 된 육체를 입고 그분과 얼굴을 마주하는 순간에 누릴 기쁨에 대해 어떤 소망을 지녀야 할까?

우리는 우리가 이 세상에서 맛본 기쁨(벧전 2:3)에 상상을 초월하는 초자연적인 능력이 더해질 것을 소망한다. 이것이 주님이 우리를 위해 간구하신 것이다. 이 일은 그대로 이루어질 것이다. 하나님이 우리에게 그리스도를 향한 자신을 사랑을 부어주실 것이다. 우리는 하나님의 기쁨으로 그리스도를 즐거워할 것이다. 우리가 지금 예수님 안에서 느끼는 기쁨도 하나님, 곧 성령 하나님의 사역이다. 우리가 하나님과 그분의 아들이신 예수님 안에서 기쁨을 누리는 것은 우리의 삶속에 임재하신 성령 하나님 덕분이다. 그분은 하나님과 그리스도를 즐거워할 수 있는 능력을 우리에게 부여하셨다(롬 14:17, 15:13, 살전 1:6).

그러나 요한복음 17장 26절에 기록된 예수님의 기도는 그 이상의 것을 구하는 의미를 지닌다. 우리는 지금도 하나님을 어느 정도 알고 있다. 우리의 사랑과 기쁨이 깨어났다. 그것은 새로운 탄생이다. 그러나 예수님은 더 많은 것을 약속하셨다. 그분의 약속은 상상을 초월한 새로운 방식으로 하나님을 알게 만들어 성자를 향한 그분의 사랑으로 인해 성자를 향한 우리의 사랑이 더욱 온전해져 우리가 마땅히 바쳐야 할 순수함과 열정으로 그분을 즐거워할 수 있을 것이라는 의미였다. 다시 말해, 현재의 세속적인 태도나 아직 남아 있는 부패함이나 타락한 육체의 제약에 영향을 받는 일이 전혀 없을 것이다.

사후에 기쁨이 더욱 증대될 것이다

만일 우리가 그리스도께서 재림하시기 전에 죽는다면, 그 죽음을 통해 그분과의 교제를 통해 누리게 될 새로운 차원의 기쁨을 부분적으로 경험하게 될 것이다(물론, 이 기쁨은 그리스도께서 재림하실 때 절정에 이를 것이다). 바울은 빌립보서 1장 23절에서 "차라리 세상을 떠나서 그리스도와 함께 있는 것이 훨씬 더 좋은 일이라"라고 말했다. 우리의 영혼은 죽는 순간에 즉시 완전해져 그리스도 앞에 서게 된다(히 12:23). 그때에는 속되고 부패한 마음이 더 이상 예수님을 향한 우리의 감정을 방해하지 못한다. 그리스도와의 교제는 세상에서보다 천국에서 더욱 즉각적으로 이루어진다. 이것이 바울이 죽는 것이 '훨씬 더 좋다'라고 말한 이유다. 그런 교제의 기쁨은 우리가 세상에서 경험했던 그 어떤 것보다 더 탁월하다.

그러나 육체 없이 그리스도와 교제를 나누는 것은 신자의 가장 큰 소망이 아니다. 바울은 고린도후서 5장에서 우리의 마지막 소망을 어렴풋하게 제시했다. 그는 그곳에서 "우리가…원하는 바는 차라리 몸을 떠나 주와 함께 있는 것이니라"(고후 5:8)라는 말로 빌립보서 1장 23절의 요점을 되풀이했다. 그것이 '훨씬 더 낫다.' 그러나 그는 다른 한편에서는 육체가 없는 상태로 '벗은 자'가 되는 것을 슬퍼하며 '덧입기'를 원했다. "참으로 이 장막(우리의 육체)에 있는 우리가 짐 진 것 같이 탄식하는 것은 벗고자 함(육체가 없는 상태)이 아니요 오히려 (부활의 육체로) 덧입고자 함이니 죽을 것이 생명에 삼킨 바 되게 하려 함이라"(고후 5:4). 죽어 그리스도와 함께 있는 것이 '훨씬 더 낫지만,' 그리스도께서 강림하실 때 새 육체를 입는 것은 그보다 월등히 더 낫다.

따라서 예수님이 강림하시고 나서 그분과 교제를 나누는 즐거움은 죽음 이후부터 재림이 있기까지 그분과 교제를 나누는 즐거움보다 훨씬 더 클 것이다. 그 즐거움이 더 큰 이유 가운데 하나는 우리가 부활의 육체를 입고 그분과 교제를 나눌 것이기 때문이다. 우리가 누릴 더 큰 즐거움이 새로운 육체를 가진 것과 관련이 있는 이유는 영화롭게 된 새로운 육체의 감각들이 우리의 상상을 초월할 정도로 강력할 것이기 때문이다. 우리는 그런 감각들을 통해 이전과는 비교할 수 없는 차원에서 그리스도의 인격과 사역을 인식하고, 표현하게 될 것이다. 우리가 영화롭게 된 육체를 가지고 예수님 안에서 누리는 기쁨이 더 큰 또 다른 이유는 영화롭게 된 우리의 신령한 몸(고전 15:44)과 영화롭게 된 영혼의 관계가 지금 우리의 육체와 영혼의 관계보다 상상을 초월할 정도로 깊고, 온전하게 밀착될 것이기 때문이다.

"네 주인의 즐거움에 참여하라"

예수님은 자신이 강림하면 새로운 차원의 기쁨을 경험하게 될 것이라고 말씀하셨다. 그분은 이 기쁨을 '자기의 기쁨에 참여하는 것'으로 일컬으셨다. 예수님은 달란트 비유에서 자신의 재림을 종들에게 재산을 위탁하고 여행을 떠난 주인에게 빗대셨다. 주인은 그들과 결산하면서 그들의 사역에 따라 상을 베풀며 충실한 종들에게 "잘하였도다 착하고 충성된 종아 네가 적은 일에 충성하였으매 내가 많은 것을 네게 맡기리니 네 주인의 즐거움에 참여할지어다"(마 25:21, 23)라고 말했다. 이것은 요한복음 5장 11절("내가 이것을 너희에게 이름은 내 기쁨이 너희 안에 있어 너희 기쁨을 충만하게 하려 함이라")에 언급된 목적의 성취다. 예수님은 재림할 때 지금 우리의 삶 속에서 시작하신 목적을 온전히 이루실 것이다. "내가 말했던 네 주인의 즐거움, 곧 나의 즐거움에 참여할지어다. 마침내 너희 기쁨이 충만해질 것이다."

예수님의 인격을 즐거워하고, 또 그분의 기쁨에 참여하는 인격적인 교제

만일 "그 날에 우리가 느낄 기쁨이 예수님을 즐거워하는 기쁨인가, 아니면 예수님이 성부 안에서 누리시는 기쁨인가?"라고 묻는다면 그 대답은 '둘 다'다. 우리는 성부께서 성자 안에서 누리시는 기쁨을 우리의 기쁨으로 느끼게 될 것이다(요 17:26). 다시 말해, 우리는 성부께서 느끼시는 강렬한 감정으로 예수님을 즐거워할 것이다. 그리고 우리는 성자께서 성부 안에서 누리시는 기쁨을 우리의 기쁨으로 느끼게 될 것이다(마 25:21).

그러나 "그 날에 우리가 느낄 기쁨이 예수님을 즐거워하는 기쁨인가, 아니면 예수님이 성부 안에서 누리시는 기쁨인가?"라는 질문은 자칫 오해를 불러일으킬 수 있다. 그 이유는 예수님을 즐거워한다는 것은 곧 그분과 실제로 인격적인 교제를 나눈다는 것을 의미하기 때문이다. 인격적인 교제란 서로가 사랑하는 것을 공유하는 것을 의미한다. 따라서 위의 질문은 그릇된 이분법을 시도하고 있는 셈이다. 우리는 예수님과 인격적인 교제를 나누면서 그분의 기쁨 안에서 기뻐할 것이다.

인격적이라고 하기에는 너무 장엄한 사건이 아닐까

재림의 기쁨에는 인격적인 교제의 기쁨이 포함되어 있다. 이 점을 잊지 말아야 하는 이유는 앞에서 주님의 위엄과 재림 사건의 장엄함을 강조했기 때문이다. 하나님의 나팔 소리, 큰 호령, 천사장의 음성, 수많은 천사들, 큰 능력, 번갯불, 웅장한 영광, 수많은 신자들의 부활, 육체의 변화, 상급의 시여 등이 예수님의 재림을 통해 나타나게 될 현상들이다. 이 모든 것을 생각하면 그런 거창한 사건에 인격적인 관계나 교제가 끼어들 틈이 전혀 없을 것처럼 느껴질 수밖에 없다.

그러나 신약성경은 그런 오해를 불식시킨다. 예를 들어, 요한복음을 살펴보면 예수님의 재림을 언급한 익숙한 본문 하나가 눈에 띈다. 이 성경 본문이 예수님과의 인격적인 관계에 초점을 맞추고 있다는 사실이 종종 간과되는 이유는 천국에 가는 것을 그릇된 관점으로 바라보기 때문이다.

"너희는 마음에 근심하지 말라 하나님을 믿으니 또 나를 믿으라 내 아버지의 집에 거할 곳이 많도다 그렇지 않으면 너희에게 일렀으리라 내가 너희를 위하여 거처를 예비하러 가노니 가서 너희를 위하여 거처를 예비하면 내가 다시 와서 너희를 내게로 영접하며 나 있는 곳에 너희도 있게 하리라"(요 14:1-3).

예수님은 제자들에게 자기가 떠날 것이라고 말씀하셨다(요 13:36). 제자들은 그 말을 듣고 근심했다. 그러자 예수님은 "너희는 마음에 근심하지 말라"라고 말씀하셨다. 그분은 "하나님을 믿으니 또 나를 믿으라"(요 14:1)라는 말씀으로 근심하는 마음을 믿음의 마음으로 바꾸라고 권고하셨다. 그분은 "하나님을 믿고, 나를 믿으라"라고 말씀하고 나서 그들이 믿음을 굳게 가져야 할 세 가지 이유를 제시하셨다. 그것들은 모두 그리스도의 재림 때 이루어질 인격적인 관계에 초점을 맞춘다.

1. 근심하지 말고, 나를 믿으라. 왜냐하면 성부 하나님의 집에는 거할 곳에 많고, 너희가 제각기 하나씩 차지하게 될 것이기 때문이다.

"내 아버지 집에는 거할 곳이 많도다 그렇지 않으면 너희에게 일렀으리라 내가 너희를 위하여 거처를 예비하러 가노니"(요 14:2).

이 말씀은 고립을 강조하지 않는다. 오히려 각자 자신의 거처를 소유하게 될 것을 강조한다. 거처가 부족해서 배제되는 사람은 아무도 없을 것이다. 개개의 제자들이 인격적인 관심을 받게 될 것이다. 그곳에는 '거할 곳이 많다.' 그것은 각 사람을 위한 거처다. 모든 사람이 같은 거처에 거할 것이라면 '많다'라고 강조할 필요가 없었을 것이다. 여기에는 인격적인 공간, 곧 인격적인 관심의 의미가 내포되어 있다.

즉 개인적인 고립이 아닌 인격적인 배려가 암시되어 있다.

2. 근심하지 말고, 나를 믿으라. 왜냐하면 내가 가서 하나님과 함께 너희가 거할 곳을 마련할 것이기 때문이다.

"내 아버지의 집에 거할 곳이 많도다 그렇지 않으면 너희에게 일렀으 리라 내가 너희를 위하여 거처를 예비하러 가노니 가서 너희를 위하 여 거처를 예비하면"(요 14:2, 3).

예수님은 '너희를 위해 거처를 예비한다'라는 말을 두 번이나 말씀 하셨다. 이 말씀은 무슨 의미일까? 천국이 깨끗하게 치워야 할 정도로 엉망진창이라는 뜻이나 하나님의 거처가 건설 중이라는 의미는 아닐 것이 분명하다. 개개의 제자들이 하나님과 친밀하게 지낼 수 있는 거 처를 예비한다는 것은 죄인들이 그분과 가까이 지낼 수 있도록 준비 한다는 것을 의미한다. 거처를 준비한다는 것은 곧 이용 가능한 거처 를 마련한다는 뜻이다. 그것은 마치 관대한 사람이 길거리에서 잠을 자는 사람을 발견하고, "이리 오시게. 내가 머물 곳을 마련해 주겠소." 라고 말하고 나서 숙박비를 대신 치르는 것과 같다.

'거할 곳을 예비한다'라는 예수님의 말씀은 "나는 내일 십자가에 서 죽었다가 사흘 뒤에 무덤에서 다시 살아날 것이다. 이것이 거할 곳 을 예비하기 위해 해야 할 큰 일이다. 그래야만 너희가 하나님과 함께 거할 수 있다. 내가 내일 아침 너희의 죄를 대신 짊어질 것이다(벧전 2:24). 내가 너희를 위해 대신 저주를 받고(갈 3:13), 모레 아침에는 너희 의 칭의를 안전하게 확보할 것이다(롬 5:6)."라는 의미였다. 이것이 예수님이 6절에서 "내가 곧 길이요 진리요 생명이니"라고 말씀하셨던 이유였다. 이처럼, '거처를 예비하러 간다는 것은 죄인인 제자들이 하나님의 집에 개인적으로 거할 수 있는 곳을 마련할 것이라는 뜻이다.

3. 근심하지 말고, 나를 믿으라. 왜냐하면 내가 친히 너희의 거처가 되고, 너희가 그곳에 거하는 데 필요한 모든 것을 마련할 것이기 때문이다.

"가서 너희를 위하여 거처를 예배하면 내가 다시 와서 너희를 내게로 영접하여 나 있는 곳에 너희도 있게 하리라"(요 14:3).

이 말씀을 통해 모든 것이 명확해진다. 지금까지 예수님은 집, 거할 곳, 거처를 언급하셨지만, 이제는 그 모든 비유적 표현들을 모두 뒤로 하고 "사실, 내가 거처를 예비하려는 목적은 너희를 내게로 영접하기 위해서다."라고 말씀하셨다. 이는 예수님이 길을 예비하는 자는 물론, 종착지 자체이시라는 뜻이다. 이 구절은 모든 것을 단번에 바꾸어놓는다. 즉 모든 것이 인격적인 것으로 변한다. 그리스도께서 다시 오시는 목적은 인격적인 교제를 위해서다. "내가 다시 와서 너희를 내게로 영접하여." 이것이 그들의 기쁨이 충만하게 되는 이유다(요 15:11).

아버지의 집과 거할 곳

두 가지 실마리가 예수님이 재림하실 때 그분이 우리의 거처가 되실 것이라는 사실을 암시한다.

첫째, 요한복음 14장 2절의 "내 아버지의 집"이라는 표현이 요한복음은 다른 곳에서도 발견된다. 예수님은 환전상들을 성전에서 내쫓으면서 "이것을 여기서 가져가라 내 아버지의 집으로 장사하는 집을 만들지 말라"(요 2:16)라고 말씀하셨다. 그러고 나서 그분은 곧바로 하나님의 거처인 성전을 자기 자신과 연결시키셨다. "너희가 이 성전을 헐라 내가 사흘 동안에 일으키리라…그러나 예수는 성전된 자기 육체를 가리켜 말씀하신 것이라"(요 2:19, 21). 따라서 요한복음 14장 1절에서 아버지의 집에 예수님의 제자들이 개인적으로 거하게 될 많은 거처가 있다는 말씀을 읽다 보면 "예수님이 곧 하나님의 집이시라는 의미, 곧 예수님이 하나님이 거하시는 곳이자 제자들이 각자 그분과 함께 거할 거처이시라는 의미인가?"라는 의문이 생길 수 있다.

둘째, 요한복음 14장 2절에서 '거할 곳'으로 번역된 헬라어(모나이)는 '거처'를 의미한다. 그것은 '방'을 의미할 수도 있고, 다른 형태의 거처를 의미할 수도 있다. 이 용어는 '거하다'를 뜻하는 헬라어 동사(메노)의 명사형이다. 이는 흔한 용어가 아니다. 신약성경의 다른 곳에서 단 한 번만 사용되었다. 예수님은 이 성경 본문이 기록된 요한복음 14장의 다른 곳에서 "사람이 나를 사랑하면 내 말을 지키리니 내 아버지께서 그를 사랑하실 것이요 우리가 그에게 가서 거처를 그와 함께하리라"(23절)라고 말씀하셨다. 요한복음에 등장하는 '거하다'라는 동사에는 예수님이 우리의 거처라는 의미가 내포되어 있다. 예를 들어, 요한복음 15장 4절은 "내 안에 거하라(메이나테) 나도 너희 안에 거하리라 가지가 포도나무에 붙어 있지(메네) 아니하면 스스로 열매를 맺을 수 없음 같이 너희도 내 안에 있지(메네테) 아니하면 그러하리라"라고 말씀한다.

이 두 가지 실마리를 고려하면 요한복음 14장 3절의 의미가 확실하게 드러난다. 즉 '집,' '방,' '거처'는 모두 예수님을 가리킨다. "가서 너희를 위하여 거처를 예비하면 내가 다시 와서 너희를 내게로 영접하여 나 있는 곳에 너희도 있게 하리라"라는 말씀은 곧 "내가 아버지의 집에 있는 너희의 거처다. 너희를 위해 이 거처를 예비한다는 것은 내가 너희를 위해 죽었다가 다시 살아남으로써 너희가 나 있는 곳에 올 수 있게 하겠다는 뜻이다. 나는 너희의 영광스러운 거처가 될 것이다."라는 의미를 지닌다.

예수님은 우리를 천국이 아닌 자신에게로 영접하실 것이다

요한복음 14장 1-4절에 관한 오해를 바로잡아야 할 필요가 있다. 이 성경 본문은 때로 예수님이 재림해 자기 백성을 천국으로 데려가신다는 의미로 종종 이해되었다.[1] 그러나 예수님은 그렇게 말씀하지 않으셨다. 그분은 내가 다시 와서 너희를 내게로 영접하여 나 있는 곳

---

1) 어떤 주석학자들은 "내가 다시 와서"라는 예수님의 말씀이 사흘 뒤에 무덤에서 다시 살아 돌아올 것을 가리킨다고 주장한다. 로버트 건드리가 대표적인 경우다. Robert H. Gundry, *Commentary on the New Testament: Verse-by-Verse Explanations with a Literal Translation* (Peabody, MA: Hendrickson, 2010, 429. 그러나 예수님이 언급하신 용어들을 살펴보면 재림을 가리키는 의미일 가능성을 배제하기가 매우 어렵게 보인다. 요한이 다중적 의미를 염두에 두고 말하는 경향이 있다는 점을 고려하면, 이 용어가 두 가지의 의미를 모두 지니고 있다는 것을 보여주려고 노력했던 알포드의 견해가 진실에 가까울 수 있다. 그는 이렇게 말했다. "이것을 이해하려면 스티어가 예언의 '관점'이라고 적절하게 일컬었던 것을 기억해야 할 필요가 있다. '주님이 다시 오신다'라는 것은 그분의 부활이나 영으로서 임하시는 것이나 재림이나 궁극적인 심판을 위한 강림과 같은 하나의 단일 사건을 가리키는 것이 아니라 그 모든 것을 다 포함하는 복합적 의미를 띠고 있다. 이 '에르코마이(오다)'는 부활을 통해 시작되었고(18절), 영적인 삶을 통해 계속될 뿐 아니라(23절, 요 16:22, 23 참조), 예비된 처소에 갈 수 있도록 제자들을 준비시키고, 더 나아가서는 그들이 죽었을 때 예수님과 함께 거하도록 이끌며(빌 1:23), 그분이 영광 중에 재림하실 때 온전하게 이루어질 것이다. 그때에는 그들이 완벽한 부활의 상태로 그분과 영원히 함께 거할 것이다(살전 4:17)." Henry Alford, *Alford's Greek Testament: An Exegetical and Critical Commentary* (Grand Rapids, MI: Guardian Press, 1976), 1:849-50.

에 너희도 있게 하리라"라고 말씀하셨다. 예수님이 오실 때 그분은 어디에 계실까? 우리는 그분을 공중에서 영접할 것이고, 그분은 우리의 환영을 받으며 우리와 함께 세상에 와서 자신의 왕국을 건설하실 것이다.[2] 그리고 우리는 영원히 주님과 함께 있을 것이다(살전 4:16, 17).

'너희를 내게로 영접하여'라는 말씀에서 알 수 있는 대로, 요한복음 14장 본문이 재림과 관련해 말하려는 요점은 천국에 가는 것이 아닌 그리스도께로 가는 것이다. 결국, 예수님은 "나를 믿으라. 내가 너희를 위해 다시 올 것이다. 너희가 나와 함께 영원히 있으리라"라고 말씀하신 셈이다. 그리스도의 강림은 장엄한 사건일 테지만, 거기에는 인격적인 영접이 포함된다. 예수님은 자기 백성을 자기에게로 영접하실 것이다. 상상을 초월한 미래에 관한 다른 많은 비밀과 마찬가지로 예수님이 어떻게 그토록 많은 사람과 인격적으로 관계를 맺으실지를 설명하려고 애쓸 필요는 없다. 그 날은 실망의 날이 아닌 새로운 발견의 날이 될 것이다. 지혜와 지식의 모든 보화가 예수 그리스도 안에 있다(골 2:3). 그리스도께서는 자신이 말씀하신 것을 능히 이루실 것이다. 예수님과 인격적인 교제를 나누는 기쁨을 가로막을 것은 아무것도 없을 것이다.

그리스도의 재림으로 인한 기쁨은 혼인 잔치의 즐거움과 같다

이 교제의 기쁨은 상상을 초월하는 놀라운 차원을 지닐 것이다. 그것은 보통의 합리적인 기대는 물론, 성경적인 기대조차도 완전히 뒤엎는 경이로운 차원의 기쁨일 것이다. 이 점을 우회적으로 설명하면

---

2) 특히 본서 8장과 9장을 보라.

다음과 같다. 예수님의 재림과 혼인 잔치가 서로 연관된 방식을 살펴보면 예기치 않은 때에 재림이 이루어질 것을 짐작할 수 있다. 마태복음 25장 1-12절의 비유가 종종 거론된다. 이 비유는 재림을 신랑이 혼인 잔치에 오는 것에 빗대었다. 이 비유에 함축된 최소한의 사실은 재림이 큰 기쁨의 사건이 되리라는 것이다. 그러나 비유의 세부 내용에 지나치게 얽매여 그리스도께서 신부인 교회와 혼인하기 위해 오실 것이라는 의미로 이해하지 않도록 주의해야 한다. 장차 '어린 양의 혼인 잔치'가 있을 것이고, 의로운 행실로 옷 입은 하나님의 백성이 신부가 될 것이다(계 19:7-19, 21:2, 9). 그러나 예수님이 재림과 연관시킨 혼인 잔치는 '어린 양의 혼인 잔치'를 가리키지 않는다.[3]

마태복음 25장의 비유는 순종하는 교회를 신랑의 신부로 묘사하지 않고, 신랑의 종인 지혜로운 다섯 처녀에게 초점을 맞춘다. 그들은 혼인 잔치에 오는 신랑을 맞이하려고 기다렸다. 이 비유의 요점은 13절("그런즉 깨어 있으라 너희는 그 날과 그 때를 알지 못하느니라")에 나와 있다. 이 비유는 결혼식이나 신부의 등장에 초점을 맞추지 않고 "준비하였던 자들은 함께 혼인 잔치에 들어가고 문은 닫힌지라"(마 25:10)라는 말씀에서 절정에 이른다. 이것은 잔치의 기쁨과도 같은 기쁨으로 주님을 맞이하기 위해 항상 깨어 준비하라는 가르침을 전한다.

이처럼, 이 비유는 우리 가운데 많은 사람이 익히 알고 있는 전형적인 상황, 곧 기대감이 넘치는 상황을 묘사한다. 예수님의 강림하심은

---

3) 마태복음 22장 1-14절에 등장하는 '혼인 잔치의 비유'는 재림을 묘사하지 않는다. 또한, 이 비유는 예수님을 신랑으로, 제자들을 신부로 묘사하는 혼인 잔치와도 아무런 상관이 없다. 회개하고 잔치에 참여한 제자들은 잔치의 손님들일 뿐이다. 그들은 신부가 아니다. 이것은 세속적인 이유로 하나님 나라의 관대한 초대를 거부하는 자들에 관한 비유다.

신랑이 혼인 잔치에 오는 것과 같다. 이 비유의 요점은 기쁨이다. 대다수 문화에서 결혼식과 혼인 잔치는 사람들이 경험하는 가장 행복한 축하 행사에 속한다. 우리도 그리스도의 재림을 그런 식으로 생각해야 한다.

그리스도께서 재림하실 때 나타날 말로 다 할 수 없는 기쁨의 차원

누가복음 12장 35-38절은 이런 놀라움을 더욱 고조시킨다.

> "허리에 띠를 띠고 등불을 켜고 서 있으라 너희는 마치 그 주인이 혼인 집에서 돌아와 문을 두드리면 곧 열어주려고 기다리는 사람과 같이 되라 주인이 와서 깨어 있는 것을 보면 그 종들은 복이 있으리로다 내가 진실로 너희에게 이루노니 주인이 띠를 띠고 그 종들을 자리에 앉히고 나아와 수종들리라 주인이 혹 이경에나 혹 삼경에 이르러서도 종들이 그같이 하고 있는 것을 보면 그 종들은 복이 있으리로다."

여기에서는 재림을 신랑이 혼인 잔치에 오는 것이 아닌 주인이 혼인 잔치에서 돌아오는 것에 비유하였다. 예수님은 어떤 설명도 제시하지 않은 채 혼인 잔치에서 돌아오는 상황을 묘사하셨다. 여기에는 그리스도께서 기쁨이 충만한 상태로 강림할 것이라는 의미가 내포되어 있다. 그분은 슬픈 기색은 조금도 없이 기쁨이 가득한 상태로 오실 것이다.

이 비유에서 우리를 놀라게 하는 것이 한 가지 더 있다. '주인(톤 쿠리온)'을 기다리는 사람들이 '종들(둘로이)'로 일컬어졌다. 이 비유의 첫 번째 요점은 종들과 같아야 한다는 것이다. "허리에 띠를 띠고 등불을 켜고 서 있으라 너희는 마치 그 주인이 혼인 집에서 돌아와 문을 두드리면 곧 열어주려고 기다리는 사람과 같이 되라"(눅 12:35, 36). 이 말씀은 주인이 맡긴 일을 성심을 다해 수행하라는 뜻이다. 주인이 왔을 때 문을 열어줄 수 있도록 '깨어 있으라'는 것이다. '허리에 띠를 띠고'라는 말씀은 항상 기민한 태도로 주인의 일에 관심을 기울여야 한다는 의미를 담고 있다. '종들'을 언급한 이유는 우리가 누릴 기쁨의 놀라운 차원을 더욱 강화한다.

아울러, 예수님은 항상 깨어 있는 태도로 주인의 뜻을 받들어야 할 이유를 설명하셨다. 그것은 곧 복을 받기 위해서였다. "주인이 와서 깨어 있는 것을 보면 그 종들은 복이 있으리로다(마카리오이)"(눅 12:37). 그리고 나서 예수님은 참으로 놀라운 말씀을 하셨다. 우리는 우리가 그리스도의 재림을 통해 그분의 친밀한 가족의 일원이 될 때의 기쁨을 어느 정도는 알고 있다고 생각한다. 비록 우리는 '종들'로 일컬어지지만, 통상적인 의미에서의 종과는 거리가 멀다는 것을 익히 알고 있다. 그 이유는 주님이 우리를 자녀이자 친구로 일컬으시기 때문이다(롬 8:16, 요 15:15). 그러나 예수님은 여기에서 우리의 모든 상상을 초월하는 방식으로 하나님의 가족이 되는 기쁨을 묘사하셨다.

주권자이신 성자께서 종의 역할을 자처하신다

주인, 곧 집주인이 '종들(역설적 상황을 더욱 강화하기 위해 사용된 용어)'을 자신의 손님처럼 식탁에 앉히고, 띠를 띠고 수종을 들었다. 여기에서 '띠를 띠고(페리조세타이)'는 35절의 '띠를 띠고(페리에조스메나이)'라는 용어와 똑같다. 예수님은 의도적으로 주인과 종의 역할을 바꾸어 말씀하셨다. 이는 우리가 가족으로 받아들여져 자리에 앉고, 예수님은 우리를 섬기는 종의 역할을 자처하실 것이라는 뜻이다.

예수님은 누가복음 17장 7-10절에서 생생한 비유를 통해 제자의 도리를 가르치셨다. 그 가르침의 요점은 "주인은 종을 그런 식으로 대하지 않으니 종은 그런 것을 기대해서는 안 된다."라는 것이다.

> "너희 중 누구에게 밭을 갈거나 양을 치거나 하는 종이 있어 밭에서 돌아오면 그더러 곧 와 앉아서 먹으라 말할 자가 있느냐 도리어 그더러 내 먹을 것을 준비하고 띠를 띠고(페리조사메노스) 내가 먹고 마시는 동안에 수종들고 너는 그 후에 먹고 마시라 하지 않겠느냐 명한 대로 하였다고 종에게 감사하겠느냐 이와 같이 너희도 명령받은 것을 다 행한 후에 이르기를 우리는 무익한 종이라 우리가 하여야 할 일을 한 것뿐이라 할지니라."

주인은 자신의 종을 섬기지 않을 뿐 아니라 고맙다는 말조차 하지 않는다. 이 점을 고려하면 인자가 강림해서 종들을 섬길 것이라는 예수님의 말씀이 더더욱 놀랍지 않을 수 없다. 누가복음 12장 37절은 인자의 영광스러운 재림을 가리킨다. 예수님은 몇 구절 뒤에서 "그러므로 너희도 준비하고 있으라 생각하지 않은 때에 인자가 오리라"(눅 12:40)라고 말씀하셨다. 예수님은 누가복음 9장 26절('인자도 자기와 아버지와 거룩한 천사들의 영광으로 올 때에')에서 장엄한 재림의 영광스러움을 묘사하셨다. 모든 대적을 제압한 영광스러운 승리자이자 주권자이신 주님이 종들을 주인처럼 자리에 앉히고, 종의 옷을 입고 그들을 섬기실 것이다.

처음에는 고난받는 종, 나중에는 영광스러운 종

예수님은 누가복음 22장 25-27절에서 이렇게 말씀하셨다.

"이방인의 임금들은 그들을 주관하며 그 집권자들은 은인이라 칭함을
받으나 너희는 그렇지 않을지니 너희 중에 큰 자는 젊은 자와 같고 다
스리는 자는 섬기는 자와 같을지니라 앉아서 먹는 자가 크냐 섬기는
자가 크냐 앉아서 먹는 자가 아니냐 그러나 나는 섬기는 자로 너희 중
에 있노라."

아마도 예수님의 종 역할이 그분의 지상 사역에만 국한된다고 생
각하는 사람들이 많을 것이다. 빌립보서 2장 6-9절은 그런 생각이 틀
리지 않는 것처럼 보이게 한다.

"그는 근본 하나님의 본체시나 하나님과 동등됨을 취할 것으로 여기
지 아니하시고 오히려 자기를 비워 종의 형체를 가지사 사람들과 같
이 되셨고 사람의 모양으로 나타나사 자기를 낮추시고 죽기까지 복종
하셨으니 곧 십자가에 죽으심이라 이러므로 하나님이 그를 지극히 높
여 모든 이름 위에 뛰어난 이름을 주사."

주님은 성육신하신 동안에는 겸손한 종의 역할을 하다가 부활 후
에는 높임을 받으셨다. 맞는가? 그렇다. 그러나 이 문제는 그렇게 단
순하지가 않다. 누가복음 12장 37절을 고려하면 이 문제를 그런 식으
로 너무 지나치게 단순화시켜 생각하기가 어렵다. 만왕의 왕, 세상의
창조주, 하나님의 영광의 광채, 만물의 유지자이신 주님은 재림하실

때 '종의 형체'을 취한 채로 우리를 자신의 잔치에 참여시키실 것이고, 우리는 그것을 보고서 깜짝 놀라며 감격스러운 눈물을 흘리며 기뻐할 것이다(딤전 6:15, 히 1:2, 3). 그리스도께서는 고난 후에 영광을 받으신다. 좀 더 정확히 말하면, 처음에는 고난받는 종이었다가 나중에는 영광스러운 종이 되신다.

영원한 역설

이것이 불꽃 가운데 나타나서 원수들에게 형벌을 내리고(살후 1:8), 사람들에게 행한 대로 갚으시는(마 16:27) 주님의 모습과 어떻게 조화를 이룰 것인지 궁금해할 필요는 없다. 앞서 말한 성경의 '예언적 관점'을 고려하면,[4] 주님의 날에 하나님이 의도하신 모든 일이 빠짐없이 이루어질 것을 익히 짐작할 수 있다.

사실, 누가복음 12장 37절("주인이 띠를 띠고 그 종들을 자리에 앉히고 나아와 수종들리라")이 한 차례의 사건을 가리킨다고 생각하는 것은 잘못이다. 이 말씀은 그리스도께서 한 차례의 잔치를 베풀고 나서는 다시 왕복을 갖춰 입고 영원히 왕으로 군림하실 것이라는 의미가 아니다.

이 말씀은 그리스도의 영광이 전이나 앞으로나 항상 똑같이 유지될 테지만, 그 영광은 다채로울 뿐 아니라 심지어는 역설적인 탁월함을 지닌 영광이 될 것이라는 의미를 담고 있다. 그 영광은 눈부실 정도로 다양하다. 그분의 영광을 드높이는 노래는 단조로운 가락이 아닌 웅장하고, 심원한 화음이다. 주님은 항상 위엄과 온유함을 동시에 갖추고 계신다. 그분은 하나님과 동등하면서도 그분을 공경하고, 순

---

4) 8장의 각주 1을 보라.

종하며 통치하고, 주인이면서 종이고, 초월해 있으면서 친밀하고, 정의로우면서 은혜로우시다. 주님은 항상 왕의 옷과 종의 수건을 함께 걸치고 계신다.

이것이 우리가 그리스도께서 강림하실 때 행복해할 수 있는 이유다. 베푸는 자가 영광을 얻는다. 주님은 은혜를 베푸는 자이시고, 우리는 은혜를 받는 자들이다. 우리는 항상 은혜를 받는 쪽에 속한다. 우리는 하나님께 아무것도 베풀지 못한다. 주님은 스스로 충만하고, 모든 것을 베푸신다. 주님은 마르지 않는 샘물이시고, 우리는 목마른 자들이다. 주님은 살아 있는 떡이시고, 우리는 굶주린 자들이다. 주님은 목자이시고, 우리는 양들이다. 주님은 태양이시고, 우리는 달이다. 주님은 건강을 지켜주는 의원이시고, 우리는 항상 의원을 의지해야 할 환자들이다.

바꾸어 말해, 우리는 영원히 하나님의 영광, 곧 "그의 은혜의 영광"(엡 1:6)을 찬양할 것이다. 하나님의 충만한 영광으로부터 은혜가 흘러넘친다. 하나님은 스스로 아무것도 필요로 하지 않으신다. 그분은 우리에게 빚진 것이 아무것도 없으시다. 만일 이것이 좋은 소식인지 몰라 얼떨떨하다면 에베소서 2장 6-7절을 읽어보라. 그러면 정신이 번쩍 들 것이다. "또 함께 일으키사 그리스도 예수 안에서 함께 하늘에 앉히시니 이는 그리스도 예수 안에서 우리에게 자비하심으로써 그 은혜의 지극히 풍성함을 오는 여러 세대에 나타내려 하심이라."

예수님이 자신의 재림을 염두에 두고 "주인이 띠를 띠고 그 종들을 자리에 앉히고 나아와 수종들리라"라고 말씀하신 것은 하루만 잔치를 베풀고 그렇게 하겠다는 뜻이 아니라 영원토록 그렇게 하실 것이라는 뜻이다. 그리스도께서는 "그 은혜의 지극히 풍성함(후페르발론

플루토스)"을 오는 여러 세대에 나타내실 것이다. 이것이 "지극히 풍성함"이 의미하는 것이다.

주권자이자 종이신 주님과의 인격적인 교제

재림의 영광에는 그리스도와의 인격적인 교제가 포함된다. 이 인격적인 교제는 말로 형용하기 어려운 위대한 차원을 지닌다. 이 교제는 친밀하면서도 초월적이다. 주님은 우리를 자기에게로 영접하실 것이다(요 14:3). 주님은 이 교제를 통해 영광스러운 종으로서 우리를 섬김으로써 영원토록 풍성한 기쁨을 누리게 하실 것이다.

2부

그리스도께서
나타나실 시기

2부 머리글

그리스도 나타나실 시기와
그것을 사모하는 마음

2부에서는 그리스도께서 나타나실 시기에 대해 다루고자 한다. 나는 특히 "이 문제가 주님의 나타나심을 사모하도록 돕는 데 중요한 역할을 하는가?"라는 물음을 염두에 두고 여기에서 다루어야 할 것과 다루지 않아도 될 것을 결정했다. 물론, 이 문제에 대한 나의 판단은 다른 사람들의 판단과 다를 수 있다. 아무쪼록 나의 판단이 도움이 되기를 바랄 뿐이다.

그리스도의 나타나심을 사모하는 마음이 깊어지려면 그것을 경이롭게 만드는 이유들을 아는 것도 중요하지만, 오해와 장애 요인들을 제거하는 것도 그에 못지않게 중요하다. 비유로 말하면, 아내를 사랑하는 마음이 깊어지려면 그녀의 훌륭한 인격적 자질들을 기억하고, 또 그녀가 (예수님처럼) 한동안 먼 곳에 가 있어야 한다면 그녀가 써 보낼 편지를 잘 이해할 수 있어야 한다.

나는 그리스도께서 강림하실 시기를 몰라 지나치게 당황스러워하는 것 때문에 그분의 나타나심을 사모하는 마음이 손상되는 일이 없도록 충분한 논의를 전개할 생각이다. 내가 '지나치게'라는 표현을 사용한 이유는 주님이 강림하실 시기에 관한 성경의 가르침이 어느 정도는 우리를 당혹스럽게 만들 수밖에 없기 때문이다. 이것은 나의 경험은 물론, 해석의 역사에 관한 나의 지식을 토대로 내린 결론이다.

내가 아는 한, 학자나 평신도를 불문하고 그리스도의 재림에 관한 성경의 가르침에 대해 당혹감을 느끼지 않는 그리스도인은 아무도 없었다. 교회의 역사 가운데 재림을 가리키는 징조들이나 재림과 연관된 사건들의 발생 시기에 관해 일치된 합의가 이루어진 적은 단 한 번도 없었다. 따라서 주님의 재림을 사모하는 마음을 갖도록 돕고, 또 성경이 명령하는 대로 깨어 있는 정신으로 재림을 기대하면서 살아가도록 도와줄 것들을 제시하는 데 초점을 맞추는 것이 좋을 듯하다.

따라서 나는 2부에서 다음 세 가지 질문에 대한 대답을 찾아볼 생각이다.

1) 예수님은 자기가 한 세대 안에 다시 올 것이라고 가르치셨는가?

2) 예수님이 곧 오실 것이라는 신약성경의 가르침은 무슨 의미인가?

3) 신약성경은 예수님이 (사전 징후 없이) 아무 때나 오실 수 있다고 가르치는가?

13.
예수님은 자기가 한 세대 안에 다시 올 것이라고 가르치셨는가

만일 그리스도께서 자기도 모르는 시간 프레임 안에 자기가 올 것이라고 약속함으로써 도덕적으로 타협하셨다면 그분의 나타나심을 사모하기가 어려울 것이다. 내가 문제를 진술하는 방식에 주의를 기울여주기 바란다. 나는 예수님이 실수를 저지르셨는지 아닌지를 주로 묻고 있는 것이 아니다. 그런 것은 충분히 나쁠 것이다. 나는 그분의 실수가 도덕적으로 비난받을 만한 것인지 아닌지를 묻고 있다. 다시 말해, 이것은 "예수님이 자기가 재림할 시간을 잘못 아셨는가?"가 아니라 "예수님이 무모하게도 자기가 예고할 입장도 아닌 것을 예고하셨는가?"라는 문제다.

내가 이 문제를 제기하는 이유는 예수님이 마태복음 24장 36절에서 하신 말씀 때문이다. 이 말씀은 재림의 시기와 관련된 가장 중요한 성경 구절 가운데 하나다. "그 날과 그 때는 아무도 모르나니 하늘의 천사들도, 아들도 모르고 오직 아버지만 아시느니라." 하나님이요 사람이신 예수님이 성부 하나님이 아시는 것을 모르신다는 것은 이해하기 어려운 신비인 것이 틀림없다. 그러나 그것은 예수님이 친히 하신 말씀이다. 만일 예수님이 재림의 시기를 알지 못하면서 그것을 예고하셨다면 도덕적으로 잘못을 저지르신 셈이 된다. 이것이 사실이면 그분의 나타나심을 사모하기가 어렵다.

세 곳의 성경 본문과 그것들의 평행 구절들이 이 문제를 제기한다. 그 본문들을 하나씩 차례로 살펴보기로 하자.

어떤 사람들은 인자가 오는 것을 보기 전에 죽음을 맛보지 않을 것이다

첫째는 그리스도의 동시대인들 가운데 일부는 죽기 전에 그분의 나타나심을 보게 될 것이라는 말씀이다. 이 말씀은 공관복음서 세 곳에 모두 기록되어 있다.

"진실로 너희에게 이르노니 여기 서 있는 사람 중에 죽기 전에 인자가 그 왕권을 가지고 오는 것을 볼 자들도 있느니라 엿새 후에 예수께서 베드로와 야고보와 그 형제 요한을 데리시고 따로 높은 산에 올라가셨더니"(마 16:28-17:1).

"또 그들에게 이르시되 내가 진실로 너희에게 이르노니 여기 서 있는 사람 중에는 죽기 전에 하나님의 나라가 권능으로 임하는 것을 볼 자들도 있느니라 하시니라"(막 9:1, 2).

"내가 참으로 너희에게 이르노니 여기 서 있는 사람 중에 죽기 전에 하나님의 나라를 볼 자들도 있느니라 이 말씀을 하신 후 팔 일쯤 되어 예수께서 베드로와 요한과 야고보를 데리고 기도하시러 산에 올라가사"(눅 9:27, 28).

이 세 곳의 성경 본문 가운데 재림을 분명하게 언급한 본문은 마태복음 16장 28절('인자가 그 왕권을 가지고 오는 것')뿐이다. 마가와 누가는 하나님 나라의 도래를 언급했다. 그러나 세 곳 모두 같은 사건을 가리킬 가능성이 크다. 세 곳의 성경 본문 모두 '여기 서 있는 사람 중에 죽기 전에 하나님의 나라를 볼 자들이 있을 것'이라고 말씀했다. 또한, 세 곳의 성경 본문 모두 변화산 사건과 연결되어 있다.

제자들이 산에서 본 것

이 사실, 즉 예수님의 말씀과 변화산 사건이 연결되어 있다는 것은 그분의 말씀에 담겨 있는 의미를 이해하는 데 매우 중요하다. 나는 예수님이 베드로와 야고보와 요한이 죽기 전에 산 위에서 자신의 재림을 미리 목격할 것이라는 의미로 그렇게 말씀하셨다고 생각한다. 그 세 제자가 예수님과 함께 산으로 올라갔다. 예수님은 산 위에 나타난 자신의 위엄과 영광을 마지막 때에 있을 재림을 예시하는 것으로 간주하셨다.

> "그들 앞에서 변형되사 그 얼굴이 해 같이 빛나며 옷이 빛과 같이 희어졌더라 그 때에 모세와 엘리야가 예수와 더불어 말하는 것이 그들에게 보이거늘 베드로가 예수께 여쭈어 이르되 주여 우리가 여기 있는 것이 좋사오니 만일 주께서 원하시면 내가 여기서 초막 셋을 짓되 하나는 주님을 위하여, 하나는 모세를 위하여, 하나는 엘리야를 위하여 하리이다 말할 때에 홀연히 빛난 구름이 그들을 덮으매 구름 속에서 소리가 나서 이르시되 이는 내 사랑하는 아들이요 내 기뻐하는 자니 너희는 그의 말을 들으라 하시는지라 제자들이 듣고 엎드려 심히

두려워하니 예수께서 나아와 그들에게 손을 대시며 이르시되 일어나라 두려워하지 말라 하시니 제자들이 눈을 들고 보매 오직 예수 외에는 아무도 보이지 아니하더라"(마 17:2-8).

재림에 관한 예수님의 가르침과 변화산 사건이 나란히 연결되어 있다는 사실 외에도 변화산 사건을 재림을 미리 나타낸 것으로 해석할 수 있는 근거가 하나 더 있다. 변화산 사건 때 예수님과 함께 산 위에 있었던 베드로는 자신의 두 번째 서신에서 당시의 경험을 재림을 미리 예시한 것으로 간주했다.

"우리 주 예수 그리스도의 능력과 강림하심(파루시아)을 너희에게 알게 한 것이 교묘히 만든 이야기를 따른 것이 아니요 우리는 그의 크신 위엄을 친히 본 자라 지극히 큰 영광 중에서 이러한 소리가 그에게 나기를 이는 내 사랑하는 아들이요 내 기뻐하는 자라 하실 때에 그가 하나님 아버지께 존귀와 영광을 받으셨느니라 이 소리는 우리가 그와 함께 거룩한 산에 있을 때에 하늘로부터 난 것을 들은 것이라"(벧후 1:16-18).

베드로는 자신이 변화산 사건을 목격한 것을 "주 예수 그리스도의 능력과 강림하심"에 관한 자신의 가르침이 헛된 거짓이 아니라는 증거로 제시했다. 주님의 "능력과 강림하심"이라는 표현은 재림을 가리킨다. 베드로는 베드로후서 3장에서도 재림을 언급했다. '강림하심(파루시아)'은 신약성경에서 재림을 뜻하는 의미로 흔히 사용되었다. '능력'이라는 용어도 마태복음 24장 30절("그 때에…그들이 인자가 구름을 타고 능력과 큰 영광으로 오는 것을 보리라")에서 예수님의 재림을 가리키는 의미로 사용되었다.

이처럼 베드로는 자신이 직접 목격한 변화산 사건을 예수님의 재림을 예시한 것(미리 맛본 것)으로 이해했다. 이것은 "죽기 전에 인자가 왕권을 가지고 오는 것"(마 16:28)을 볼 자들이 베드로와 야고보와 요한이었다는 뜻이다. 그들은 변화산 사건을 통해 예시되고, 확증된 예수님의 재림과 왕권을 미리 목격했다.

그렇다면 예수님이 자신의 재림을 그런 식으로 예시하신 이유가 무엇이었을까? 그 이유는 사도들이 그런 특별한 경험을 통해 미래에 있을 재림의 영광스러운 현실을 증언하는 증인이 되어주기를 바라셨기 때문이다. 예수님은 실질적인 경험에 근거한 사도들의 증언을 통해 자신의 나타나심을 바라는 마음이 더욱 강렬해지기를 원하셨다. 한 마디로, 예수님이 그렇게 하신 이유는 자신의 재림을 사모하게 하시기 위해서였다.

이 세대가 지나가기 전에

둘째는 "이 세대가 지나가기 전에 이 일이 다 일어나리니"라는 예수님의 말씀이다. 예수님이 한 세대 안에 자신이 다시 올 것이라고 말씀하셨다고 생각하게 만드는 성경 본문들을 열거하면 다음과 같다.

"이와 같이 너희가 이런 일이 일어나는 것을 보거든 인자가 가까이 곧 문 앞에 이른 줄 알라 내가 진실로 너희에게 말하노니 이 세대가 지나가지 전에 이 일이 다 일어나리라"(막 13:29, 30).

"이와 같이 너희도 이 모든 일을 보거든 인자가 가까이 곧 문 앞에 이른 줄 알라 내가 진실로 너희에게 말하노니 이 세대가 지나가기 전에 이 일이 다 일어나리라"(마 24:33, 34).

"이와 같이 너희가 이런 일이 일어나는 것을 보거든 하나님의 나라가 가까이 온 줄을 알라 내가 진실로 너희에게 말하노니 이 세대가 지나가기 전에 모든 일이 다 이루어지리라"(눅 21:31, 32).

마가와 마태는 '이 모든 일'이 일어나는 것을 보거든 '인자가 가까이 온 줄' 알 수 있다고 말했다. 이것은 '이 모든 일'에 예수님의 재림은 포함되지 않았다는 뜻이다. '이 모든 일'이 일어날 때 예수님은 가까이 이르렀을 뿐 아직 오시지는 않았다. 따라서 이 성경 본문들 가운데 예수님이 한 세대 안에 다시 오실 것이라고 가르치는 내용은 전혀 발견되지 않는다. 그렇다면 이 성경 본문들은 무엇을 가르칠까?

내세의 산고(産苦)

이 성경 본문들은 우리가 예수님의 초림 이후로 '말세'를 살아가고 있다는 것이 신약성경의 관점이라는 것을 보여준다. "이 모든 날 마지막에는 아들을 통하여 우리에게 말씀하셨으니"(히 1:2, 행 2:17, 딤후 3:1-5, 약 5:3, 벤후 3:3 참조). 교회의 첫 세대부터 예수님이 나타나실 마지막 때까지 '모든 날 마지막에는' 종말의 '산고'가 뒤따를 것이다(마 24:8, 막 13:8). 다시 말해, 한 세대 안에 일어날 '이 모든 일'은 말세(예수님의 성육신부터 재림까지)를 알리는 대격변을 가리킨다.

예를 들어, 예수님은 거짓 그리스도, 전쟁, 난리의 소문, 민족과 민족의 대격돌, 기근, 지진 등을 언급하고 나서(마 24:5-7) "아직 끝은 아니니라…이 모든 것은 재난의 시작이니라"(마 24:6, 8)라고 말씀하셨다. 8절의 '이 모든 것(판타 타우타)'은 34절에 사용된 문구와 똑같다. "이 세대가 지나가기 전에 이 일이 다(판타 타우타) 일어나리라." '이 일'은 한 세대 안에 일어날 테지만, 그것은 재난의 시작에 지나지 않는다. 재난은 역사 내내 일어나다가 마지막 때에 절정에 달할 것이다. "불법이 성하므로(늘어날 것이므로) 많은 사람의 사랑이 식어지리라 그러나 끝까지 견디는 자는 구원을 얻으리라"(마 24:12, 13)라는 말씀은 재난이 갈수록 심해질 것을 암시한다.

이런 이유와 앞으로 살펴볼 다른 이유들 때문에[1] 나는 마태복음 24장 1-44절을 AD 70년에 일어난 예루살렘의 멸망을 비롯해 한 세대 안에 일어날 일들은 물론, 역사 속에서 일어날 갖가지 사건들과 예수님이 재림하시기 직전에 일어날 사건들을 모두 포함하는 의미로 이해하고 싶다. 예를 들어, 누가복음의 평행 구절은 예루살렘의 멸망을 분명하게 언급했다. "너희가 예루살렘이 군대들에게 에워싸이는 것을 보거든 그 멸망이 가까운 줄 알라"(눅 21:20). 나는 마태복음 24장에 기록된 예수님의 예언적 가르침을 단지 예루살렘의 멸망과 그 전에 일어났던 사건들만을 가리키는 의미로 이해하는 것은 잘못이라고 생각한다. 예수님은 AD 70년경에 일어난 사건들을 말세에 있을 재난의 전조로 이해하기를 바라셨다. 그것들은 재난의 시작이었다.

'예언적 관점'- 먼 사건과 가까운 사건들이 중첩되어 나타나는 것

이미 앞에서 이런 식으로 성경의 예언을 바라보는 방식을 살펴본

---

1) 16장을 보라.

바 있다. 조지 래드는 이 방식을 '예언적 관점'으로 일컬었다.[2] 이것은 가까운 사건들이 먼 사건들의 전조가 되는 것, 곧, 먼 사건들이 가까운 사건들을 통해 예시되는 것을 의미한다. 성경의 예언들은 대개 이런 관점으로 이루어져 있다. 래드는 마태복음 24장과 마가복음 13장과 누가복음 21장에 대해서도 앞서 9장에서 살펴보았던 예언적 관점을 토대로 다음과 같이 말했다.

> 예수님의 가르침을 전체적으로 살펴보면 한 가지 사실이 분명하게 드러난다. 그것은 예수님이 예루살렘의 멸망과 자신의 종말론적 재림(파루시아)을 둘 다 언급하셨다는 것이다. 크랜필드는 예수님의 생각 속에 역사적인 것과 종말론적인 것이 함께 섞여 있었고, 마지막 종말론적 사건이 임박한 역사적 사건의 '투명성'을 통해 드러난다고 말했다. 나는 이런 견해를 구약 시대의 선지자들에게 적용했고, 그 결과 미래를 그런 식으로 단축해서 바라보는 것이 예언적 관점의 본질적인 요소 가운데 하나라는 사실을 발견했다. 아모스서에서 주의 날은 역사적인 사건(암 5:18-20)과 종말론적인 사건(암 7:4, 8:8-9, 9:5)을 둘 다 가리킨다. 이사야는 바벨론에 대한 역사적인 보복의 날을 마치 종말론적인 주의 날처럼 묘사했고(사 13장), 스바냐는 주의 날(습 1:7, 14)을 익명의 원수의 손에 의해 일어날 역사적 재앙으로 묘사함과 동시에(습 1:10-12, 16, 17) 모든 피조물이 지면에서 모조리 사라질 세계적인 대변동으로 묘사했다(습 1:2, 3, 18). 이런 식으로 미래를 바라보는 방식은 "역사 속의 위기를 통해 종말론적인 사건들을 예고한다." 다시 말해, 역사 속

---

2) 8장 각주 1을 보라.

에서 이루어지는 하나님의 심판은 마지막 심판을 예시하고, 적그리스도의 계속적인 출현은 종말 직전에 있을 마귀의 마지막 결정적인 반항을 예고한다.[3]

나는 이 견해가 옳다고 생각한다. 이것은 1세기의 예언 성취와 마지막 종말의 예언 성취 가운데 어느 하나를 억지로 선택해야 할 필요가 없다는 것과[4] 예수님이 한 세대 안에 자신이 재림할 것이라고 잘

---

3) George Eldon Ladd, *A Theology of the New Testament* (Grand Rapids, MI: Eerd mans, 1974) 198-99; 인용부호 안의 문장은 C. E. B. Cranfield, *The Gospel according to St Mark: An Introduction and Commentary* (Cambridge, UK: Cambridge University Press, 1959), 404에서 가져옴.

4) 샘 스톰스는 마태복음 24장 4-31절이 '직접적이면서 일차적으로는' AD 70년까지의 사건들을 가리킨다고 주장하면서 다음과 같이 결론지었다.
"결론적으로, 내가 마태복음 24장 4-31절이 직접적이면서 일차적으로는 예루살렘의 멸망을 포함해 AD 70년까지의 사건들을 가리킨다고 주장했다고 해서 그것이 곧 간접적으로 종말의 사건들이 고려되었을 가능성까지 완전히 배제한다는 의미인 것은 결코 아니다. 종말에 있을 그리스도의 재림과 관련된 미래의 사건들이 AD 70년에 일어난 성전과 예루살렘의 멸망을 통해 예시되었을 가능성이 얼마든지 있다. 제임스 에드워즈는 '성전과 예루살렘의 멸망을 둘러싼 사건들은 종말 직전에 있을 마지막 신성 모독 행위의 예표이자 전조다.'라고 주장했다. [James R. Edwards, *The Gospel according to Mark* (Grand Rapids, MI: Eerd mans, 2002), 384].
다시 말해, AD 70년의 사건들은 어떤 식으로든 재림과 관련해서 세계적으로 일어날 일을 국지적인 방식으로 묘사한 의미를 내포하고 있을 수도 있다...따라서 나는 예루살렘과 성전의 멸망을 비롯해 AD33-70년에 일어났던 사건들이 역사의 종말과 파루시아와 관련된 세계적이고, 전체적인 사건들을 지역적이고, 부분적인 방식으로 예시하는 기능을 할 수 있다고 생각한다. 그런 점에서 AD33-70년은 (구체적인 것을 모두 보여주지는 않을지라도) 일종의 원리, 곧 우리가 AD 70년부터 파루시아에 이르는 기간을 해석할 때 참고할 수 있는 기본적인 틀을 제공하고 있다고 생각해도 좋을 듯하다." (Sam Storms, *Kingdom Come: The Amillennial Alternative* [Fearn, Rossshire, UK: Mentor, 2013], 279).
'가능성까지 완전히 배제한다는 의미인 것은 결코 아니다,' '가능성이 있다,' '있을 수도 있다.' '기능을 할 수도 있다,' '생각해도 좋을 듯하다'와 같은 문구들이 사용된 것에서 예수님의 말씀 가운데 언급된 미래의 일들을 어떻게 바라볼 것인지에 대한 불확실성이 면면히 드러나 있는 것을 알 수 있다. 그렇다면 "(이 1세기의 사건들이) 역사의 종말과 파루시아와 관

못 말씀하셨다고 말할 근거가 전혀 없다는 것을 의미한다.

이스라엘 모든 동네를 다 다니기 전에

셋째는 "이 동네에서 너희를 박해하거든 저 동네로 피하라 (왜냐하면) 내가 진실로 너희에게 이르노니 이스라엘의 모든 동네를 다 다니지 못하여서 인자가 오리라"(마 10:23)라는 예수님의 말씀이다.

마태복음 10장 23절은 예수님의 재림을 언급한 성경 본문 가운데 가장 난해한 본문에 해당한다. 과연 이 말씀이 제자들이 지리학적으로 이스라엘 백성이 주로 거주하는 지역에 복음을 다 전하기 전에 예수님이 재림하실 것이라는 의미일까? 언뜻 보면, 그런 의미인 것처럼 생각될 수밖에 없다.

그러나 이 문제는 그렇게 단순하지가 않다. 우선 한 가지 이유를 들면, 마태복음에서 '이스라엘'이라는 용어가 지리학적 지역을 가리키는 의미로 사용되지 않았다는 점이다. 이 용어는 "내 백성 이스라

련된 세계적이고, 전체적인 사건들을 지역적이고, 부분적인 방식으로 예시하는 기능을 할 수 있다."라는 샘 스톰스의 말을 어떻게 적용할 수 있을까? 만일 예수님이 종말을 가리키는 말을 의도하셨을 가능성이 있다고만 말한다면, 그분이 실제로 그런 의도를 지니셨는지 아닌지를 어떻게 확신할 수 있겠는가? 나의 견해와 스톰스의 견해는 두 가지 점에서 차이가 난다. 첫째, 그는 마태복음 24장 4-31절이 종말과 관련된 사건들을 예시할 가능성이 있다고만 말했지만, 나는 마태와 바울이 예수님의 가르침을 종말을 염두에 둔 가르침으로 이해했다고 확신할 수 있는 명확한 근거가 있다고 생각한다. 둘째, 스톰스는 마태복음 24장 4-31절에 언급된 1세기의 사건들이 실질적인 지진에 해당하고, 그로 인한 여진이 역사의 종말에 일어날 가능성이 있을 것처럼 말했지만, 나는 마태복음 24장 4-31절의 사건들 가운데서 재림을 둘러싸고 일어날 사건들이 실질적인 지진에 해당하고, 1세기의 사건들은 경고성 미진에 해당한다고 생각한다. 이렇게 말할 수 있는 근거는 예수님과 바울이 공통된 표현을 사용해 재림을 개념화했다는 사실에 있다. 바울은 주로 마태복음 24장 4-35절을 토대로 한 그런 개념화와 표현들이 단지 AD 70년만 아니라 종말을 가리키고 있다는 점을 분명하게 보여주었다. 이 책 16장을 참조하라.

엘"(2:6), "이스라엘 땅"(2:20), "이스라엘 집"(10:6), "이스라엘의 하나
님"(15:31), "이스라엘 열두 지파"(19:28), "이스라엘 자손"(27:9), "이스
라엘의 왕"(27:42)과 같은 식으로 모두 열두 차례 사용되었다. 그렇다
면 "이스라엘의 모든 동네(폴레이스 투 이스라엘)"는 이스라엘 백성이 거
주하는 지역에 있는 도시들을 가리킬까, 아니면 그보다 더 넓은 의미
를 지니고 있을까? 그것은 '이스라엘 민족의 도시들'을 가리킬까, 아
니면 '이스라엘 사람들이 거주하는 도시들'을 가리킬까? 예수님이 느
슨한 의미로, 또는 비유적인 의미로 온 세상에 흩어져 있는 이스라엘
사람들, 곧 인자가 올 때까지 복음을 전해 들어야 할 필요성이 있는
사람들을 염두에 두고 말씀하셨을 수도 있지 않을까?

또 다른 이유는 이 구절의 논리가 복음 전도의 대상이 되는 마을
들이 아닌 피난처가 되어줄 마을들을 가리킬 수도 있다는 점에 있다.
'왜냐하면'으로 시작하는 문장은 인자가 오기 전까지 항상 피할 수 있
는 또 다른 마을이 있을 것이라는 암시를 준다. "이 동네에서 너희를
박해하거든 저 동네로 피하라 (왜냐하면) 내가 진실로 너희에게 이르노
니 이스라엘의 모든 동네를 다 다니지 못하여서 인자가 오리라." 이것
이 헤르만 리델보스의 해석(제자들이 마지막 때까지 계속 박해를 받을 테지만
항상 그들이 피할 수 있는 곳이 있을 것이라는 견해)이다.[5]

또 하나의 이유는 마태복음 10장 23절이 속한 단락의 문맥이 열두
제자의 직접적인 전도사역을 넘어서서 온 세상에서 이루어질 미래의
사역을 가리키는 것으로 보인다는 래드의 견해에 있다. 예를 들어, 이

---

5) Herman Ridderbos, *The Coming of the Kingdom*, ed. Raymond O. Zorn, trans.
H. de Jongste (1950; repr., Philadelphia: Presbyterian & Reformed, 1962), 507-10.

구절의 바로 전 구절은 "너희가 내 이름으로 말미암아 모든 사람에게 미움을 받을 것이나 끝까지 견디는 자는 구원을 얻으리라"(10:22)라고 말씀한다. 래드는 "이 구절은 그저 이스라엘 백성을 위한 제자들의 사역이 인자가 올 때까지 계속될 것이라고 말씀한다. 이것은 하나님이 이스라엘 백성의 눈 멀음에도 불구하고 그들을 포기하지 않으실 것을 암시한다. 하나님의 새로운 백성들은 종말이 올 때까지 이스라엘 민족에게 관심을 기울여야 한다."라고 결론지었다.[6]

이밖에도 마태복음 10장 23절에 대한 또 다른 해석들이 존재한다.[7] 나는 이런 해석들 가운데 어느 것이 옳은지 확실하게 알 수 없다. 이런 상황에서 나의 지침이 될 만한 것은 크게 세 가지다. (1) 하나는 복음서가 증언하는 예수님이 신뢰할 수 있는 분이라는 확신이다. 나는 그분이 자기도 모르는 재림의 시기를 예고하지 않으셨다고 믿는다(마 24:36). (2) 다른 하나는 예언적인 언어가 종종 유연하고, 비유적인 성

---

6) Ladd, Theology of the New Testament, 200. 후크마의 결론도 비슷하다. 그는 "마태복음 10장 23절은 예수 그리스도의 교회가 이스라엘 민족에게 계속해서 관심을 기울여야 하고, 예수님이 다시 오실 때까지 그들에게 복음을 끝까지 전해야 할 것이라는 의미를 담고 있는 것으로 이해할 수 있다. 다시 말해, 이스라엘 민족은 파루시아가 있을 때까지 계속 존재하며, 복음 전도의 대상으로 남을 것이다."라고 말했다. Anthony A. Hoekema, *The Bible and the Future* (Grand Rapids, MI: Eerd mans, 1994), 119.

7) 예를 들어, 돈 카슨은 "여기에서 '인자의 강림'은 예루살렘과 성전의 멸망으로 절정에 이를 유대인들에 대한 심판을 가리킨다...이런 식으로 해석하면 23절에 언급된 '인자'에 관한 말은 종말론적인 범주에 속한다...그러나 그 종말론은 어느 정도 실현되었다. 이런 해석을 마태복음 16장 28절과 24장 31절에까지 일률적으로 적용하는 것 때문에 때로는 그 장점이 약화되기도 한다(프랜스의 〈예수〉 참조). 사실, 이 모든 본문이 AD 70년에 일어난 예루살렘의 멸망을 가리킨다는 견해를 인정할 수 없게 만드는 중요한 차이점들이 존재한다. 그런데도 그들은 '인자의 강림'이 마태복음에서 '하나님 나라의 도래'와 동일한 풍부한 의미론적 기능을 한다고 믿는다."라고 말했다. D. A. Carson, "Matthew," in *The Expositor's Bible Commentary: Matthew, Mark, Luke,* ed. F. E. Gaebelein (Grand Rapids, MI: Zondervan, 1984), 8:253.

격을 띠고 있다는 사실이다. (3) 마지막 하나는 불분명한 성경 본문이 우리를 당혹스럽게 할 때 좀 더 분명한 다른 성경 본문들이 길잡이가 될 수 있다는 것이다. 예를 들어, 이 경우에 나는 이스라엘 민족을 위한 미래가 있다고 믿으며, 그들이 현세에서 회심할 소망이 존재할 뿐 아니라(롬 11:15-32), '이스라엘의 모든 고을'에서 유대인들에게 복음을 전하라는 명령이 주어졌다고 믿는다.[8] 예수님은 "천지는 없어질지언정 내 말은 없어지지 아니하리라"(마 24:35)라고 말씀하셨다. 예수님이 자신의 미래 사역과 관련된 중요한 사실에 관해 실수를 저지르셨다고 생각하는 사람이 있다면, 실수를 저지른 장본인은 예수님이 아닌 바로 그 사람일 것이라고 나는 확신한다.

예수님의 재림은 한 세대 안에 일어나지 않는다

어떤 사람들은 지금까지 살펴본 세 곳의 성경 본문에 예수님이 재림과 말세의 일이 한 세대 안에 일어날 것으로 예고하셨다는 의미가 함축되어 있다고 생각하지만, 예수님이 한 세대 안에 자신이 다시 올 것이라고 가르치지 않으셨다는 것이 나의 결론이다. 따라서 다른 당혹스러운 문제들로 인해서는 혹시 예수님의 나타나심을 사모하는 마음이 흔들릴 수 있을지 몰라도 이 문제로는 그럴 필요가 없다. 그러나 누군가는 "신약성경이 거듭해서 예수님의 재림이 곧 있을 것처럼 가르치고 있지 않습니까?"라는 질문을 제기할 수도 있다. 다음 장에서는 이 물음에 대한 대답을 찾아볼 생각이다.

---

8) John Piper, "Five Reasons I Believe Romans 11:26 Means a Future Conversion for Israel," Desiring God, February 16, 2012, https:// www .desiring god .org/.

14.
예수님이 곧 오실 것이라는
신약성경의 가르침은 무슨 의미인가

신약성경은 여러 가지 방식으로 예수님의 재림이 '곧' 있을 것이라는 기대감을 드러냈다.

"주 안에서 항상 기뻐하라 내가 다시 말하노니 기뻐하라 너희 관용을 모든 사람에게 알게 하라 주께서 가까우시니라(엥구스)."(빌 4:4, 5).

"너희에게 인내가 필요함은 너희가 하나님의 뜻을 행한 후에 약속하신 것을 받기 위함이라 잠시 잠깐 후면(미크론 호손 호손) 오실 이가 오시리니 지체하지 아니하시리라"(히 10:36, 37).

"너희도 길이 참고 마음을 굳건하게 하라 주의 강림이 가까우니라 형제들아 서로 원망하지 말라 그리하여야 심판을 면하리라 보라 심판주가 문 밖에 서 계시니라(두론)"(약 5:8, 9).

"이와 같이 너희도 이 모든 것을 보거든 인자가 가까이 곧 문 앞에 이른 줄(두라이스) 알라"(마 24:33).

"만물의 마지막이 가까이(엥기켄) 왔으니 그러므로 너희는 정신을 차리고 근신하여 기도하라"(벧전 4:7).

"예수 그리스도의 계시라 이는 하나님이 그에게 주사 반드시 속히(엔 탁세이) 일어날 일들을 그의 종들에게 보이시려고…보라 내가 속히 (탁수) 오리니 이 두루마리의 예언의 말씀을 지키는 자는 복이 있으리라…이것들을 증언하신 이가 이르시되 내가 진실로 속히(탁수) 오리라 하시거늘 아멘 주 예수여 오시옵소서"(계 1:1, 20:7, 20).

여기에서 생각해봐야 할 문제는 "만일 예수님을 오류가 없이 대변하는 사람이 (예수님이 마태복음 24장 36절에서 말씀하신 대로) 주님이 재림하실 때를 알지 못한 채로 말했다면, 그가 말한 '속히'나 '가까이'나 '문 밖에'와 같은 표현들은 대체 어떤 의미일까?"라는 것이다. 예수님이 "그 날과 그 때"는 몰랐지만 그 달이나 해는 아셨다고 말한다면, 그 것은 마태복음 24장 36절의 요점을 간과한 것이다. 예수님이 '그 때' 를 모르신다고 말씀하신 이유는 우리가 그분의 강림을 얼마나 오랫동안 무시하며 지낼 수 있는지를 생각할 여지를 남겨두지 않기 위해서였다. "그 날과 그 때"를 알지 못한다는 것은 예수님 자신이나 우리가 그 시기를 예측할 수 없다는 것을 생생하게 묘사하기 위한 수사법에 해당한다.

따라서 "주 예수님을 증언하는 오류가 없는 대변자(사도)가 그 때를 알지 못하면서 예수님이 속히 오실 것이라거나 그분이 문 앞에 계신다거나 그분이 가까이 이르셨다거나 그분이 잠시 후면 오실 것이라고 말했다면 그 의미가 무엇이냐?"라는 물음을 곰곰이 생각해봐야 할 필요가 있다. 신약성경의 저자들은 무슨 의도로 예수님의 재림이 임박했다고 말했을까? 예수님이 가까이 이르셨다는 그들의 말은 과연 무슨 의미일까?

나는 이 질문에 대답하기 위해 성경의 가르침에 근거한 세 가지 문구('잠재적으로 가까운,' '전체적인 관점에서 볼 때 가까운,' '하나님의 관점에서 볼 때 가까운')를 제시하고, 하나씩 차례로 간단히 설명할 생각이다.

잠재적으로 가까운

첫째, 사도들은 예수님이 잠재적인 의미에서 가까이 이르셨다고 말했다.

예수님이 가까이 이르셨다는 것은 그분이 지체하신다는 우리의 생각이 어리석다는 의미를 지닌다. 사도들의 말은 "잘 알다시피, 우리는 주님이 오실 때를 정확히 예측할 수 없다. 왜냐하면 주님 자신도 그 때를 알지 못하신다고 하셨고(마 24:36), 우리에게 '때와 시기는 아버지께서 자기의 권한에 두셨으니 너희가 알 바 아니요'(행 1:7)라고 말씀하셨기 때문이다. 따라서 우리가 말한 '속히'라는 말이 우리가 예측할 수 없는 일을 가리키지 않을 것이라는 사실을 익히 짐작할 수 있을 것이다. 우리는 우리가 예측할 수 없는 것을 예측할 수 없다. 우리는 단지 재림이 잠재적으로 가깝다는 의미로 말할 뿐이다. 재림이 속히 있을 것이라는 희망을 그것이 지체할 것이라는 주제넘은 생각으로 대체하면 주님의 재림을 대비하지 못한 채 멸망할 수밖에 없을 것이다."라는 의미처럼 들린다.

'주제넘은 생각'이란 주님이 오실 때가 아직 멀었기 때문에 깨어 있는 마음으로 올바르게 사는 것을 등한시해도 느닷없이 재림을 맞이하게 될 위험은 없을 것이라는 근거 없는 추론을 가리킨다. 이런 주제넘은 생각에 사로잡히면, 깨어 있지 않은 마음으로 주님의 재림을 일평생 철저히 잊고 지내다가 결국 전혀 준비되지 않은 상태로 멀게만 생각했던 재림을 맞이하게 될 수밖에 없다.

마태복음 24장 45-51절에 기록된 예수님의 말씀을 살펴보면 '속히'라는 말이 무슨 의미인지를 분명하게 알 수 있다.

> "충성되고 지혜 있는 종이 되어 주인에게 그 집 사람들을 맡아 때를 따라 양식을 나눠 줄 자가 누구냐 주인이 올 때에 그 종이 이렇게 하는 것을 보면 그 종이 복이 있으리로다 내가 진실로 너희에게 이르노니 주인이 그의 모든 소유를 그에게 맡기리라 만일 그 악한 종이 마음에 생각하기를 주인이 더디 오리라 하여 동료들을 때리며 술친구들과 더불어 먹고 마시게 되면 생각하지 않은 날 알지 못하는 시각에 그 종의 주인이 이르러 엄히 때리고 외식하는 자가 받는 벌에 처하리니 거기서 슬피 울며 이를 갈리라."

이것은 주인이 지체할 것으로 생각해서는 안 된다는 경고다. 영적으로 깨어 있는 삶을 등한시해도 주님의 느닷없는 나타나심에 깜짝 놀랄 일이 없을 것이라는 생각을 절대로 해서는 안 된다. 오히려 항상 주님이 곧 오실 것이라고 기대하며 거기에 맞게 행동해야 한다. 예수님이 오실 때를 알지 못하면서 그분이 가까이 이르셨다고 말하는 것은 그분이 '잠재적으로 가까이' 이르셨다는 뜻이다. 이와 다른 생각은 어떤 생각이든 다 위험하다.

전체적인 관점에서 볼 때 가까운

둘째, 사도들은 예수님이 전체적인 관점에서 볼 때 가까이 이르셨다는 의미로 말했다.

예수님이 가까이 이르셨다는 것은 종말을 전체적으로 통합한 관점에서 볼 때 가깝다는 의미를 지닌다. 전체적인 관점에서 보면, '마지막,' 즉 '종말'은 이미 도래하였다. 전체적인 관점에서 보면, 마지막 때는 이미 시작되었다. 예수님과 사도들이 재림이 있을 때를 알지 못했다고 말하는 것은 하나님이 그들에게 보여주신 미래가 산들이 연속적으로 겹쳐져 마치 하나의 산처럼 보이는 것과 같다는 의미를 내포한다. 산들을 하나의 산처럼 바라보는 이런 망원경적인 관점은 종말을 전체적으로 통합한 관점을 가리킨다.

우리 가족은 테네시에 있는 집에서 시간을 보낸 적이 있다. 그 집의 현관은 북동쪽을 향하고 있다. 날이 맑은 저녁에 현관에서 바라보면 최소한 일곱 개의 산이 겹쳐 있는 것을 볼 수 있다. 그러나 날이 흐린 저녁에는 그것들이 마치 하나의 산처럼 보인다. 나는 이런 식으로 미래를 바라보는 것을 묘사할 때 래드의 '예언적 관점'이라는 표현을 사용한다.[1] 멀리 있는 현실과 가까운 현실이 하나로 보인다. 내가 '예언적으로 가까운'이 아닌 '전체적인 관점에서 가까운'이라는 표현을 사용하는 이유는 재림이 역사의 사건들 전체를 망원경적으로 축약해서 바라본 관점의 일부라는 개념을 우리의 기억 속에 더욱 선명하게 상기시켜 주기 때문이다.

---

1) 이 책 8장 각주 1을 참조하라.

우리는 말세에 살고 있다

이미 말한 대로, 말세는 메시아의 초림과 함께 시작되었다. "그는 창세 전부터 미리 알린 바 되신 이나 이 말세에 너희를 위하여 나타내신 바 되었으니 너희는…하나님을…믿는 자니"(벧전 1:20, 21). "이 모든 날 마지막에는 아들을 통하여 우리에게 말씀하셨으니"(히 1:2). "이제 자기를 단번에 제물로 드려 죄를 없이 하시려고 세상 끝에 나타나셨느니라"(히 9:26, 고전 10:11 참조).

여기에는 성육신에서부터 재림까지의 시간 전체를 사도들이 분간할 수 없었던 많은 산과 봉우리로 이루어진 하나의 거대한 산처럼 바라보았다는 의미가 함축되어 있다. 사도들은 상당히 많은 세부 내용을 알 수 있는 특권을 누렸지만, 전체적인 일정을 알기는 어려웠다. 그들은 마지막 때를 하나의 현실로 바라보았고, 그것을 전체적인 관점에서 가까이 이른 것으로 언급했다. 전체적인 관점에서 보면 마지막 때는 이미 가까이 이른 것과 같았다. 그 가까운 전체적인 현실 가운데는 파루시아, 곧 예수님의 재림도 포함되었다. 따라서 재림도 이미 시작된 전체의 일부로서 가까이 이른 것으로 묘사되었다. 크랜필드는 이 점에 대해 이렇게 말했다.

한편에는 성육신-십자가-부활-승천이 있고, 다른 한편에는 파루시아(재림)가 있지만, 이 둘이 인간에게 믿음과 회개의 기회를 주기 위한 하나님의 은혜로운 배려를 통해서만 따로 구분될 뿐, 본질상으로는 하나이고, 진정한 의미에서 하나의 사건, 곧 하나의 신적 행위일 뿐이라는 점을 깨닫는다면 이미 전자가 모두 일어났기 때문에 후자도 항상 임박한 상태에 있다는 것을 익히 짐작할 수 있을 것이다. 파루시아가 임박했다고 말하는 것은 예나 지금이나 항상 사실이다. 이것은 예수님이나 초대 교회의 당혹스러운 실수가 아니라 기독교 신앙의 본질적인 요소다. 그리스도의 성육신 이후로 사람들은 늘 말세를 살아왔다.[2]

지체되어도 지체되지 않는다

미래의 사건들을 전체적으로 생각하는 방식은 구약성경에서 기원했다. 선지자들은 자신들이 알 수 없는 시간의 간격을 두고 따로 분리된 사건들을 바라보았지만, 주님의 날이 가까웠다고 거듭해서 말했다. 그들은 전체적인 관점에서 말했다. 즉 그들은 가까운 것과 먼 것을 하나로 보았다.

"너희는 애곡할지어다 여호와의 날이 가까웠으니 전능자에게서 멸망이 임할 것임이로다"(사 13:6).

"사람이 많음이여, 심판의 골짜기에 사람이 많음이여, 심판의 골짜기에 여호와의 날이 가까움이로다"(욜 3:14).

"여호와께서 만국을 벌할 날이 가까웠나니 네가 행한 대로 너도 받을 것인즉 네가 행한 것이 네 머리로 돌아갈 것이라"(옵 1:15).

"여호와의 큰 날이 가깝도다 가깝고도 빠르도다"(습 1:14).

---

2) C. E. B. Cranfield, *The Gospel according to St. Mark* (Cambridge, UK: Cambridge University Press, 1959), 408.

주님의 날이 지체되었다는 이유로 이런 약속들이 부정확하다고 말하고 싶은 생각이 들 수도 있겠지만, 하박국 선지자의 말을 들어보면 그런 주제넘은 생각을 즉각 멈출 수밖에 없을 것이다. 하나님은 하박국 선지자를 통해 자신의 사역이 지체되는 것을 보고 지혜롭지 못하게 말하는 일이 없도록 주의를 환기하셨다.

"이 묵시는 정한 때가 있나니 그 종말이 속히 이르겠고 결코 거짓되지 아니하리라 비록 더딜지라도(더딘 듯해도) 기다리라 지체되지 않고 반드시 응하리라"(합 2:3).

이 말씀에서 주목할 만한 점 가운데 하나는 한쪽에서 보면 지체되는 듯 보이지만, 다른 한쪽에서 보면 전혀 지체되는 것이 아니라는 것이다. 히브리어 원문에는 '듯해도'라는 용어는 발견되지 않는다. 이 말씀을 좀 더 문자대로 번역하면 다음과 같다.

"이 묵시는 정해진 때를 위한 것이니 그 목표를 향해 속히 나아가겠고, 결코 헛되지 아니할 것이다. 비록 지체되더라도 기다리라. 지체되지 않고 반드시 이루어질 것이다."

지체될 수 있다. 하지만 지체되지 않을 것이다. 지체될 수 있지만 지체되지 않을 것이다. 사실, 이 묵시는 지체되더라도 목표를 향해 신속히 나아간다. 이런 역설적인 말이 지닌 의미는 무엇일까? 인간적인 견지에서 보면 하나님이 정하신 미래의 일이 더딘 것처럼 보일 수 있다. 그러나 하나님의 관점에서 보면, 모든 것이 시의적절하게 이루어질 것이기 때문에 (더딘 듯해도 실제로는) 신속하게 이루어지는 것이나 다름없다. 따라서 전혀 지체되지 않는다.

하나님이 말씀하신 미래의 일을 전체적인 관점에서 바라보았던 선지자들과 사도들은 자기들이 본 모든 것이 이미 '정해졌기' 때문에 신속히 이루어질 것이라고 확신했다. 인간의 견지에서 보면 더딘 것처럼 보이지만, 실상은 전혀 더디지 않다. 오히려 과거나 지금이나 항상 가깝다. 이것이 '전체적인 관점에서 가까운'의 의미다.

하나님의 관점에서 볼 때 가까운

셋째, 사도들은 예수님이 하나님의 관점에서 볼 때 가까이 이르셨다는 의미로 말했다.

하나님의 관점에서 보면, 예수님의 초림과 재림 사이의 시간적 간격은 매우 짧다. 베드로 사도는 많은 시간이 흘렀는데도 주님의 재림이 이루어지지 않은 사실을 비웃었던 당시의 냉소주의자들을 논박하면서 이런 의미의 '가까움'의 개념을 제시했다. 그는 이렇게 말했다.

> "먼저 이것을 알지니 말세에 조롱하는 자들이 와서 자기의 정욕을 따라 행하며 조롱하여 이르되 주께서 강림하신다는 약속이 어디 있느냐 조상들이 잔 후로부터 만물이 처음 창조될 때와 같이 그냥 있다 하니"(벧전 3:3, 4).

베드로는 냉소주의자들에게 역사가 그들이 생각하는 것과는 달리 정체된 상태로 머물러 있지 않다는 점을 상기시켜 주고 나서(창조와 홍수와 마지막 심판-벧후 3:5-7) 내가 '하나님의 관점에서 가까운'이라고 일컫는 개념을 뒷받침하는 근거를 제시했다.

> "사랑하는 자들아 주께는 하루가 천 년 같고 천 년이 하루 같다는 이
> 한 가지를 잊지 말라 주의 약속은 어떤 이들이 더디다고 생각하는 것
> 같이 더딘 것이 아니라 오직 주께서는 너희를 대하여 오래 참으사 아
> 무도 멸망하지 아니하고 다 회개하기에 이르기를 원하시느니라"(벧후
> 3:8, 9).

9절은 우리의 태도와 말을 지적한다. 이는 "하나님의 의도적인 지
체하심을 더디다고 생각하지 말라. 곧 올 것이라는 그분의 약속이 거
짓인 것처럼 하나님의 때를 비웃지 말라. 오히려 그분의 인내와 긍휼
의 약속이 완벽하게 진행되고 있는 것에 감사하라."라는 뜻이다(벧후
1:16 참조).[3]

베드로는 우리의 태도와 말을 옳게 인도하기 위해 "주께는 하루가
천 년 같고 천 년이 하루 같다"라는 말씀으로 '하나님의 관점에서 가
까운'이라는 개념을 제시했다. 냉소주의자들이 이 말씀의 의미를 충

---

3) "오직 주께서는 너희를 대하여 오래 참으사 아무도 멸망하지 아니하고 다 회개하기에 이르
기를 원하시느니라"(벧후 3:9)라는 말씀에서 '너희를 대하여'라는 문구는 신자들, 곧 '택하
심'을 받은 모든 신자를 가리킨다(벧후 1:10). 따라서 '아무도 멸망하지 아니하고'라는 말씀
에서 '아무'는 '주께서는 너희를 대하여 오래 참으사'라는 말씀에 언급된 '너희'에 포함된
다. 따라서 '아무도 멸망하지 아니하고'라는 말씀에서 '아무도'는 '너희 가운데 아무도,' 곧
'택하심을 받은 너희 가운데서 아무도'라는 뜻이다. 베드로의 말을 하나님이 모든 인류가
구원받기를 원하기 때문에 재림의 시기를 늦추신다는 의미로 이해하면, 그분이 지체할수록
세대가 거듭될 때마다 다수의 사람이 회개하지 않을 것이기 때문에 멸망할 사람들이 더 많
아진다는 문제가 발생한다. 하나님은 이런 사실을 모르지 않으신다. 따라서 베드로가 '모든
인류'를 염두에 두고 말했다면, 하나님이 인류 전체가 다 구원받기를 원해서 지체하신다는
의미가 되기 때문에 이 구절의 논리가 성립되기 어렵다.

분히 이해하려면 계산이 필요했을 것이다. 베드로가 예수님이 승천하신 후 30년이 지난 뒤에 베드로후서를 기록했다고 가정해 보자. 30년은 천 년의 3퍼센트에 해당한다. 천 년이 '하루'에 해당하니까 24시간 곱하기 0.03, 즉 예수님이 떠나신 지 0.72시간이 흐른 셈이 된다. 약 45분의 시간은 결코 오랜 지체가 아니다. 21세기의 관점에서 보더라도 불과 이틀이 지났을 뿐이다. 이틀도 결코 오랜 지체가 아니기는 마찬가지다.

간단히 말해, 베드로는 하나님과 시간의 관계라는 신비를 언급했다. 성경은 아인슈타인의 상대성 원리를 위한 입문서가 아니다. 성경은 시간과 공간의 과학적 관계를 탐구하지 않는다.[4] 더욱이 바울은 "하나님이 (감추어진 지혜를) 우리의 영광을 위하여 만세 전에 미리 정하셨다"라고 말했다(고전 2:7, 딤후 1:9, 딛 1:2). 다시 말해, 하나님은 '만세 전,' 곧 '시간이 있기 이전'에 존재하셨다. 베드로는 하나님과 시간의 신비로운 관계를 염두에 두면 그분의 예언들이 이루어지는 때를 비웃

---

4) 벤 위더링턴은 상대성 이론은 우리를 겸손하게 만들어 시간의 의미에 대한 우리의 빈약한 이해를 토대로 성경의 예언들을 판단하지 않도록 도와준다고 말했다. "많은 과학자가 '시간은 사실상 운동에 의해 늘어날 수도 있고, 줄어들 수도 있는 탄력성을 지니고 있다.'라고 지적한다. 그뿐만이 아니라 '시간은 지구의 중력이 약해진 공간에서는 더 빠르게 흘러가기까지 한다.' 간단히 말해, 시간과 공간과 중력은 상호 관계적이며, 상호 의존적이다...이런 사실 자체가 우리에게 신중한 태도를 요구한다. 시간의 경과나 시간의 계산에 관한 우리 자신의 인식은 예수님과 바울이 가르친 종말론적인 개념들의 타당성을 확실하게 판단할 수 있는 확고하고, 신빙성 있는 근거가 되기 어렵다...우주 개발과 결부된 상대성 이론을 통해 우리가 알게 된 지식은 시간과 공간과 중력이 상호 의존적이기 때문에 천국이나 영원도 시간의 문제와 관련해 지구에서의 경험과는 사뭇 다를 수밖에 없을 것이라고 암시한다. 따라서 성경 저자가 '주께는 하루가 천 년 같고 천 년이 하루 같다'(벧후 3:8)라고 말했을 때, 그가 자신이 이해하고 있던 것 이상의 말을 했다는 것이 사실로 판명될 수도 있다." Ben Witherington III, *Jesus, Paul and the End of the World: A Comparative Study in New Testament Eschatology* (Downers Grove, IL: InterVarsity Press, 1992), 233-34.

는 행위를 자제하게 될 것이라고 말했다. 예수님과 사도들은 재림의 시기를 알지 못하면서도 그것이 '가까이,' '문 앞에,' '곧' 임박했다고 말했다. 그런 말들은 하나님의 관점에서 보면 충분한 의미를 지닌다. 예수님은 하나님의 관점에서 볼 때 가까이 이르셨다.

최소한 세 가지 의미에서 주님의 나타나심은 가까이 이르렀다

결론적으로 말해, 예수님과 사도들이 우리에게 제공한 지침들을 고려하면 주님의 재림이 가까이, 곧, 문 앞에 이르렀다는 말을 결코 틀렸다고 말할 수 없을 것이다. 그들 가운데 예수님이 재림하실 시기를 아는 사람은 아무도 없었다는 점을 잊어서는 안 된다. 우리는 그 점을 늘 염두에 두고, 예수님의 재림이 더딜 것으로 생각하고 제멋대로 행동하는 태도의 위험성을 경고하신 예수님의 말씀에 주의를 기울여야 마땅하다(마 24:48, 눅 12:45). 재림은 잠재적인 의미에서 가깝다. 또한, 우리는 (그리스도의 초림과 재림이 포함된) '마지막 날'을 이미 시작되어 나타난 통합된 전체로 바라보았던 신구약 성경의 예언적 관점에도 주의를 기울여야 한다. 예수님은 전체적인 관점에서 볼 때 가까이 이르셨다. 하나님께는 천 년이 하루 같고, 하루가 천 년 같다는 베드로의 말도 진지하게 받아들여야 한다. 예수님은 하나님의 관점에서 볼 때 가까이 이르셨다.

지금까지 논의한 내용은 "재림의 가까움에 관한 이런 견해는 '예수님이 (사전 징후 없이) 아무 때나 오실 수 있느냐?'라는 문제와 관련해 어떤 의미를 지니는가?"라는 물음으로 자연스레 이어진다. 이것이 15장의 주제다.

15.
재림 이전에 휴거가 일어나는가

나는 15-17장에 걸쳐 "신약성경은 예수님이 (사전 징후 없이) 아무 때나 오실 수 있다고 가르치는가?"라는 물음에 대한 대답을 찾아볼 생각이다. 만일 내가 이 물음에 대해 '그렇지 않다'라고 대답한다면, 깨어 있으라는 성경의 모든 경고의 긴박성을 부인하는 것으로 오인할는지도 모른다. 예수님은 '주의하라,' '깨어 있으라'(블레페테, 아그루프네이테, 게레고레이테, 막 13:33, 35), '준비하고 있으라,' '조심하라'(기네스테 에토이모이, 프로스엑세테, 눅 12:40, 21:34)라고 당부하셨다. 그렇게 깨어 주의해야 할 이유 가운데 하나는 '그 날과 그 때를 알지 못하기' 때문이다(마 25:13). 예수님의 재림을 어떤 식으로 생각하든, 그런 당부의 말씀을 무의미한 것으로 만드는 견해는 의심할 여지가 충분하다.

그럼에도 불구하고 나는 "신약성경은 예수님이 아무 때나 오실 수 있다고 가르치는가?"라는 질문에 '그렇지 않다'라고 대답하는 것이 옳다고 생각한다. 그 이유는 신약성경이 예수님이 오시기 전에 일어날 사건들을 언급하고 있기 때문이다. 나는 그런 사건들이 무엇인지를 밝힘과 동시에 이 대답이 깨어 주의하며 예수님의 재림을 준비하라는 명령의 긴박성을 조금도 약화시키지 않는다는 것을 보여주고 싶다.

예수님의 재림이 몇 년 뒤에 있을 것이라고 확신할 수 있는 근거는 어디에도 없다. 따라서 깨어 있지 않고 영적 잠에 빠져드는 사람들은 도둑같이 갑작스레 이를 주님의 재림과 그로 인한 진노의 심판을 피할 수 없을 것이다.

나는 이런 견해를 다음 세 장에 걸쳐 세 단계로 나눠 살펴볼 예정이다.

첫째, 이번 장에서는 내가 두 단계로 나누어진 재림, 곧 '큰 환란'(마 24:21, 계 7:14)의 시기에 그리스도인들이 세상에서 하늘로 올라가고 그 후에 그리스도께서 불꽃 가운데 강림하실 것이라는 견해를 믿지 않는 이유를 설명할 것이다.

둘째, 16장에서는 내가 마태복음 24장에 예언된 사건들 대부분이 AD 70년에 이르는 기간에 국한되지 않고, 주님의 재림 직전에 절정에 달할 모든 역사적 사건을 해석하기에 적절한 단초를 제공한다고 생각하는 이유를 밝힐 것이다. 그 과정에서 재림에 관한 바울의 견해(데살로니가전후서)가 예수님의 견해(특히 마태복음 24장)와 동일하다는 점을 아울러 살펴볼 생각이다.

셋째, 그리고 나서 17장에서는 세 번째 단계로 옮겨가서 그리스도의 재림 직전에 일어날 사건들을 몇 가지 언급할 것이다.

휴거란 무엇인가

이번 장에서 다룰 문제는 "휴거(그리스도인들이 재림이 있기 전에 세상을 떠나는 것)가 있을 것인가? 또는, 두 단계로 나뉘는 재림이 아닌 단 한 번의 재림만 있을 것인가?"이다.

나의 대답은 재림 이전이 아닌 재림이 이루어질 때 '휴거'가 함께 일어난다는 것이다. 휴거(rapture)라는 용어는 〈불가타 성경〉에 사용된 라틴어 '라피오(*rapio*)'에서 유래했다. 이 용어는 미래 시제의 형태('라피에무르'-'우리가 끌어올려질 것이다')로 데살로니가전서 4장 17절에 사용되었다. 이것은 재림 때에 일어날 사건을 묘사한다. "그 후에 우리 살아남은 자들도 그들(죽은 자들)과 함께 구름 속으로 끌어 올려(라피에무르) 공중에서 주를 영접하게 하시리니 그리하여 우리가 항상 주와 함께 있으리라." 어떤 해석에 따르면, '끌어 올려 공중에서 주를 영접하는 것'이 주님이 재림해 자신의 왕국을 세우시기 이전에 세상에서 극심한 환란이 일어날 것이고, 그 기간에 그리스도인들은 세상을 떠나 있을 것을 가리킨다고 한다.

이 견해는 주님이 강림해 자신의 왕국을 세우시기 전에 세상에 '큰 환난'(마 24:21)의 시기가 있을 것이라고 말한다. 이 환난이 일어났을 때 세상에 있는 그리스도인들은 해를 면하게 될 것이다. 환난이 일어나기 전에 주님이 구름을 타고 와서 그들을 세상에서 하늘로 데려갔다가 환난이 끝나면 성도들과 함께 강림해 땅 위에 자신의 왕국을 세우실 것이다. 이 견해는 그리스도께서 환난 이전에 와서 그리스도인들을 데려가실 것이라고 주장하기 때문에 '환난 전 재림설'로 불린다.

나는 이 견해가 틀렸다고 생각한다. 그리스도께서는 단 한 차례 큰 능력으로 천사들과 함께 강림해 땅 위에 자신의 왕국을 세우실 것이다. 그분의 백성은 하늘로 끌려 올려 공중에서 그분을 영접하고, 함께 땅 위로 돌아올 것이다. 내가 이렇게 믿는 이유를 제시하기에 앞서 그리스도인들 사이에 이런 의견의 불일치가 존재하는 것을 올바른 태도로 받아들일 수 있도록 몇 마디 당부해두고 싶은 말이 있다.

의견의 일치는 얼마나 중요할까

첫째, 나는 과거에는 내가 지금 동의하지 않는 견해를 지지했다. 내게는 환난 전 재림설을 믿는 귀한 친구들과 가족들이 있다. 나는 이 자리를 빌려 의견이 일치하지 않는다는 이유로 다른 그리스도인과의 교제를 거부하고픈 생각이 조금도 없다는 점을 분명히 밝혀두고 싶다. 나는 목회자로 일할 때 교회와 함께 이 문제를 신조로 채택하지 않은 신앙 진술문을 만들었다. 우리 교회는 이 문제에 대한 획일적인 견해를 고집하지 않았다.

둘째, 지금 내가 지지하는 견해를 옹호하는 책들이 많다.[1] 이 책은 그런 성격을 띤 또 한 권의 책이 아니다. 나의 논증은 간결할 것이다. 따라서 다 해결하지 못한 문제들이 남을 수 있다. 그러나 나는 그래도 아무렇지도 않다. 왜냐하면 이 책의 주된 목적이 환난 전 재림설을 주장하는 사람들의 생각을 바꾸는 데 있지 않기 때문이다. 나의 주된 목적은 어떤 견해를 지지하느냐에 상관없이 모두가 그리스도의 나타나심을 사모하는 마음을 갖게 하는 데 있다.

내가 환난 전 재림설을 믿지 않는 여덟 가지 이유

내가 이런 일치되지 않은 견해를 다룰 수밖에 없는 이유는 신약성경이 예수님이 아무 때나 오실 수 있다고 가르치고 있다고 믿어야 할 것인지에 관한 문제의 대답을 찾아야 하기 때문이다. 환난 전 재림설

---

1) George Eldon Ladd, *The Blessed Hope: A Biblical Study of the Second Advent and Rapture* (Grand Rapids, MI: Eerd mans, 1990); Robert H. Gundry, *The Church and the Tribulation* (Grand Rapids, MI: Zondervan, 1973).

을 지지했던 과거의 논증 가운데 하나는 신약성경은 예수님이 아무 때나 오실 수 있다고 가르치지만, 주님의 재림을 두 단계로 나눠야만 재림이 아무 때나 이루어질 수 있다는 가르침이 유지될 수 있다는 것이었다. 이것은 주님이 큰 환난 이후에 오신다면 환난과 관련된 사건들이 아직 일어나지 않은 상태이기 때문이 그분의 재림이 아무 때나 이루어질 수 있다고 말할 수 없다는 논리였다. 재림이 환난 후라면 그런 사건들이 먼저 일어나야 한다. 따라서 내가 환난 전 재림설을 다루는 이유는 그것이 그리스도께서 아무 때나 재림하실 수 있다는 견해를 잘못 이해하고 있다는 것을 보여주기 위해서다. 물론, 이렇게 하는 목적은 주님의 재림에 관한 우리의 생각에 성경적인 명확성을 부여해 그분의 나타나심을 사모하는 마음을 방해하는 불필요한 요인들을 제거하려는 더 큰 목적을 이루기 위한 노력의 일환이다.

1) 우리는 어떻게 공중에서 주님을 영접하는가

환난 전 재림설은 데살로니가전서 4장 17절이 재림의 첫 번째 단계를 묘사하고 있다고 주장한다. 이 견해에 따르면, 예수님은 공중 재림 이후에 휴거된 교회와 함께 하늘로 다시 돌아가실 것이다. "그 후에 우리 살아남은 자들도 그들과 함께 구름 속으로 끌어 올려 공중에서 주를 영접하게(아판테신) 하시리니 그리하여 우리가 항상 주와 함께 있으리라."

'영접하게'로 번역된 헬라어는 신약성경의 다른 곳에서 두 차례 더 사용되었다. 이 용어는 그 두 곳에서 모두 사람들이 존귀한 사람을 맞으러 나가서 그와 함께 그들이 나갔던 장소로 다시 되돌아오는 상황을 가리키는 의미로 사용되었다. 누가는 사도행전 28장에서 로마의 그리스도인들이 로마 밖으로 나가 로마에 막 도착한 바울을 맞이해 로마 안으로 맞아들이는 상황을 묘사했다.

> "그곳 형제들이 우리 소식을 듣고 압비오 광장과 트레이스 타베르네까지 맞으러(아판테신) 오니 바울이 그들을 보고 하나님께 감사하고 담대한 마음을 얻으니라 우리가 로마에 들어가니 바울에게는 자기를 지키는 한 군인과 함께 따로 있게 허락하더라"(28:15, 16).

마태복음 25장 6절은 재림의 상황을 묘사한다. 슬기로운 다섯 처녀는 돌아오는 신랑을 맞으러 나가서 그와 함께 혼인 잔치에 들어갔다.

> "밤중에 소리가 나되 보라 신랑이로다 맞으러(아판테신) 나오라 하매… 그들(어리석은 처녀들)이 사러 간 사이에 신랑이 오므로 준비하였던 자들은 함께 혼인 잔치에 들어가고 문은 닫힌지라"(마 25:6, 10).

이런 사실로 미루어볼 때, 데살로니가전서 4장 17절이 묘사하는 상황이 신자들이 공중에서 주님을 맞이해 함께 땅 위에 있는 그분의 왕국으로 돌아오는 상황을 가리키는 것이 분명해 보인다. 이 용어에는 그리스도와 함께 세상을 떠난다는 개념이 전혀 담겨 있지 않다.

2) 구원과 형벌이 같은 날에 동시에 이루어진다

데살로니가후서 1장 5-8절의 표현 방식을 주의 깊게 살펴보면, 바울이 살아서 주님의 재림을 맞이할 경우, 하나의 사건(곧 예수님이 능력의 천사들과 함께 불꽃 가운데에 나타나시는 것)을 통해 고난으로부터의 구원과 불신자들의 형벌이 동시에 이루어질 것을 기대했다는 것을 알 수 있다.

> "이는 하나님의 공의로운 심판의 표요 너희로 하여금 하나님의 나라에 합당한 자로 여김을 받게 하려 함이니 그 나라를 위하여 너희가 또한 고난을 받느니라 너희로 환난을 받게 하는 자들에게는 환난으로 갚으시고 환난을 받는 너희에게는 우리와 함께 안식으로 갚으시는 것이 하나님의 공의시니 주 예수께서 자기의 능력의 천사들과 함께 하늘로부터 불꽃 가운데에 나타나실 때에 하나님을 모르는 자들과 우리 주 예수의 복음에 복종하지 않는 자들에게 형벌을 내리시리니."

주 예수님이 하늘로부터 나타나실 때(살후 1:7) 신자들의 구원과 불신자들의 형벌이 동시에 이루어지기 때문에 이것은 환난 전 휴거와는 아무런 상관이 없다. 이는 바울이 자신과 다른 신자들이 그리스도께서 불꽃 가운데서 영광스럽게 나타나기 전에 7년 동안 안식을 누리게 될 사건을 기대하지 않았다는 뜻이다. 박해받는 교회를 위한 안식과 불신자들에 대한 형벌은 같은 날, 같은 사건(즉 하나의 재림)을 통해 이루어진다.[2]

---

2) 심판과 구원이 동시에 이루어질 것이라는 사실은 (1) 두 사건이 "주 예수께서 자기의 능력의 천사들과 함께 하늘로부터...나타나실 때(엔 테 아포칼륍세이 투 쿠리우 예수 아프 우라누 메트 앙겔론 여나메오스 아우투, 살후 1:7 참조)" 일어나고, (2) 또, "그 날에 그가 강림하사 그의 성도들에게서 영광을 받으실(호탄 엘데 엔톡사스테나이 엔 토이스 하기오이스 아우투, 살후 1:10)" 것이라는 바울의 말을 통해 분명하게 드러난다.

3) 주님의 날에 신자들이 그분 앞에 함께 모일 것이다

이와 비슷하게 데살로니가후서 2장 1, 2절의 표현 방식도 신자들이 공중에서 주님 앞에 모이는 일이 예수님이 신자들을 구원하고, 불신자들을 심판하실 '주의 날'에 이루어질 것이라고 암시한다.

"형제들아 우리가 너희에게 구하는 것은 우리 주 예수 그리스도의 강림하심과 우리가 그 앞에 모임에 관하여 영으로나 또는 말로나 또는 우리에게서 받았다 하는 편지로나 주의 날이 이르렀다고 해서 쉽게 마음이 흔들리거나 두려워하거나 하지 말아야 한다는 것이라."

'그 앞에 모이는 것'과 '주의 날'을 구분하는 것은 온당하지 않다. 문맥의 흐름을 보면 이 두 사건을 하나로 다루는 것을 분명하게 알 수 있다. 주님 앞에 모이는 것은 데살로니가 4장 17절("그 후에 우리 살아남은 자들도 그들과 함께 구름 속으로 끌어 올려 공중에서 주를 영접하게 하시리니 그리하여 우리가 항상 주와 함께 있으리라")과 연결시켜 해석하는 것이 가장 자연스럽다. 데살로니가 4장 17절의 사건과 데살로니가후서 2장 1절의 '그 앞에 모이는 것'은 동일한 사건이다. 둘 다 '주의 날'에 일어나는 사건을 가리킨다(살후 2:2).

아울러, '주의 날'도 바울이 다음 구절에서 언급한 '날'과 연결시켜 해석하는 것이 가장 자연스럽다. '그 날'(살후 2:3), 곧 '불법의 사람이 나타난'(2:3) 후에 "주 예수께서 그 입의 기운으로 그를 죽이시고 강림하여 나타나심으로 폐하실 것이다"(2:8). 따라서 주님 앞에 모이는 것과 하나님의 원수들을 심판하는 것은 동일한 사건이다. 휴거는 그리스도께서 큰 능력으로 나타나시기 7년 전에 일어나지 않는다. 그것은 똑같은 사건의 한 부분이다.

4) 바울은 환난 후 재림설을 말하는 것처럼 주장했다

만일 바울이 환난 전 재림설을 주장했다면, 데살로니가후서 2장 3절에서 그리스도인들이 아직 모두 세상에 있으니 주님의 날이 이미 이르렀다고 걱정할 필요가 없다는 식으로 간단하게 말했을 것이다(신자들은 당시에 아직 휴거되지 않은 상태였다). 그러나 그는 그렇게 말하지 않고, 환난 후 재림설을 말하는 것처럼 말했다.

> "형제들아 우리가 너희에게 구하는 것은 우리 주 예수 그리스도의 강림하심과 우리가 그 앞에 모임에 관하여 영으로나 또는 말로나 또는 우리에게서 받았다 하는 편지로나 주의 날이 이르렀다고 해서 쉽게 마음이 흔들리거나 두려워하거나 하지 말아야 한다는 것이라 누가 어떻게 하여도 너희가 미혹되지 말라 먼저 배교하는 일이 있고 저 불법의 사람 곧 멸망의 아들이 나타나기 전에는 그 날이 이르지 아니하리니"(살후 2:1-3).

바울은 배교가 아직 일어나지 않았고, 불법의 사람도 아직 나타나지 않았기 때문에 주의 날이 이르렀다고 생각해서는 안 된다고 말했다. 바꾸어 말해, 그는 주님이 강림하시기 전에 반드시 일어날 두 가지 사건을 언급했다. 이 두 가지 사건 이후에 신자들이 주님 앞에 모이는 것, 곧 '휴거'(살전 4:17)가 이루어진다.

5) 예수님은 미래의 제자들이 환난을 당할 것이라고 말씀하셨다

16장에서 살펴볼 테지만, 마태복음 24장이나 마가복음 13장이나 누가복음 21장은 1세기의 사건들에만 국한되지 않는다. 예수님은 이 성경 본문들을 통해 자신의 재림으로 정점에 달할 말세의 일들을 묘사하셨다. 예수님의 말씀 안에서 신자들이 말세의 사건들을 겪지 않고 휴거될 것이라는 내용은 전혀 발견되지 않는다. 오히려 예수님은 마치 당시의 제자들과 후대의 신자들이 자신이 언급한 사건들을 경험할 것처럼 말씀하셨다(마 24:4, 9, 15, 23, 26, 33 참조).

6) 그리스도인들은 진노가 아닌 연단의 차원에서 환난을 겪을 것이다.

환난 전 재림설은 그리스도인들이 큰 환난을 겪도록 허락하는 것은 하나님의 의도와 충돌하며, 환난은 하나님의 진노로 인한 결과라고 주장한다. 그러나 "우리가 하나님의 나라에 들어가려면 많은 환난을 겪어야 할 것이라"(행 14:22)라는 관점이 신약성경의 일관된 가르침이다. 환난은 하나님에게서 비롯하고, 신자들은 징벌이 아닌 연단의 차원에서 그것을 겪는다. 베드로는 이렇게 말했다.

"사랑하는 자들아 너희를 연단하려고 오는 불 시험을 이상한 일 당하는 것 같이 이상히 여기지 말고…하나님의 집에서 심판을 시작할 때가 되었나니 만일 우리에게 먼저 하면 하나님의 복음을 순종하지 아니하는 자들의 그 마지막은 어떠하며 또 의인이 겨우 구원을 받으면 경건하지 아니한 자와 죄인은 어디에 서리요 그러므로 하나님의 뜻대로 고난을 받는 자들은 또한 선을 행하는 가운데에 그 영혼을 미쁘신 창조주께 의탁할지어다"(벧전 4:12, 17-19).

신자들은 일반적인 환난은 물론, 가장 극심한 환난도 피하지 못할 것이다. 환난은 하나님이 작정하신 것이지만 그들은 그것을 면제받지 못한다.

베드로는 이미 자신의 서신서 첫 장에서 신자들이 불 시험(페이라스몬-벧전 4:13)을 당할 것이라고 말한 바 있다.

"그러므로 너희가 이제 여러 가지 시험으로 말미암아 잠깐 근심하게 되지 않을 수 없으나 오히려 크게 기뻐하는도다 너희 믿음의 확실함은 불로 연단하여도 없어질 금보다 더 귀하여 예수 그리스도께서 나타나실 때에 칭찬과 영광과 존귀를 얻게 할 것이니라"(벧전 1:6, 7).

신자들은 징벌이 아닌 금을 정제하는 것과 같은 연단의 차원에서 불 시험을 경험한다. '큰 환난'(마 24:21, 계 7:14)은 하나님의 진노로 인한 심판에 해당하기 때문에 그리스도인들은 그것을 겪지 않을 것이라는 주장은 하나님이 환난을 통해 이루고자 하시는 목적, 곧 불신자들의 징벌과 신자들의 연단을 옳게 구별하지 못한다.

7) '시련의 때를 면하게 하실 것'이라는 말씀의 의미는 무엇인가

환난 전 재림설을 뒷받침하는 성경 구절로 인용되는 구절 가운데 하나는 요한계시록 3장 10절("네가 나의 인내의 말씀을 지켰은즉 내가 또한 너를 지켜 시험의 때를 면하게 하리니 이는 장차 온 세상에 임하여 땅에 거하는 자들을 시험할 때라")이다. 과연 "시험의 때를 면하게 하리니"라는 말씀이 그리스도인들이 환난 전에 휴거될 것이라는 의미일까?

이 말씀은 다음과 같이 자연스럽게 해석할 수 있다. 즉 '시련의 때를 면하게 한다는 것'은 그런 상황을 겪지 않게 될 것이라는 의미가 아니라 그것을 충실하게 감내함으로써 고난 속에서 보전함을 받는다는 의미일 수 있다. 갈라디아서 1장 3-5절과 비교해 보라.

> "우리 하나님 아버지와 주 예수 그리스도로부터 은혜와 평강이 있기를 원하노라 그리스도께서 하나님 곧 우리 아버지의 뜻을 따라 이 악한 세대에서 우리를 건지시려고 우리 죄를 대속하기 위하여 자기 몸을 주셨으니 영광이 그에게 세세토록 있을지어다 아멘."

"악한 세대에서…건지시려고"는 우리를 세상에서 데려간다는 의미가 아니라 그 안에서 우리의 믿음이 보전될 것이라는 의미다. 예수님은 요한복음 17장 15절에서 "내가 비옵는 것은 그들을 세상에서 데려가시기를 위함이 아니요 다만 악에 빠지지 않게 보전하시기를 위함이니이다"라고 기도하셨다. '악에 빠지지 않게 한다는 것'은 세상을 떠나거나 사탄의 영향력에서 벗어난다는 뜻이 아니다. 이 말은 우리가 세상에 있는 동안 사탄의 파괴적인 세력으로부터 보호받게 될 것이라는 뜻이다.

심지어 요한계시록에서도 하나님이 말세에 자기 백성 가운데 일부가 순교를 당하도록 허락하실 것이라는 내용이 발견된다. "각각 그들에게 흰 두루마기를 주시며 이르시되 아직 잠시 동안 쉬되 그들의 동무 종들과 형제들도 자기처럼 죽임을 당하여 그 수가 차기까지 하라 하시더라"(계 6:11). 이처럼 요한계시록 3장 10절의 말씀은 말세에 신자들이 환난을 겪는 세상을 떠날 것이라는 의미가 아니라 그들의 믿음을 파괴하려는 세력으로부터 보전될 것이라는 의미를 지닌다.

8) 환난 후 재림설도 깨어 있어야 할 필요성을 똑같이 요구한다

환난 전 재림설은 예기치 않은 순간에 그리스도께서 오실 것이기 때문에 항상 도덕적, 영적 순결을 유지해야 한다고 강조한다. 18장에서 살펴볼 테지만, 이 온당한 관심사가 내가 옹호할 재림설에서도 똑같이 유지된다. 환난 후 재림설도 늘 깨어 있는 태도로 주의해야 할 필요성을 똑같이 강조한다. 그러나 요한일서 3장 2-3절("우리가 지금은 하나님의 자녀라 장래에 어떻게 될지는 아직 나타나지 아니하였으니 그가 나타나시면 우리가 그와 같을 줄을 아는 것은 그의 참모습 그대로 볼 것이기 때문이니 주를 향하여 이 소망을 가진 자마다 그의 깨끗하심과 같이 자기를 깨끗하게 하느니라")을 통해 알 수 있는 대로, 이 재림설은 주님의 나타나심을 사모하는 마음에서 비롯하는 정화의 효과에 중점을 둔다.

그리스도의 재림은 하나다

이 여덟 가지 논증은 그리스도의 재림이 하나라는 것을 분명히 보여준다. 그리스도인들을 세상에서 구원하기 위해 환난 전에 이루어지는 재림은 존재하지 않는다. 재림은 그리스도인들이 부활할 때 단 한 차례 이루어지며, 그때 신자들의 구원과 불신자들의 징벌이 동시에 이루어진다.[3]

따라서 환난 전 재림설은 신약성경이 예수님의 재림이 아무 때나 이루어질 수 있다고 가르친다는 견해를 옹호하는 효과적인 논거가 될 수 없다. 이제 "신약성경이 무엇을 가르치는가?"라는 물음에 대한 성경적인 대답을 계속해서 찾아보기 위해 세 단계의 논증 가운데 두 번

---

3) 8장을 보라.

째 단계를 살펴보기로 하자.

다음 장에서는 재림에 관한 바울의 견해와 예수님의 견해(특히 마태복음 24장)가 똑같다는 것을 살펴볼 생각이다. 이것은 세 번째 단계(17장), 즉 "그리스도께서 오시기 전에 일어날 사건들은 무엇인가?"라는 문제와 관련해 매우 중요한 의미를 내포하고 있다.

16.
재림에 관한 예수님과 바울의
공통된 견해

신약성경이 그리스도의 재림이 아무 때나 이루어질 수 있다고 가르치지 않는다는 입장을 옹호하기 위한 나의 두 번째 논증의 초점은 마태복음 24장에 예언된 사건들이 AD 70년에 이르는 사건들에만 국한되지 않고, 주님의 재림 직전에 최고조에 달할 인류의 모든 역사를 해석하는 적절한 틀을 제공한다는 것을 보여주는 데 있다. 이 과정에서 재림에 관한 바울의 견해(데살로니가전후서)가 예수님의 견해(마태복음 24장)와 똑같다는 사실이 드러날 것이다. 이 사실을 알면, 세 번째 단계(17장), 즉 "그리스도께서 오시기 전에 무슨 사건들이 일어날 것인가?"라는 물음으로 자연스럽게 넘어갈 수 있다.

데살로니가전후서가 증언하는 하나의 재림

첫째, 바울은 데살로니가전후서에서 오직 하나의 재림만을 염두에 두었다는 것을 이해해야 할 필요가 있다. 환난 이전에 그리스도의 재림이 있고, 그로부터 칠 년 뒤에 또 다른 재림이 있다는 견해와 관련된 문제들은 앞장에서 다루었기 때문에 여기에서는 언급할 생각이 없다. 이번 장에서는 데살로니가전후에 언급된 그리스도의 재림이 하나의 동일한 사건을 가리킨다는 사실을 다루는 데 초점을 맞출 생각이다(살전 2:19, 3:13, 4:13-18, 5:1-11, 23, 살후 1:5-10, 2:1-12). 이 사실은 예수님과 바울의 가르침을 연관시켜 생각할 때 매우 중요한 의미를 지닌다. 예수님과 바울이 말세를 비슷한 방식으로 묘사했다는 것을 보여준다면, 마태복음 24장과 데살로니가전후서가 둘 다 "신약성경이 주님이 재림하기 전에 일어날 사건들이 있다고 가르치는가?"라는 문제에 대한 일치된 답변을 제시한다는 것을 알 수 있을 것이다.

바울이 데살로니가전후서에서 그리스도의 재림이라는 하나의 동일한 사건을 염두에 두었다는 것을 보여주는 세 가지 증거가 있다.

1. 바울은 재림을 의미하는 중요한 헬라어(파루시아)를 데살로니가전서 2장 19절, 3장 13절, 4장 15절, 5장 23절, 데살로니가후서 2장 1, 8절에서 사용했다. 그는 다른 용어들을 사용해 다른 재림을 언급하지 않았다. 그가 이 용어를 이런 다양한 구절에서 사용한 이유는 하나의 재림을 다루고 있었기 때문이다.

2. 바울은 데살로니가전서 5장 2절에서 '주의 날'이라는 표현을 사용해 한밤중에 도둑같이 임할 날을 가리켰다. 신자들은 세상에서 이 '주의 날'을 기다리며 '깨어'(그레고로멘, 살전 5:6) 있을 것이기 때문에 그 날이 그들에게는 파괴적인 결과를 가져다주지 못할 것이다. "너희는 어둠에 있지 아니하매 그 날이 도둑같이 너희에게 임하지 못하리니 너희는 다 빛의 아들이요 낮의 아들이라"(살전 5:4, 5). '주의 날'(살후 2:2)이라는 똑같은 문구가 불법의 사람이 나타났다가 주 예수님에 의해 죽임을 당하게 될 '날'을 가

리키는 데 똑같이 사용되었다(살후 2:3, 8). 따라서 데살로니가전서 5장의 '주의 강림하심'과 데살로니가후서 2장의 '강림하심'은 같은 사건을 가리킨다.

3. 데살로니가후서 1장 5-10절에 언급된 '그리스도의 강림하심'은 "능력의 천사들과 함께…불꽃 가운데서 나타나 하나님을 모르는 자들에게…형벌을 내리시는" 날을 가리킨다(살후 1:7, 8). 그리스도께서 환난 이전에 재림할 것이라고 믿는 사람들은 데살로니가후서 1장 5-10절에 언급된 재림이 데살로니가전서 4장 13-18절에 언급된 재림(예수님이 그런 불 심판 이전에 살아 있는 신자들과 죽은 신자들 모두를 구원하실 날)과 다르다고 주장할 것이 틀림없다. 그러나 데살로니가후서 1장 6, 7절에 언급된 '강림하심'은 그리스도께서 재림하실 때 여전히 세상에 있을 신자들에게 구원을 베푸시는 날로 묘사되었다. "너희로 환난을 받게 하는 자들에게는 환난으로 갚으시고 환난을 받는 너희에게는 우리와 함께 안식으로 갚으시는 것이 하나님의 공의시니 주 예수께서 자기의 능력의 천사들과 함께 하늘로부터 불 가운데에 나타나실 때에." 이런 사실은 데살로니가전서 4장 13-18절에 언급된 '그리스도의 강림하심'과 데살로니가후서 2장 5-10절에 언급된 '강림하심'이 동일한 사건을 가리킨다는 것을 의미한다.

내가 재림에 관한 바울의 관점과 예수님의 관점의 동일성에 대해 살려볼 때, 나는 데살로니가전후서에 나오는 바울의 통일된 개념을 말하고 있는 것이다.

예수님의 가르침을 통해 형성된 바울의 개념

예수님과 바울이 재림을 묘사한 내용은 놀라울 정도로 유사한 점이 많다. 그 유사점의 개수는 헤아리는 방식에 따라 달라질 테지만, 내가 볼 때는 최소한 열네 가지다. 따라서 바울이 묘사한 종말의 사건들이 예수님이 묘사한 사건들과 동일하다고 결론지을 수밖에 없다.

예수님의 가르침이 어떻게 바울에게 전해졌는지는 불확실하다. 단지 "그 후 삼 년 만에 내가 게바를 방문하려고 예루살렘에 올라가서 그와 함께 십오 일을 머무는 동안"(갈 1:18)이라는 말씀을 통해 바울이 회심한 후에 베드로와 함께 예루살렘에 두 주 동안 머물렀다는 사실을 알 수 있을 뿐이다. 물론, 바울이 베드로와 함께 머물렀던 것은 이때만이 아니었다. 갈라디아서 2장 1-10절을 살펴보면, 바울이 예루살렘을 한 차례 더 방문해서 베드로와 사도들과 친교의 악수를 나눴다는 것을 알 수 있다(갈 2:9, 행 15:3 참조). 아울러, 베드로도 안디옥을 최소한 한 차례 방문해 그곳에 있던 바울을 만난 적이 있었다(갈 2:11).

이런 사실은 바울이 목격자들의 증언을 통해 예수님이 자신의 재림을 묘사하신 내용을 전해 듣고, 또 당시에 교회들 안에 유포된 단편적인 기록물이나 다른 구전을 접할 기회가 있었다는 것을 의미한다.

예수님과 바울이 재림을 묘사한 방식의 유사점 열네 가지를 하나씩 열거하면 다음과 같다.

1) 파루시아

예수님과 바울 모두 재림을 일컬을 때 '파루시아'라는 특징적인 용어를 사용했다.

바울은 데살로니가전후서에서 '파루시아'라는 용어를 여섯 차례 사용해 그리스도의 강림하심을 일컬었고(살전 2:19, 3:13, 4:15, 5:23, 살후 2:1, 8), 예수님은 마태복음 24장에서 이 용어를 세 차례 사용하셨다(이 용어는 "주의 임하심과 세상 끝에는 무슨 징조가 있사오리이까"라는 제자들의 질문에서 한 차례 더 사용되었다-마 24:3).

- "번개가 동편에서 나서 서편까지 번쩍임 같이 인자의 임함(파루시아)도 그러하리라"(24:27).
- "노아의 때와 같이 인자의 임함(파루시아)도 그러하리라"(마 24:37).
- "홍수가 나서 그들을 다 멸하기까지 깨닫지 못하였으니 인자의 임함(파루시아)도 이와 같으리라"(24:39).

2) 주님 앞에 모임

바울은 예수님이 재림 때 하나님의 백성들이 모이는 것을 묘사할 때 사용하신 용어와 똑같은 용어를 사용했다. 바울은 명사형을 사용했고, 예수님은 동사형을 사용하셨다.

"형제들아 우리가 너희에게 구하는 것은 우리 주 예수 그리스도의 강림하심과 우리가 그 앞에 모임(에피수나고게스)에 관하여 영으로나 또는 말로나 또는 우리에게서 받았다 하는 편지로나 주의 날이 이르렀다고 해서 쉽게 마음이 흔들리거나 두려워하거나 하지 말아야 한다는 것이라"(살후 2:1, 2).

"그가 큰 나팔 소리와 함께 천사들을 보내리니 그들이 그의 택하신 자들을 하늘 이 끝에서 저 끝까지 사방에서 모으리라(에피수낙수신)"(마

24:31).

바울이 자신의 서신서에서 이 용어를 사용한 곳은 데살로니가후서 2장 1절뿐이다. 그는 이 용어를 재림을 가리키는 의미로 사용했다. 마태복음에서는 이 용어가 다른 곳에 한 번 더 사용되었다. 예수님은 그곳에서 암탉이 새끼들을 모음 같이 자기 백성을 모으기를 간절히 바랐던 심정을 토로하셨다(마 23:37).

3) 놀라지 말라

신약성경에서 '두려워하다(드로에이스다이)'라는 용어를 사용한 사람은 예수님과 바울뿐이다. 둘 다 재림의 징조들로 인해 놀라게 될 위험을 가리키는 의미로 이 용어를 사용했다.

> "형제들아 우리가 너희에게 구하는 것은 우리 주 예수 그리스도의 강림하심과 우리가 그 앞에 모임에 관하여 영으로나 또는 말로나 또는 우리에게서 받았다 하는 편지로나 주의 날이 이르렀다고 해서 쉽게 마음이 흔들리거나 두려워하거나 하지 말아야(메데 드로에이스다이) 한다는 것이라"(살후 2:1, 2).

> "많은 사람이 내 이름으로 와서 이르되 나는 그리스도라 하여 많은 사람을 미혹하리라 난리와 난리 소문을 듣겠으나 저희는 삼가 두려워하지 말라(메 드로에이스데) 이런 일이 있어야 하되 아직 끝은 아니니라"(마 24:5, 6, 막 13:7).

이 점은 주목할 만하다. 오직 예수님과 바울만 이 용어를 사용했을 뿐 아니라 재림의 징조들을 지나치게 두려워하지 말라는 의미로 말했다. 이런 사실은 만일 용어를 그대로 빌려 쓴 것이 아니더라도 최소한 개념적으로 서로의 생각이 일치했다는 명백한 증거가 아닐 수 없다.

4) 분명하게 확인할 수 있는 대규모의 배교

같은 표현을 사용하지는 않았지만, 예수님과 바울 모두 말세에 그리스도인을 자처했던 사람들이 대규모로 믿음을 저버리는 현상이 일어날 것이라고 말했다.

> "누가 어떻게 하여도 너희가 미혹되지 말라 먼저 배교하는(아포스타시아) 일이 있고"(살후 2:3).

> "너희가 사람의 미혹을 받지(플라네세) 않도록 주의하라 많은 사람이 내 이름으로 와서 이르되 나는 그리스도라 하여 많은 사람을 미혹하리라(플라네수신)…그 때에 많은 사람이 실족하게 되어(스칸달리스데손타이) 서로 잡아 주고 서로 미워하겠으며 거짓 선지자가 많이 일어나 많은 사람을 미혹하겠으며(플라네수신)…거짓 그리스도들과 거짓 선지자들이 일어나 큰 표적과 기사를 보여 할 수만 있으면 택하신 자들도 미혹하리라(플라네사이)"(마 24:4-5, 10-11, 24).

예수님은 마태복음 24장에서 그 어떤 경고보다 미혹을 받아 믿음을 저버려서는 안 된다는 경고를 더 많이 하셨다. 배교의 위험, 곧 미혹을 받아 실족하게 되는 위험이 택하신 자들까지 위협할 정도로 절정에 달할 것이다(마 24:24). 예수님은 22절에서 "그러나 택하신 자들을 위하여 그 날들을 감하시리라"라고 말씀하셨다.

바울은 데살로니가후서 2장 3절에서만 '아포스타시아'라는 용어를 사용했다. 이 용어는 표준 헬라어 사전에 '기존의 체계나 권위를 거부하는 것, 반역, 믿음의 포기나 파기'로 정의되어 있다.[1] "먼저 배교하는 일(믿음의 포기나 파기)이 있고…전에는 그 날이 이르지 아니하리니"(살후 2:3). 만일 "미래에 그리스도인들이 대규모로 '믿음을 포기하는 현상'이 나타나리라는 것을 바울이 어떻게 알았을까?"라고 묻는다면, "진리의 성령이 오시면…장래 일을 너희(사도들)에게 알리시리라"(요 16:13)라는 예수님이 말씀대로 성령의 영감을 받았기 때문이라고 대답할 수도 있을 것이다.

예수님이 미혹을 받아 믿음을 저버리는 행위에 대해 여러 차례 경고하신 말씀(마 24:4, 10-11, 24)과 바울의 말이 놀랍도록 유사한 사실을 고려하면, 그가 성령의 인도를 받아 마태복음 24장에 기록된 예수님의 가르침을 알게 되었을 가능성도 전혀 배제할 수는 없을 듯하다. 예수님과 바울 모두 일반적인 배교 행위를 넘어 분명하게 확인할 수 있는 배교, 곧 그리스도인을 자처하는 사람들이 대규모로 믿음을 저버리게 될 날을 예고했다.

---

1) W. Arndt, F. W. Danker, W. Bauer, and F. W. Gingrich, *A Greek-En glish Lexicon of the New Testa-ment and Other Early Christian Literature*, 3rd ed. (Chicago: University of Chicago Press, 2000), 120.

5) 불법의 성행

예수님과 바울 모두 재림이 있기 전에 불법이 성행할 것을 예고했다.

"거짓 선지자가 많이 일어나 많은 사람을 미혹하겠으며 불법(아노미안)
이 성하므로 많은 사람의 사랑이 식어지리라"(마 24:11, 12).

"누가 어떻게 하여도 너희가 미혹되지 말라 먼저 배교하는 일이 있고
저 불법(아노미아스)의 사람 곧 멸망의 아들이 나타나기 전에는 그 날
이 이르지 아니하리니⋯불법의 비밀이 이미 활동하였으나 지금은 그
것을 막는 자가 있어 그 중에서 옮겨질 때까지 하니라 그 때에 불법한
자가 나타나리니 주 예수께서 그 입의 기운으로 그를 죽이시고 강림
하여 나타나시므로 폐하시리라 악한 자의 나타남은 사탄의 활동을 따
라 모든 능력과 표적과 거짓 기적과"(살후 2:3, 7-9).

예수님과 바울 모두 믿음을 저버리는 행위(미혹되어 배교하는 일)와 불
법의 권세를 서로 연관시켰다. 둘 다 불법이 더 크게 성행할 것이라고
말했다. 바울은 '불법의 비밀'이 '이미 활동 중이라고' 말하면서 그것
이 미래의 어느 시점부터는 더 이상 제약을 받지 않을 것이라고 덧붙
였고(살후 2:7), 예수님은 그것이 갈수록 증대되어 사랑을 파괴할 것이
라고 말씀하셨다.

6) 사랑의 쇠퇴

예수님과 바울 모두 불법의 성행으로 인해 사랑이 쇠퇴할 것이라
고 말했다.

"불법이 성하므로 많은 사람의 사랑이 식어지리라"(마 24:12).

"악한 자의 나타남은 사탄의 활동을 따라 모든 능력과 표적과 거짓 기
적과 불의의 모든 속임으로 멸망하는 자들에게 있으리니 이는 그들이
진리의 사랑을 받지 아니하여 구원함을 받지 못함이라"(살후 2:9, 10).

사랑의 쇠퇴를 언급한 것은 우연의 일치일 수도 있다. 그러나 불법
과 배교와 같은 다른 연관 관계를 고려하면, 미래에 대한 공통된 관점
을 구성하는 또 하나의 퍼즐 조각처럼 보인다.

7) 거짓을 조장하는 표적과 기사
예수님과 바울 모두 신자들을 미혹하기 위해 거짓 표적과 기사가
행해질 것이라고 말했다.

"악한 자의 나타남은 사탄의 활동을 따라 모든 능력과 표적과 거짓 기
적과 불의의 모든 속임으로 멸망하는 자들에게 있으리니 이는 그들이
진리의 사랑을 받지 아니하여 구원함을 받지 못함이라"(살후 2:9, 10).

"거짓 그리스도들과 거짓 선지자들이 일어나 큰 표적과 기사를 보여
할 수만 있으면 택하신 자들도 미혹하리라"(마 24:24).

예수님과 바울 모두 말세의 거짓된 속임수에 관해 말했고, 그것을
거짓을 조장하기 위한 '기사와 표적'을 행하는 능력과 결부시켰다. 둘
다 기적과 표적이 실제로 일어나리라는 것을 부인하지 않고, 오히려

그것들이 일어나 거짓을 조장할 것이라고 말했다.

8) 천사들, 나팔 소리, 구름, 영광, 능력

예수님과 바울 모두 재림이 이루어질 때 천사들, 나팔 소리, 구름,
영광, 능력이 동반될 것이라고 말했다.

"주께서 호령과 천사장의 소리와 하나님의 나팔 소리로 친히 하늘로
부터 강림하시리니 그리스도 안에서 죽은 자들이 먼저 일어나고 그
후에 우리 살아남은 자들도 그들과 함께 구름 속으로 끌어 올려 공중
에서 주를 영접하게 하시리니 그리하여 우리가 항상 주와 함께 있으
리라"(살전 4:16, 17).

"주 예수께서 자기의 능력의 천사들과 함께 하늘로부터 불꽃 가운데
에 나타나실 때에 하나님을 모르는 자들과 우리 주 예수의 복음에 복
종하지 않는 자들에게 형벌을 내리시리니 이런 자들은 주의 얼굴과 그
의 힘의 영광을 떠나 영원한 멸망의 형벌을 받으리로다"(살후 1:7-9).

"그 때에 인자의 징조가 하늘에서 보이겠고 그 때에 땅의 모든 족속들
이 통곡하며 그들이 인자가 구름을 타고 능력과 큰 영광으로 오는 것
을 보리라[2] 그가 큰 나팔 소리와 함께 천사들을 보내리니 그들이 그의

---

2) 일부 해석자들은 여기에 사용된 표현이 다니엘서 7장 13-14절을 반영하고 있다는 이유를
들어 '구름을 타고 오는 것'을 인자가 세상이 아닌 '옛적부터 항상 계신 이' 앞에 나가는 것
을 가리킨다고 주장한다. 다니엘서 7장 13-14절은 "내가 또 밤 환상 중에 보니 인자 같은
이가 하늘 구름을 타고 와서 옛적부터 항상 계신 이에게 나아가 그 앞으로 인도되매 그에

택하신 자들을 하늘 이 끝에서 저 끝까지 사방에서 모으리라"(마 24:30, 31, 25:31 참조).

그리스도의 나타나심을 묘사하는 내용 가운데서 천사들, 나팔 소리, 구름, 영광, 능력과 같은 용어들이 똑같이 사용되었는데도 예수님과 바울이 서로 다른 재림을 생각했다고 말하는 것은 사리에 맞지 않는다.

9) 도둑같이

예수님과 바울 모두 재림이 한밤중에 도둑같이 찾아올 것이라고 말했다.

"너희도 아는 바니 만일 집 주인이 도둑이 어느 시각에 올 줄을(포이아 풀라케 호 클레프테스) 알았더라면 깨어 있어 그 집을 뚫지 못하게 하였으리라"(마 24:43).

게 권세와 영광과 나라를 주고 모든 백성과 나라들과 다른 언어를 말하는 모든 자들이 그를 섬기게 하였으니 그의 권세는 소멸되지 아니하는 영원한 권세요 그의 나라는 멸망하지 아니할 것이니라"라고 말씀한다. '구름을 타고 오는 것'(마 24:30, 26:64)이 그리스도의 지상 재림을 가리킨다는 것을 부인하면 여러 가지 문제가 발생한다. 첫째, 마태복음의 문맥 자체가 그런 해석을 거부한다. 둘째, 이 표현과 (지금 살펴보고 있는) 데살로니가전후서와 연관 관계가 그것이 재림의 의미를 내포하고 있다는 것을 보여준다. 셋째, 예수님이 하늘의 광경을 직접 묘사하지 않고, 다니엘서 7장 13-14절의 표현을 빌려오셨을 가능성이 크다. 넷째, 심지어 다니엘서 7장에서조차 인자가 '옛적부터 항상 계시는 이'를 통해 받게 될 나라가 땅 위에 있는 성도들에게 주어질 것이라는 내용이 발견된다. "지극히 높으신 이의 성도들이 나라를 얻으리니 그 누림이 영원하고 영원하고 영원하리라"(단 7:18, 22, 27 참조). 인자가 구름을 타고 하나님 앞에 와서 나라를 받고 다시 구름을 타고 '모든 천사와 함께 와서'(마 25:31) 자기 백성에게 "내 아버지께 복 받을 자들이여 나아와 창세로부터 너희를 위하여 예비된 나라를 상속받으라"(마 25:34)라고 말씀하시는 것으로 이해하는 것이 자연스럽다.

"주의 날이 밤에 도둑같이(클레프테스 엔 누크티) 이를 줄을 너희 자신이
자세히 알기 때문이라"(살전 5:2).

예수님의 재림을 도둑이 오는 것에 비교한 것은 매우 흥미롭다.
바울만 아니라 베드로와 요한도 이 표현을 사용했다(벧후 3:10, 계 3:3,
16:5). 예수님이 이 표현을 생각해내셨고, 사도들이 그것을 듣고 사용
했을 가능성이 크다. 사도들이 이 표현을 사용했다는 사실은 그들이
예수님의 가르침에 전적으로 의존했을 뿐 아니라 재림에 관한 공통된
견해를 지니고 있었다는 강력한 증거다.

10) 재림하시는 주님을 영접함

예수님과 바울 모두 '영접하다'라는 특이한 용어를 사용해 재림하
는 주님을 맞이하는 방식을 묘사했다.

"밤중에 소리가 나되 보라 신랑이로다 맞으러(아판테신) 나오라 하
매"(마 25:6).

"그 후에 우리 살아남은 자들도 그들과 함께 구름 속으로 끌어 올려
공중에서 주를 영접하게(아판테신) 하시리니 그리하여 우리가 항상 주
와 함께 있으리라"(살전 4:17).

앞에서 살펴본 대로, 이 용어는 신약성경에서 단 세 차례 사용되었
고(마 25:6, 행 28:15, 살전 4:17), 항상 사람들이 밖에 나가 누군가를 맞이
해 들일 때의 상황을 가리키는 의미를 지녔다.[3] 열 처녀 비유에서는

처녀들이 소리를 듣고 나가서 신랑을 혼인 잔치에 맞이해 들였고, 데살로니가전서 4장 17절에서는 부활한 신자들과 살아 있는 신자들이 주 예수님을 공중에서 맞이해 함께 땅으로 왔다. 예수님과 바울 모두 이 용어를 재림을 가리키는 의미로만 사용했다는 사실은 둘의 표현이 연관성을 지닌다는 또 하나의 분명한 증거가 아닐 수 없다.

11) 갑작스레 덮쳐오는 덫처럼

오직 예수님과 바울만 '갑자기(아이프니디오스)'라는 용어를 사용했다. 이 용어는 신약성경의 다른 곳에서는 발견되지 않는다. 아울러, 둘 다 이 용어를 예수님의 재림 때에 준비되지 않은 자들이 받게 될 멸망을 가리키는 의미로 사용한 것도 주목할 만한 사실이다.

> "그들이 평안하다, 안전하다 할 그 때에 임신한 여자에게 해산이 고통이 이름과 같이 멸망이 갑자기(아이프니디오스) 그들에게 이르리니 결코 피하지 못하리라"(살전 5:3).

> "너희는 스스로 조심하라 그렇지 않으면 방탕함과 술 취함과 생활의 염려로 마음이 둔하여지고 뜻밖에(아이프니디오스) 그 날이 덫과 같이 너희에게 임하리라"(눅 21:34).

12) 해산의 고통

예수님과 바울은 '해산의 고통(오딘)'이라는 표현을 사용해 고난이

---

3) 15장을 보라.

차츰 증폭되다가 재림이 임박한 때에 절정에 달하는 상황을 묘사했다.

"민족이 민족을, 나라가 나라를 대적하여 일어나겠고 곳곳에 기근과 지진이 있으리니 이 모든 것은 재난(오디논)의 시작이니라"(마 24:7, 8, 막 13:8 참조).

"주의 날이 밤에 도둑같이 이를 줄을 너희 자신이 자세히 알기 때문이라 그들이 평안하다, 안전하다 할 그 때에 임신한 여자에게 해산의 고통(오딘)이 이름과 같이 멸망이 갑자기 그들에게 이르리니 결코 피하지 못하리라"(살전 5:2, 3).

바울은 해산의 고통이라는 표현을 폭넓게 사용했지만(롬 8:22, 갈 4:19, 27), 예수님처럼 이 용어의 명사형을 사용해 불신자들이 아무 생각 없이 살아가다가 멸망을 당하게 될 종말의 상황을 가리킨 경우는 단 한 번뿐이었다. "그들은 결코 피하지 못할 것이다"(살전 5:3).

13) 신자들은 피할 것이다

예수님과 바울 모두 재림을 통해 준비하지 않은 자들에게 임하게 될 멸망을 '피할 수도 있고(에크퓨고)' 그렇지 못할 수도 있다고 말했다.

"이러므로 너희는 장차 올 이 모든 일을 능히 피하고(에크푸게인) 인자 앞에 서도록 항상 기도하며"(눅 21:36).

"그들이 평안하다, 안전하다 할 그 때에 임신한 여자에게 해산이 고통이 이름과 같이 멸망이 갑자기 그들에게 이르리니 결코 피하지(에크푸고신) 못하리라"(살전 5:3).

예수님은 이 용어(에크퓨고)를 단 한 차례만 사용하셨고, 바울은 세 차례 사용했다. 그 가운데 하나는 예수님이 사용하신 용법과 마찬가지로 그리스도의 재림을 통해 갑작스레 임할 멸망을 피할 수 있는 가능성을 내포하는 의미로 사용되었다. 예수님과 바울 모두 신자들은 그런 갑작스러운 재림으로 인해 멸망하지 않을 것이라고 말했다. 바울은 "형제들아 너희는 어둠에 있지 아니하매 그 날이 도둑같이 너희에게 임하지 못하리니"(살전 5:4)라고 말했고, 예수님은 "(피할 수 있도록) 항상 기도하며 깨어 있으라"(눅 21:36)라고 말씀하셨다.

14) 깨어 정신을 차리라

예수님과 바울 모두 잠들거나 술 취하지 말고, 항상 주의하여 깨어 있는 태도로 재림을 맞을 준비를 하라고 말했다.

"주의 날이 밤에 도둑같이 이를 줄을 너희 자신이 자세히 알기 때문이라…형제들아 너희는 어둠에 있지 아니하매 그 날이 도둑같이 너희에게 임하지 못하리니…우리가 밤이나 어둠에 속하지 아니하나니 그러므로 우리는 다른 이들과 같이 자지 말고(메 가두도멘) 오직 깨어(그레고로멘) 정신을 차릴지라(네포멘) 자는 자들은 밤에 자고 취하는 자들은 밤에 취하되(메두스코메노이 누크토스 메두우신)"(살전 5:2-7).

"그러므로 깨어 있으라(그레고레이테) 어느 날에 너희 주가 임할는지 너희가 알지 못함이니라…만일 그 악한 종이 마음에 생각하기를 주인이 더디 오리라 하여 동료들을 때리며 술친구들(메두온톤)과 더불어 먹고 마시게 되면 생각하지 않은 날 알지 못하는 시각에 그 종의 주인이 이르러 엄히 때리고 외식하는 자가 받는 벌에 처하리니 거기서 슬피 울며 이를 갈리라"(마 24:42-51).

"너희는 스스로 조심하라 그렇지 않으면 방탕함과 술취함(메데)과 생활의 염려로 마음이 둔하여지고 뜻밖에 그 날이 덫과 같이 너희에게 임하리라"(눅 21:34).

"그 날과 그 때는 아무도 모르나니 하늘에 있는 천사들도, 아들도 모르고 아버지만 아시느니라 주의하라 깨어 있으라…집주인이 언제 올는지…너희가 알지 못함이라 그가 홀연히 와서 너희가 자는 것(카듀돈 타스)을 보지 않도록 하라"(막 32-36).

예수님과 바울 모두 잠을 자지(카듀도) 말고, 술 취하지(메두오) 말고, 깨어(그레고레오) 정신을 차리라(네포)는 표현을 사용했다. 이런 표현들은 재림을 맞을 준비를 하라는 의미를 지닌다.

요점

종말에 관한 예수님과 바울의 개념을 비교해 본 결과는 무엇일까? 내가 전개한 논증을 간단하게 정리하면 다음과 같다.

첫째, 데살로니가전후서는 하나의 통일된 재림관을 제시한다. 바울은 이 두 서신에서 하나의 사건, 곧 주의 날(파루시아)에 관해 말했다.

둘째, 통일된 재림관에는 주님이 마지막 때에 구름을 타고 와서(살전 4:17) 자기 백성을 구원하고(살후 1:7), 불신자들에게 형벌을 내리고(살후 1:6), 불법의 사람을 죽이고(살후 2:8), 모든 신자를 죽은 자 가운데서 다시 살리실 것이라는(살전 4:16) 내용이 포함되어 있다.

셋째, 바울이 이 하나의 재림을 묘사하는 데 사용한 표현들은 특히 마태복음 24장에 나타나는 예수님의 표현과 매우 비슷하다. 이런 사실은 예수님과 바울이 동일한 사건을 언급했을 가능성이 매우 크다는 것을 보여준다.[4]

넷째, 따라서 예수님이 마태복음 24장에서 재림과 관련해 언급하신 사건들은 1세기의 사건들에만 국한되지 않고, 바울이 데살로니가전후서에서 언급한 마지막 사건들과 관련이 있다. 마태복음 24장 4-31절의 내용을 예수님의 바로 다음 세대에만 적용해 AD 70년에 예루살렘의 멸망으로 절정에 달할 사건들에만 국한시키는 것은 잘못이다.[5]

---

[4] 앞서 논의한 내용을 다시 상기하는 차원에서 바울의 표현과 마태복음 24장이 얼마나 비슷한지를 간단하게 간추리면 다음과 같다. 파루시아(마 24:27), 모임(24:31), 두려워하지 않음(24:6), 미혹과 믿음의 상실(24:4, 10, 11, 24), 불법(24:12), 사랑의 쇠퇴(24:12), 표적과 기사(24:24), 구름, 능력, 영광, 나팔 소리(24:30, 31), 해산의 고통(24:8).

[5] 13장 각주 4번을 참조하라. 일부 해석자들은 "어느 때에 이런 일이 있겠사오며"(마 24:3)라는 제자들의 질문이 성전의 멸망과만 관련이 있고, 예수님도 4-35절에서 그들의 질문에 그런 의도로 대답하셨다고 주장한다. 이들의 견해에 따르면, 마태복음 본문의 표현들은 1세기에만 국한된다. 예를 들어, 예수님은 14절에서 "이 천국 복음이 모든 민족에게 증언되기 위하여 온 세상에 전파되리니 그제야 끝이 오리라"라고 말씀하셨다. 샘 스톰스는 이 말씀을 이렇게 설명했다. "예수님이 마태복음 24장 14절에서 하신 말씀은 자기가 부활한 후에 복음이 유대 지역 밖으로 전파되어 로마 제국으로 알려진 세상에 살던 이방 민족들이 구원 사역의 소식을 듣게 될 것이라는 의미였다. 예수님은 그 후에 예루살렘과 성전이 '종말'을

이 네 번째 요점을 뒷받침하는 논증들은 얼마든지 늘릴 수 있다. 제자들이 마태복음 24장 3절에서 서로 다른 두 시대를 염두에 두고 "어느 때에 이런 일이 있겠사오며 또 주의 임하심과 세상 끝에는 무슨 징조가 있사오리이까"라고 물었고(즉 가까운 사건들과 먼 사건들), 예수님도 마치 그들이 두 시대를 염두에 두고 질문한 것처럼 받아들여 주의 깊게 순서대로 질문에 대답하셨다고(4-35절은 예루살렘의 멸망에 관한 질문에 대한 대답이고, 36-51절은 종말에 관한 질문에 대한 대답이라는 식으로) 주장하는 것은 지나치게 경직된 견해인 것처럼 보인다.

내가 볼 때, 마태복음 본문이 그런 식으로 구성되어 있다고 생각하고 24장 4-35절은 단지 1세기(AD 70년 이전)에만 해당하고, 나머지 내용(24:36-51)은 재림과 관련된 미래의 사건에 해당한다는 주장은 아무런 근거가 없다. 나는 제자들의 질문과 예수님의 대답 모두 내가 '예언적 관점'으로 일컬은 것을 반영하고 있다고 생각한다. 가까이에 있는 산들과 먼 곳에 있는 산들이 정확히 구별되지 않은 채 하나의 산처럼 보인다. 이처럼, 마태복음 24장은 역사가 계속 진행되다가 재림을 통해 절정에 이르러 종말을 고할 전체적인 과정에 관한 정보를 제공한다.

고하게 될 것이라고 말씀하셨다...마태복음 28장에 언급된 지상 명령을 회피할 수 있는 길은 없다. 우리는 하나님의 은혜 안에서 그분의 복음을 선포해 모든 민족을 제자로 삼는 일에 매진해야 한다. 내가 말하려는 요점은...마태복음 24장 14절이 이 사역과는 아무런 관계가 없다는 것이다." Sam Storms, *Kingdom Come: The Amillennial Alternative* (Fearn, Rossshire, UK: Mentor, 2013), 242-44.

'세상 끝'

제자들은 '세상 끝(순텔레이아스 투 아이오노스, 마 24:3)'이라는 표현을 예수님이 그 말을 사용하시는 것을 듣고 그 방식대로(즉 불신자들을 심판할 마지막 때를 가리키는 의미로) 사용했을 가능성이 크다. 아래의 성경 본문이 대표적인 사례다.

> "추수 때는 세상 끝(순텔레이아 아이오노스)이요 추수꾼은 천사들이니 그런즉 가라지를 거두어 불에 사르는 것 같이 세상 끝에도(테 순텔레이아 투 아이오노스) 그러하리라 인자가 그 천사들을 보내리니 그들이 그 나라에서 모든 넘어지게 하는 것과 또 불법을 행하는 자들을 거두어 내어 풀무 불에 던져 넣으리니 거기서 울며 이를 갈게 되리라 그 때에 의인들은 자기 아버지 나라에서 해와 같이 빛나리라 귀 있는 자는 들으라"(마 13:39-43, 49, 28:20 참조).

예수님이 마태복음 24장에서 가르침을 시작하셨을 때 제자들이 4-35절의 가르침이 '세상 끝'과 아무런 관계가 없다고 생각했을 가능성은 매우 희박하다. 예수님과 바울의 표현에서 발견되는 모든 유사점이 4-35절이 미래에 있을 세상의 종말과 밀접하게 연관되어 있다는 것을 보여준다.

인자의 강림은 우주적인 심판을 위한 것이다

이를 뒷받침하는 근거를 하나 더 제시하면 다음과 같다. 제자들은 예수님이 "인자가 아버지의 영광으로 천사들과 함께 올 것"(마 16:27)이라고 말씀하시는 것을 들었다. 그 구절에서 에수님은 "그 때에 각 사람이 행한 대로 갚으리라"라고 말씀하셨다. 이것은 인자가 세상 끝에 강림해서 모든 사람을 심판할 것이라는 예언이다. 따라서 마태복음 24장에 언급된 인자의 강림(27, 30절)이 AD 70년의 사건에만 국한될 가능성은 거의 없다.

지금까지의 논증들을 하나로 모은 결론

이제 네 장에 걸쳐 논의한 내용을 하나로 모아 최종적으로 어떤 그림이 완성되었는지 잠시 살펴보자. 2부의 주제는 "예수님이 나타나실 시기에 대해 어떻게 생각해야 할까?"라는 물음이었다. 이 물음에 대답하려면 다른 세 가지 물음을 물을 필요가 있다.

첫째, 예수님은 한 세대 안에 다시 와서 모든 것을 결말짓겠다고 예고하셨는가? 그렇지 않다. 그분은 그렇게 말씀하지 않았다(13장).

둘째, 예수님이 곧 재림하실 것이라는 신약성경의 가르침은 어떤 의미인가? 나는 앞에서 '잠재적으로 가까운,' '전체적인 관점에서 가까운,' '하나님의 관점에서 가까운'이라는 세 가지 표현을 사용해 세 가지 의미가 있다고 대답했다(14장).

셋째, 신약성경은 예수님이 (사전 징후 없이) 아무 때나 재림하실 수 있다고 가르치는가? 나는 이 질문에 대해서는 세 단계로 나눠 대답할 것이라고 말했다.

1) 신약성경은 언제라도 휴거가 일어나 교회가 세상에서 떠나고, 그로부터 몇 년 뒤에 그리스도의 두 번째 재림을 통해 그분의 왕국이 건설될 것이라고 가르치는가? 나는 '그렇지 않다'라고 대답했다(15장).

2) 종말에 대한 데살로니가전후서와 예수님의 가르침(특히 마태복음 24장)은 서로 동일한가? 나는 '그렇다'라고 대답했다(16장). 이 답변에

는 마태복음 24장과 데살로니가전후서가 "주님의 재림이 아무 때나 이루어질 수 있는가?"라는 마지막 세 번째 질문에 대한 대답을 찾는 데 필요한 정보를 제공한다는 의미가 담겨 있다.

3) 신약성경은 주님이 재림하시기 전에 먼저 일어나야 할 사건들이 있다고 가르치는가? 만일 그렇다면, 그것이 "그리스도께서 아무 때나 재림하실 수 있는가?"라는 물음에 대한 대답이 될 수 있을 것이다. 이 문제는 다음 장에서 살펴보기로 하자.

17.
주님이 재림하시기 전에
어떤 일이 일어나야 하는가

이제 "신약성경은 예수님이 아무 때나 재림하실 수 있다고 가르치는가?"라는 물음에 대한 대답을 찾기 위한 세 번째 단계에 접어들었다. 이 세 번째 단계는 그리스도께서 재림하시기 전에 일어날 사건들 가운데 몇 가지를 소개하는 내용이다.

바울 사도는 주님이 오시기 전에 반드시 일어나야 할 사건들이 무엇인지를 분별하는 것이 중요하다고 강조했다. 그는 주님의 날이 이미 이르렀다는 말에 깜짝 놀라 당혹스러워할 사람들을 위해 "누가 어떻게 하여도 너희가 미혹되지 말라[1] 먼저 배교하는 일이 있고 저 불법의 사람이…나타나기 전에는 그 날이 이르지 아니하리니"(살후 2:3)라고 말했다. 그는 "그리스도께서 오시기 전에 어떤 사건들이 일어날 것인가?"라는 물음에 두 가지로 대답했다. 하나는 대규모의 배교이

---

[1] 예수님도 바울의 경고와 비슷하게 "너희가 사람의 미혹을 받지 않도록 주의하라"(마 24:4)라고 당부하셨다. 사람들이 종말이 왔다고 놀라 흥분하며 거짓 그리스도를 참 그리스도로 믿고, 주님의 날이 가까이 이르렀다고 섣불리 결론지을 위험성이 있었다. 따라서 예수님은 "많은 사람이 내 이름으로 와서 이르되 나는 그리스도라 하여 많은 사람을 미혹하리라"(마 24:5)라고 말씀하셨다.

고, 다른 하나는 불법한 자의 출현이다.

이 두 사건은 내가 이 책을 쓰고 있는 2021년 가을에도 아직 일어나지 않았다. 바울은 이 두 사건을 쉽게 분별할 수 없는 모호한 사건처럼 다루지 않았다. 불법한 자가 나타날 때는 온 세상에 큰 파문이 일어날 것이고, 또 그가 활동하는 기간은 매우 짧을 것이다.[2]

> "그는 대적하는 자라 신이라고 불리는 모든 것과 숭배함을 받는 것에 대항하여 그 위에 자기를 높이고 하나님의 성전에 앉아 자기를 하나님이라고 내세우느니라…그 때에 불법한 자가 나타나리니 주 예수께서 그 입의 기운으로 그를 죽이시고 강림하여 나타나심으로 폐하시리라"(살후 2:4, 8).

바울은 데살로니가 신자들과 불법한 사람이 나타나려면 아직 멀었다고 생각하는 오늘날의 사람들을 위해 "불법의 비밀이 이미 활동하였으니"(살후 2:7)라는 경고의 말을 덧붙였다. 불법의 비밀은 1세기는 물론, 지금도 이미 활동 중이다.

요한이 적그리스도에 관해 말했던 방식도 이와 비슷하다. 그는 "아이들아 지금은 마지막 때라 적그리스도가 오리라는 말을 너희가 들은 것과 같이 지금도 많은 적그리스도가 일어났으니 그러므로 우리가 마지막 때인 줄 아노라"(요일 2:18)라고 말했다. 바울은 "많은 불법한 사람이 일어났으니"가 아닌 "불법의 비밀이 이미 활동하였으니"라고 말했지만, 그의 말에도 그와 같은 의미가 내포되어 있을 수 있다.

---

2) 종말에 나타날 이 인물에 관해서는 이 책 9장에서 논의한 내용을 참조하라.

요점은 불법한 사람(또는 적그리스도)이 나타나려면 아직 멀었다고 생각하고, 경계심을 늦춰서는 안 된다는 것이다. 적그리스도의 속이는 능력이 이미 발휘되고 있기 때문에 그의 나타남으로 인한 치명적인 결과를 잊고 지내기 쉽다. 종말이 아직 멀었다고 생각하면, 마음이 미혹되어 불법한 사람이 곧 나타날 것이라는 점을 알아차리기가 어렵다.

종말의 배교

이 '배교'도 미래에 일어날 사건을 가리킨다. 이것은 자기를 하나님으로 내세울 사람이 나타나는 것보다는 덜 분명한 사건일 테지만, 그렇다고 해서 오랜 역사의 과정에서 간간이 일어났던 배교를 가리키는 것은 결코 아니다. 바울은 이 배교가 식별하기에 충분할 만큼 확실한 것으로 생각했다. 따라서 그런 배교가 이루어지지 않는다면 그것은 곧 주님의 날이 아직 이르지 않았다는 증거다.

바울이 "불법의 비밀이 이미 활동하였으니"라고 말한 것처럼 '배교의 비밀도 이미 시작되었을 수 있다.' 사실, 바울은 훗날 참 신앙을 저버리는 행위가 있을 것을 예견하면서도 그런 식으로 말했다. 구체적으로 말해, 그는 디모데전서 4장 1절에서 "그러나 성령이 밝히 말씀하시기를 후일에 어떤 사람들이 믿음에서 떠나 미혹하는 영과 귀신의 가르침을 따르리라 하셨으니"(딤전 4:1)라고 말함으로써 그런 사람들이 이미 활동 중인 것처럼 언급하며 그들의 오류를 다루었다(딤전 4:1-5).

또한, 바울은 "너는 이것을 알라 말세에 고통하는 때가 이르러 사람들이 자기를 사랑하며 돈을 사랑하며…"라는 말로 종말을 예고하고 나서 "이같은 자들에게서 네가 돌아서라"라고 말하기도 했다(딤후

3:1, 2, 5). 다시 말해, 바울은 종말의 징후가 어느 정도는 항상 나타나고 있다고 생각했다.[3] 종말은 악의 규모와 강렬한 정도가 다를 뿐이다. 바울은 현재는 악이 '억제되고' 있다는 말로 이런 사실을 언급했다(살후 2:7). 종말에는 악이 더는 억제되지 않고, 더욱 강렬해질 것이다.

종말을 예시하는 사건들이 역사 속에서 반복적으로 일어난다는 사실은 재림의 전조들이 종말의 임박을 확실하게 분별할 수 있을 정도에는 아직 이르지 않았다는 것을 의미한다. 그것들은 실제적인 사건들이지만 불명확하다. 그런 사건들은 역사 속에서 흔히 일어나는 악이 결정적인 종말 사건들을 향해 치닫고 있다는 사실을 상기시켜 우리의 경각심을 일깨우는 기능을 한다.

전쟁들과 예루살렘 전쟁

이 점을 염두에 두고 예수님이 어떤 일들을 예고하셨는지 생각해 보자. 예고된 일들은 대부분 다양한 방식으로 이미 일어난 상태다. 앞서 말한 대로, 마태복음 24장은 1세기의 사건들에만 국한되지 않는다. 4-35절에 언급된 사건들 가운데 대부분은 종말과 연관이 있다. 이것은 바울의 가르침과 일맥상통한다. 예수님이 마태복음 24장(특히 15-20절)에서 AD 70년에 일어날 예루살렘의 멸망을 예고하셨다는 것에 대해서는 나로서도 아무런 이견이 없다.

"그러므로 너희가 선지가 다니엘이 말한 바 멸망의 가증한 것이 거룩

---

3) 미래의 현재성을 이런 식으로 이해하는 것은 먼 미래와 가까운 미래를 동시에 바라보는 '전체적인 관점'의 일부분이다. 나는 14장에서 '전체적인 관점에서 가까운'이라는 제목으로 이 관점을 다룬 바 있다.

한 곳에 선 것을 보거든 (읽는 자는 깨달을진저) 그 때에 유대에 있는 자들은 산으로 도망할지어다 지붕 위에 있는 자는 집 안에 있는 물건을 가지러 내려가지 말며 밭에 있는 자는 겉옷을 가지러 뒤로 돌이키지 말지어다 그 날에는 아이 밴 자들과 젖 먹이는 자들에게 화가 있으리로다 너희가 도망하는 일이 겨울에나 안식일에 되지 않도록 기도하라"(마 24:15-20).

이 비극적인 사건은 지난 2,000년 동안 일어난 가장 두려운 사건 가운데 하나였다. 예수님은 인자의 강림과 연관된 종말 사건들을 묘사하는 내용에 이 사건을 함께 곁들어 언급하셨다. 그 이유는 현세의 삶이 어느 정도는 종말에 일어날 재앙들과 유사하기 때문이다. 예루살렘 전쟁은 전반적인 예언에 포함되는 한 가지 구체적인 사례에 해당한다.

"난리와 난리 소문을 듣겠으나 너희는 삼가 두려워하지 말라 이런 일이 있어야 하되 아직 끝은 아니니라 민족이 민족을, 나라가 나라를 대적하여 일어나겠고 곳곳에 기근과 지진이 있으리니 이 모든 것은 재난의 시작이니라"(마 24:6-8).

예루살렘의 멸망은 '재난의 시작'이었다. "끝은 아직 오지 않았다." 이런 말들은 지난 2,000년 동안 일어난 입에 담기도 무서운 재난과 두려운 박해들에도 똑같이 적용될 수 있다. 그런 재난을 겪은 사람들이나 그것 때문에 목숨을 잃은 사람들은 말세의 악을 온전히 감당한 것과 똑같은 느낌을 받았을 것이 틀림없다. 말세의 재난은 이미 시작되었다.

그러나 지진(마 24:7), 기근(24:7), 전쟁(24:6), 거짓 그리스도와 거짓 선지자의 출현(24:5, 10), 불법의 성행, 사랑의 쇠퇴(24:12)와 같은 현상들이 어느 정도 나타나고, 환난의 강도가 얼마나 격심해야만(24:9, 21, 29) 재림이 가까웠다는 것을 확실하게 알 수 있는지를 판단하기는 매우 어렵다. 예수님이 언급하신 말세의 징후들은 대부분 날짜를 정확하게 설정할 수 없는 사건들이다. 그런 사건들의 양과 강도와 빈도수만으로는 주님의 재림이 얼마나 가까운지 정확하게 알 수 없다.

재난은 무의미하지 않다

우리는 예수님의 말씀에 순종해야 한다. 그분은 이렇게 말씀하셨다.

"무화과나무의 비유를 배우라 그 가지가 연하여지고 잎사귀를 내면 여름이 가까운 줄을 아나니 이와 같이 너희도 이 모든 일을 보거든 인자가 가까이 곧 문 앞에 이른 줄 알라 내가 진실로 너희에게 말하노니 이 세대가 지나가기 전에 이 일이 다 일어나리라"(마 24:32-34).

이 말씀에 순종하는 것에는 예수님 자신도 할 수 없다고 말씀하신 것, 곧 재림의 때를 아는 것은 포함되지 않는다(마 24:36). 예수님은 '무화과나무'를 보라고 당부하셨다. 그분은 '이 모든 일,' 곧 다음 세대는 물론, 모든 세대에 걸쳐 일어나게 될 사건들을 보라고 말씀하셨다.

그런 사건들을 바라봐야 한다. 우리가 사는 시대와 장소에서 일어나는 사건들의 규모나 양이나 강도나 빈도수는 종말의 재난이 이미 시작되었다는 사실을 상기시켜 준다. 거짓 그리스도, 전쟁, 세계의 갈

등, 기근, 지진, 증오, 배신, 배교, 환난과 같은 징후들이 일어나는 것을 보면 종말이 가까웠다는 것(곧 잠재적으로 가깝고, 전체적인 관점에서 가깝고, 하나님의 관점에서 가까웠다는 것)을 기억해야 한다.[4]

복음 전파가 완료될 것이라는 약속

"이 천국 복음이 모든 민족에게 증언되기 위하여 온 세상에 전파되리니 그제야 끝이 오리라"(마 24:14)라는 약속이 이루어지는 것을 보면, 예수님이 언제 재림하실지 알 수 있을까?

마태복음 24장 4-35절에 예언된 사건들이 AD 70년까지의 사건들에만 국한된다고 믿는 사람들은 모든 민족에게 복음이 전파될 것이라는 14절의 약속이 그즈음에 다 성취되었다고 주장한다.[5] 나는 16장에서 그런 사건들을 1세기에만 국한시키는 것은 잘못이라고 말했다. 복음이 하나님이 계획하신 대로 충분히 전파된 후에 '종말'이 올 것이라는 약속과 관련해 생각해 봐야 할 점이 세 가지 있다.

1) "그제야 끝이 오리라"

"그제야 끝이 오리라"라는 말씀에서 '끝'이라는 용어는 "어느 때에 이런 일이 있겠사오며 또 주의 임하심과 세상 끝에는 무슨 징조가 있사오리이까"(마 24:3)라는 제자들의 질문에 언급된 용어와 똑같은 의미를 지니는 것으로 보인다. 예수님의 대답 가운데 하나는 복음이 온 민족에게 전파되고 나면 "그제야 끝이 오리라"라는 것이었다. 물론,

---

4) 이 표현들을 설명한 내용은 14장에 있다.
5) 16장 각주 5번을 참조하라.

정확히 말하면 제자들은 '세상 끝'이라는 용어를 사용했다.

제자들은 이 용어를 예수님에게서 들었다. 예를 들어, 이 용어는 마태복음 13장 36-50절에 세 차례 사용되었다. 세 차례 모두 선과 악을 나눌 마지막 심판을 가리키는 의미였다. "세상 끝에도 이러하리라 천사들이 와서 의인 중에서 악인을 갈라 내어"(마 13:49). "그런즉 가라지를 거두어 불에 사르는 것 같이 세상 끝에도 그러하리라"(마 13:40). 따라서 이 용어가 제자들의 질문이나 예수님의 대답에 포함된 용어와 다르다고 주장할 만한 확실한 근거는 어디에도 없다. 복음이 모든 민족에게 전파되었을 때 종말이 이루어지고, 그때 우주적인 심판이 이루어져 선과 악이 완전하게 나누어질 것이다. 이 종말은 AD 70년을 가리키지 않는다.

2) 종말은 아직 이르지 않았고, 복음 전파도 아직 완전히 이루어지지 않았다

예수님은 마태복음 28장 19-20절에 기록된 지상 명령을 통해 마태복음 24장 14절의 약속을 명령으로 바꾸어 말씀하셨다.

"그러므로 너희는 가서 모든 민족을 제자로 삼아 아버지와 아들과 성령의 이름으로 세례를 베풀고 내가 너희에게 분부한 모든 것을 가르쳐 지키게 하라 볼지어다 내가 세상 끝날까지(테스 순텔레이아스 투 아이오노스) 너희와 항상 함께 있으리라."

여기에 사용된 용어는 제자들이 마태복음 24장 3절에서 사용했고 (순텔레이아스 투 아이오노스), 예수님이 마태복음 24장 14절("그제야 끝이 오

리라")에서 암시하셨던 용어와 똑같다. 위의 말씀은 복음 전도가 예루살렘의 멸망으로 끝나지 않고, '세상 끝날,' 곧 우주적인 심판이 이루어질 때까지 계속될 것이라고 말씀한다(마 13:40, 49 참조).

따라서 지금도 복음 전파가 진행 중이기 때문에 예수님이 복음이 온전하게 전파되었을 때 올 것이라고 약속하신 '끝'은 아직 이르지 않았다. 복음 전파가 완료되면 마침내 끝이 찾아와 주님이 강림하실 것이다.

3) AD 70년에 종말은 오지 않았다

예수님은 마태복음 24장 6절에서 "난리와 난리 소문을 듣겠으나 너희는 삼가 두려워하지 말라 이런 일이 있어야 하되 아직 끝은 아니니라"라고 말씀하셨다. 나는 이 '끝'이 (비록 똑같은 헬라어가 사용되지는 않았지만) 3절과 14절의 '끝'과 동일한 의미를 지닌다고 생각한다. 예수님은 6절에서 전쟁이 일어나더라도 끝은 아니라고 말씀하셨다. 이 말씀의 의미 속에는 AD 70년에 일어난 예루살렘 전쟁도 포함되었다고 보는 것이 자연스럽다.

간단히 말해, 예수님의 말씀은 "예루살렘이 전화에 휩싸이는 두려운 일이 일어나더라도 놀라지 말라. 아직 끝은 아니다."라는 의미였다(마 24:6). 따라서 여기에서의 '끝'은 AD 70년이 아니었다. 따라서 마태복음 24장 14절("이 천국 복음이 모든 민족에게 증언되기 위하여 온 세상에 전파되리니 그제야 끝이 오리라")은 AD 70년이 아닌 예수님의 재림으로 절정에 이를 말세를 가리킨다.

결론적으로 말해, 마태복음 24장 14절의 약속은 현 세상이 끝날 때까지 지상 명령에 복종함으로써 복음이 온전히 전파되어야만 비로소 그리스도께서 재림하실 것이라는 의미를 지닌다.

지상 명령이 완결되었는지를 판단하기는 어렵다

나는 나의 다른 책들에서 마태복음 24장 24절과 28장 19절에 언급된 '모든 민족'의 범위와 본질을 정의하려고 노력했다. 다시 말해, 나는 지상 명령이 완결된 상황을 규명하려고 시도했다.[6] 그러나 거의 50쪽의 지면을 할애해 논의를 전개했지만, 내가 내린 결론만으로는 세계 복음화의 전개 과정을 주님이 재림하실 때를 예측하는 지표로 삼으려는 사람들을 만족시킬 수 없을 것이 틀림없다. 예를 들어, 나는 "여기에서의 요점은 주님이 아직 재림하지 않으시는 한, 복음을 전해야 할 사람들이 더 있다는 뜻이기 때문에 우리는 계속해서 복음을 전하려고 노력해야 한다는 것이다."라고 말했다.[7]

나는 지금 여기에서 이전의 말에 "지상 명령의 완결이란 단지 새로운 민족들에게 복음을 전하는 것만이 아니라 이미 복음을 전한 민족들 가운데서 복음화와 복종의 정도가 온전해지는 것을 의미한다."라는 말을 덧붙이고 싶다. 이것이 선택받은 자들의 숫자가 다 채워질 때까지 재림이 지체될 것이라고 가르치는 베드로후서 3장 9절의 요점이다.[8]

마태복음 24장 14절도 복음이 전파될 때마다 주님의 재림이 가까웠다고 생각하고, 그 날을 간절히 사모하며 더욱 용기를 내 세계 복음

6] John Piper, *Let the Nations Be Glad!: The Supremacy of God in Missions* (Grand Rapids, MI: Baker Academic, 2010), 177 – 24.

7] Piper, *Let the Nations Be Glad!*, 212.

8] 14장 각주 3번을 참조하라.

화에 힘써 매진하라고 가르치고 있다.

그리스도께서 강림하시기 전에 어떤 일이 일어날 것인가

그리스도의 재림이 있을 때까지 일어날 모든 사건 가운데 가장 확실한 사건은 두 가지다. 하나는 불법한 사람이 나타나는 것이고(살후 2:3), 다른 하나는 마태복음 24장 29-30절에 기록된 우주적인 사건들이다.[9] 예수님은 우주적인 사건들을 이렇게 묘사하셨다.

> "그 날 환난 후에 즉시 해가 어두워지며 달이 빛을 내지 아니하며 별들이 하늘에서 떨어지며 하늘의 권능들이 흔들리리라 그 때에 인자의 징조가 하늘에서 보이겠고 그 때에 땅의 모든 족속들이 통곡하며 그들이 인자가 구름을 타고 능력과 큰 영광으로 오는 것을 보리라"(마 24:29, 30).

그리스도의 재림이 공간 속에서 육체로 이루어지는 사건, 곧 눈으로 보고, 귀로 들을 수 있는 사건인 것처럼 이 우주적인 사건들도 실

---

[9] 나는 9장을 비롯해 이번 장의 앞 내용을 통해 바울이 데살로니가후서 2장 3절에 언급된 말세의 배교를 식별 가능한 역사적 사건으로 다루었다고 말했다. 그는 "먼저 배교하는 일이 있고 저 불법의 사람 곧 멸망의 아들이 나타나기 전에는 그 날이 이르지 아니하리라"라는 말로, 배교가 이루어지기 전까지는 재림이 일어나지 않을 것이라고 말했다. 따라서 불법한 사람이 나타나는 것과 함께 주님이 강림하시기 전에 일어나야 할 또 하나의 사건으로 배교를 언급할 수 있다. 이것은 사실이다. 내가 배교를 따로 다루지 않는 이유는 바울이 이것을 따로 구별된 사건이 아닌 불법한 사람의 출현과 밀접하게 연관된 사건으로 다루고 있는 것으로 보이기 때문이다. 바울은 데살로니가후서 2장 3절에서 불법한 사람과 배교를 언급하고 나서 곧바로 4-8절에서 9-12절에서 불법한 사람과 배교를 하나로 묶어 다루었다. 따라서 지금 나는 배교가 재림 직전의 사건 가운데 하나라는 점을 염두에 두고서 불법한 사람이 나타나는 것에 초점을 맞추고 있다.

제로 일어날 사건들에 해당한다. 예수 그리스도께서 실제로 살과 피로 이루어진 인간의 몸을 입고 성육신하셨고, 그분이 육체로 부활해 물고기를 먹고, 상처 난 자국을 보여주고, 육체로 구름을 타고 하늘에 오르면서 영광스러운 육체로 다시 땅에 재림할 것이라고 약속하신 것처럼, 재림에 수반되는 우주적인 징조들도 단순한 비유적 표현이 아니다. 예수님과 사도들의 말 가운데서 실제적인 우주적 현실을 묘사하지 않았다고 암시하는 듯한 내용은 전혀 발견되지 않는다.[10]

예수님이 마태복음 24장 29-30절의 사건들을 묘사하신 방식을 살펴보면, 그런 사건들이 재림과 직접 연결되어 일어날 것으로 보인다. 이 징조들은 재림과 동떨어져 일어날 것처럼 보이지 않기 때문에 그것들을 보고서 예수님의 재림이 임박했음을 알 수 있을 것이다. 이 징조들은 예수님이 재림하실 때 일어날 것이다. 해가 어두워지는 것(얼마나 어두워질까?), 달이 빛을 내지 않는 것(월식이 일어날 것인가?), 별들이 떨어지는 것(그냥 사라지는 것일까? 아니면 운석을 말하는 것일까?), 하늘이 흔들리는 것(우레가 동반될까?)이 어떠할지는 확실하게 알 수 없다. '인자의 징조'도 무엇인지 짐작하기 어렵지만, 그리스도의 재림과 거의 동시에 나타날 것이 분명해 보인다.

이처럼, 이런 우주적인 사건들은 종말이 언제 올지를 가르쳐 주지 않는다. 이 사건들이 나타나면 이미 종말이 이른 것이다. 예수님은 우

---

10) 내가 '예언적 관점(바벨론의 멸망과 같은 가까운 사건들과 우주적인 심판과 같은 먼 사건을 구별해서 말하지 않는 것)'으로 일컬은 문맥 안에서 선지자들이 그런 표현들을 사용한 사실이 종종 발견된다. 따라서 그런 문맥에서 해와 별들이 어두워질 것이라는 표현을 비유적인 의미로만 생각하지 않도록 주의해야 할 필요가 있다(사 13:10 참조). 그런 말들은 마지막 날에 실제로 이루어질 수 있다.

주적인 사건들이 일어나면 자신의 재림이 번개처럼 이루어질 것이라고 말씀하셨다, "번개가 동편에서 나와 서편까지 번쩍임 같이 인자의 임함도 그러하리라"(마 24:27).

주님의 재림이 가까웠다고 생각하지 않을 근거는 없다

예수님이 재림하시기까지 얼마나 많은 시간이 걸릴지는 알 수 없다. 분명히 말하지만, 그것은 전혀 알 수 없는 일이다. 그렇지 않다고 말하는 것은 잘못이다. 그러나 또 다른 극단에 치우쳐 예수님의 재림이 가까이 이르지 않았다고 생각하는 것도 잘못이기는 마찬가지다. 앞서 말한 대로, 그리스도의 재림이 항상 멀리에 있다고 확신할 만한 근거는 어디에도 없다. 그리스도의 재림이 6년 뒤나 60년 뒤나 600년 뒤에 이루어질지 우리는 전혀 알 수 없다. 내가 말하려는 요점은 예수님의 재림이 아직 멀었다고 확신할 만한 성경적인 근거가 전혀 없다는 것이다. 오히려 그분의 재림은 날이 갈수록 더 가까워질 것이다.

불법한 사람이 아직 나타나지 않았다

내가 이렇게 말하는 이유는 무엇일까? 바울은 불법한 사람이 충분히 식별가능한 존재이기 때문에 그가 나타났는지 아닌지를 확실하게 알 수 있을 것처럼 말했다. 만일 그렇지 않다면 데살로니가후서 2장 3절("누가 어떻게 하여도 너희가 미혹되지 말라 먼저…저 불법의 사람 곧 멸망의 아들이 나타나기 전에는 그 날이 이르지 아니하리니")에서 전개된 그의 논리는 성립될 수 없다. 이것은 불법한 사람이 아직 나타나지 않았다는 것을 알면, 주님이 이미 재림하셨다는 속임수에 넘어가지 않을 수 있다는 논리다. 불법한 사람은 확실하게 식별할 수 있다. 그가 나타났는지 아닌지는 분명하게 알 수 있다.

교회의 역사 속에서 불법한 사람의 참된 정체를 틀리게 말한 경우가 종종 있었지만, 그렇다고 해서 바울이 말하려는 요점이 흐려지는 것은 아니다. 그런 잘못을 피하려고 바울의 가르침을 거부하기보다는 오히려 그의 의도를 올바로 파악해 가르치려고 노력하는 것이 중요하다.

불법한 사람이 나타나면 얼마 지나지 않아 그리스도의 재림이 이루어질 것이다

이렇게 말할 수 있는 이유는 무엇일까? 불법한 사람이 나타나고 나서 주 예수님이 강림해 그를 죽이시기까지는 그렇게 많은 시간이 걸리지 않을 것이다. 바울은 "그 때에 불법한 자가 나타나리니 주 예수께서 그 입의 기운으로 그를 죽이시고 강림하여 나타나심으로 폐하시리라"(살후 2:8)라고 말했다. 그는 바울이 말한 일("그는 대적하는 자라 신이라고 불리는 모든 것과 숭배함을 받는 것에 대항하여 그 위에 자기를 높이고 하나님의 성전에 앉아 자기를 하나님이라고 내세우느니라"-살후 2:4)을 행할 만큼만 생존할 것이다. 그의 자기 과시적인 통치는 오래가지 못할 것이다. 왜냐하면 "불법한 자가 나타나리니…주 예수께서…강림하여 나타나심으로 폐하시리라"(살후 2:8)라는 말씀에서 알 수 있는 대로, 그가 탁월한 자리에 오르는 것과 주님의 강림하심으로 인해 죽임을 당하는 것이 거의 하나의 사건처럼 취급되었기 때문이다.

이 점을 불법한 사람이 매우 신속하게 세계적인 영향력을 확보하게 될 것이라는 사실과 결합해서 생각해 보라. 그가 자연적이고, 일반적인 방식으로 등극할 것으로 생각해서는 안 된다. 그는 신묘하고, 악마적인 능력을 통해 이례적이고, 초자연적인 방식으로 등극할 것이다. 바울은 "악한 자의 나타남은 사탄의 활동을 따라 모든 능력과 표적과 거짓 기적"(살후 2:9)이라고 말하고 나서 "이러므로 하나님이 미혹의 역사를 그들에게 보내사 거짓 것을 믿게 하심은"(살후 2:11)이라고 덧붙였다. 초자연적인 기사와 표적과 함께 신묘하면서도 악마적인 능력을 발휘하는 그에게 온 세상에서 수많은 사람이 신속하면서도 쉽게 미혹될 것은 불을 보듯 뻔하다.

불법한 사람이 역사의 어떤 시점에 나타나든 그 시간은 매우 신속할 것이고, 또 그가 세상을 지배하기까지 걸리는 시간도 매우 짧을 것이기 때문에 주님의 재림이 아직 멀었다고 자신 있게 말할 수 있는 근거는 어디에도 없다고 결론지을 수 있다.[11] 그런 상황에서 재림이 이루어지기까지는 채 몇 년이 남지 않을 수도 있다. 지금은 하나님이 불법한 사람을 가로막고 있고, 교회 안에서 최종적인 배교 행위가 이루어진 상태가 아니기 때문에 그런 사건들이 일어나기까지 얼마나 많은 시간이 소요될지 알 수 없다. 그러나 예수님이 말씀하신 대로, 재림이 지체될 것으로 생각해 어리석게 행동하는 것은 파멸을 자초할 뿐이다

---

11) 어떤 사람들은 대환난이 다니엘서 9장 24-27절에 언급된 '일흔 이레'의 마지막 이레에 해당하며, 7년간 지속될 것이라고 주장할지 모른다. 요한계시록에서도 짐승(또는 적그리스도, 불법한 사람과 동일인인 것으로 추정된다)이 그 기간만큼 세력을 휘두를 것으로 나타난다. 그러나 이런 추론을 따른다고 해도 숫자는 성경에서 상징적인 의미를 띨 때가 많다. 예수님은 환난의 날을 언급하면서 "그 날들을 감하지 아니하면 모든 육체가 구원을 얻지 못할 것이나 그러나 택하신 자들을 위하여 그 날들을 감하시리라"(마 24:22)라고 말씀하셨다. 하나님이 날을 '감하신다'는 것과 7이라는 숫자가 상징적인 의미로 사용될 때가 많다는 점을 고려하면, 불법한 사람이 얼마나 신속하게 등극하고, 또 주님이 그를 죽이기까지 어느 정도의 시간이 걸릴지를 정확하게 예측하기는 어렵다. 그러나 이 모든 것을 고려한다고 해도 불법한 사람이 나타나고 나서 그리스도의 강림이 이루어져 그가 죽임을 당하기까지 채 몇 년이 걸리지 않을 것이라는 예측은 그다지 섣부른 예측은 아닐 것으로 사료된다.

(마 24:48-51).

내가 무엇을 말하고 있고, 무엇을 말하고 있지 않은지를 옳게 이해하면 좋겠다. 나는 주님의 재림이 몇 년 안에 이루어질 것이라고 말하지 않았다. 그것은 아무도 알 수 없다. 내가 말하려는 요점은 주님의 재림이 그렇게 짧은 시간에 이루어지거나 이루어지지 않을 것이라고 장담할 수 있는 사람은 아무도 없다는 것이다.

주님의 재림이 아무 때나 이루어질 수 있다고 기대해야 할까

지금까지 "신약성경은 예수님이 아무 때나 다시 오실 수 있다고 가르치는가?"라는 물음에 대한 답변을 세 단계로 나눠 제시했다. 나의 대답은 '그렇지 않다'이다. 불법한 사람이 먼저 나타나야 한다(살후 2:3). 그의 나타남은 식별이 가능할 것이다. 이 책을 쓰고 있는 2021년 현재까지는 그는 아직 나타나지 않았다. 따라서 주님이 오실 날이 앞으로 얼마쯤은 더 남아 있다고 말할 수 있다. 사람들이 이 책을 읽을 무렵에는 상황이 달라질 수도 있다.

깨어 주의하라는 명령은 어떻게 받아들여야 할까

다음에 생각해야 할 물음은 "어떻게 살아야 할까?"이다. 재림이 아무 때나 이루어질 수 있다는 기대감이 없으면, "'주의하라 깨어 있으라'(블레페테, 아그루프네이테, 그레고레이테 막 13:33, 35), '준비하고 있으라'(기네스테 헤투이모이, 눅 12:40), '스스로 조심하라'(프로스엑세테, 눅 21:34)와 같은 예수님의 거듭된 명령의 힘이 약화되거나 훼손되는 것은 아닐까?"라는 문제가 긴급하게 대두된다. 이런 명령들은 주님의 재림이 아무 때나 이루어질 수 있다는 것을 전제로 하지 않는가? 예수님이 깨어 있으라고 당부하신 이유 가운데 하나는 우리가 '그 날과 그 때를 알지 못하기' 때문이다(마 25:13). 이제 3부에서는 이 문제를 살펴볼 생각이다.

3부

어떻게 살아야 할까

그리스도의 초림과 재림 사이의 삶

우리는 예수 그리스도의 초림과 재림 사이에서 살고 있다.

"그가…자기를 단번에 제물로 드려 죄를 없이 하시려고 세상 끝에 나
타나셨으니라…그리스도도 많은 사람의 죄를 담당하시려고 단번에
드리신 바 되셨고 구원에 이르게 하기 위하여…자기를 바라는 자들에
게 두 번째 나타나시리라"(히 9:26-28).

구약 시대 선지자들은 메시아가 강림해 영원한 나라를 세우기까지
의 과정 안에 죽음과 부활을 통해 그 나라의 시작을 알렸던 '초림'과
그로부터 오랜 세월이 지난 후에 그 나라의 완성을 알리게 될 '재림'
이 포함되어 있다는 사실을 명확하게 알지 못했다. 심지어는 마리아
에게 주어진 천사들의 수태 고지에도 다윗의 보좌 위에 앉아 영원히
다스리실 그리스도의 통치권이 한순간이 아닌 단계별로 이루어질 것
이라는 점이 명확하게 드러나 있지 않았다.

"보라 네가 잉태하여 아들을 낳으리니 그 이름을 예수라 하라…주 하

나님께서 그 조상 다윗의 왕위를 그에게 주시리니 영원히 야곱의 집을 왕으로 다스리실 것이며 그 나라가 무궁하리라"(눅 1:31-33).

예수님이 어떤 때는 "하나님의 나라는 너희 안에 있느니라"(눅 17:21)라고 말씀하고, 또 어떤 때는 하나님의 나라가 당장에 나타날 줄로 생각하는 사람들을 의식하고 비유로 가르치시자(눅 19:11) 당시의 사람들은 크게 당황스러워했다. 하나님의 나라는 어떤 점에서는 이미 임했지만, 또 어떤 점에서는 아직 임하지 않았고, 앞으로 임할 예정이었다.

기독교 윤리의 독특성 : '이미'와 '아직 아니'

이런 당혹감이 기독교와 기독교 윤리(어떻게 살아야 하는가?)의 독특성을 드러낸다. 비할 데 없이 놀랍고 경이로운 일이 성자의 성육신을 통해 이미 이루어졌다. 그러나 그리스도께서 세상에서 시작하신 일을 완결지을 또 하나의 놀랍고 경이로운 일이 아직 남아 있다. 구원은 이미 이루어졌고, 앞으로 이루어질 것이다. 우리가 도덕적으로 진지하게 미래의 온전한 구원을 추구하는 이유는 과거에 이미 우리의 구원이 보장되었기 때문이다. 그리스도의 초림을 통해 이루어진 사역 덕분에 우리는 죄 사함을 받고(골 1:14), 의롭다 하심을 받고(롬 5:1), 하나님의 자녀로 입양되어(갈 4:5, 6), 안전하게 보호된다(롬 8:30). 이 모든 것이 가능해진 이유는 우리가 믿음으로 그리스도와 연합했기 때문이다.

그러나 하나님과의 관계가 올바로 회복되었다고 해서 소극적이거나 부주의하게 처신해서는 안 된다. 오히려 우리는 확실한 토대 위에서 거룩해지려고 열심히 노력해야 한다. 거룩함이 없으면 주님을 볼 수 없다(히 12:14). 거룩해지기 위한 노력이 필요한 이유는 아직 궁극적인 구원을 경험하지 못했기 때문이다(롬 13:11). 그러나 우리는 이미 구원받았기 때문에 승리는 확실하게 보장된다(엡 2:8, 9).

모든 그리스도인은 그리스도의 초림과 재림 사이, 곧 그분이 우리를 위해 이미 이루신 것과 앞으로 이루실 것의 사이를 살아간다. 그리스도께서 우리를 위해 나타나셨고, 또 앞으로 온전히 나타나실 것이다. '이미'와 '아직 아니,' 그 사이에서 우리는 살고 있다. 몇 가지 예를 들면 다음과 같다.

- 우리는 바울과 함께 "내가 이미 얻었다 함도 아니요 온전히 이루었다 함도 아니라 오직 내가 그리스도 예수께 잡힌 바 된 그것을 잡으려고 달려가노라"(빌 3:12)라고 말한다. 우리는 이미 그리스도께 붙잡힌 바 되었지만, 아직 그분의 충만에는 이르지 못했다.
- 우리는 이미 '그리스도와 함께 다시 살리심을 받았다.' 그러나 아직 충만한 기쁨을 얻지 못했기 때문에 '위의 것을 찾아야 한다'(골 3:1).
- 우리의 옛 사람은 이미 '그리스도와 함께 십자가에 못 박혔다.' 그러나 우리는 우리 자신을 '죄에 대하여 죽은 자로' 여겨야 한다(롬 6:6, 11). 그 이유는 우리가 아직 죄에 대해 완전히 죽고, 하나님에 대해 완전히 살아난 상태가 아니기 때문이다.
- 우리는 이미 '누룩 없는 자'가 되었다. 따라서 '(아직 제거되지 않은) 묵은 누룩을 내버려야 한다'(고전 5:7).
- 하나님은 이미 우리를 '흑암의 권세에서 건져내사 그의 사랑의 아들의 나라로 옮기셨다'(골 1:13). 또한, "주께서 (우리를) 모든 악

한 일에서 건져내시고 또 그의 천국에 들어가도록 구원하실 것이다"(딤후 4:18). 그 이유는 우리가 아직 왕국의 보화를 온전히 경험하지 못했기 때문이다.

과거와 미래의 은혜를 의지하며 사랑의 삶을 실천하라

이처럼 '이미'와 '아직 아니'의 상태가 조성된 이유는 그리스도의 나타나심이 두 단계에 걸쳐 이루어지기 때문이다. 우리는 뒤로는 그리스도의 초림을 돌아보고, 앞으로는 그분의 재림을 바라본다. 우리는 과거에 나타난 하나님의 은혜를 소중히 여기고, 미래에 나타날 그분의 은혜를 신뢰하면서 살아간다.

예를 들어, "우리가 사랑함은 그가 먼저 우리를 사랑하셨기" 때문이다(요일 4:19). 우리가 사랑을 실천하는 이유는 우리를 위해 "하늘에 쌓아둔 소망" 때문이다(골 1:5). 다른 사람들에 대한 우리의 사랑은 우리에게 과거에 주어졌고, 또 미래에 주어질 하나님의 사랑을 통해 형성되고, 그 사랑에 근거한다. 우리가 기꺼이 고난을 감수하며 선을 행하는 이유는 그리스도께서 우리를 위해 고난을 받으셨기 때문이다(벧전 2:21). 우리는 '복을 이어받기 위해' 기꺼이 고난을 감수하며 선을 행한다(벧전 3:9). 과거의 은혜를 소중히 여기고, 미래의 은혜를 신뢰하는 데서 순종의 힘이 생겨난다. 이처럼 '이미'와 '아직 아니'는 그리스도인의 행위에 동기를 부여하는 본질적인 요인이다.

따라서 3부에서는 그분이 이미 우리를 위해 이루신 일들을 통해 나타난 더할 나위 없이 중요하고, 귀하고, 강력한 결과들을 염두에 두고 그리스도의 재림이 우리에게 실질적으로 어떤 영향을 미치는지를 논하는 데 초점을 맞출 생각이다. 그리스도의 보혈을 통해 놀라운 속죄가 이루어지지 않았다면, 그 어떤 미래의 일도 그리스도를 높이는 순종을 실천하도록 이끌지 못할 것이다. 이미 죄 사함과 의롭다 하심과 양자 됨과 성령의 내주하심이 이루어진 그리스도인의 영혼만이 그리스도의 약속들이 뿌리를 내려 순종의 열매를 맺을 수 있는 비옥한 토양이 될 수 있다.

따라서 신약성경이 가르치는 모든 태도와 말과 행위가 3부의 주제가 될 수 있다. 성경의 권고와 권면과 경고와 명령과 도덕적 본보기는 모두 그리스도의 십자가와 그분의 재림을 염두에 두고 실천에 옮겨야 한다.

따라서 "어떻게 살아야 할까?"라는 질문에 대한 대답 가운데 하나는 "신약성경이 가르치는 방식대로 살아라"라는 것이다. 신약성경 전체가 재림을 염두에 두고 기록되었다. 그렇다면 여기에서는 논의의 초점을 어디에 맞추어야 할까? 나는 그리스도의 재림과 분명하게 연관된 태도와 말과 행위만을 다룰 생각이다.

18.
깨어 주의하며
그리스도의 나타나심을 사모하라

앞서 17장 마지막 부분에서 그리스도의 재림이 우리의 기대와 깨어 있음과 경계심에 어떤 영향을 미치는지가 3부의 첫 번째 관심사가 될 것이라고 말한 대로, 이번 장의 논의는 그 문제를 다루는 데서부터 시작해볼까 한다.

그 날과 그 때를 알지 못하니 깨어 있으라

예수님은 '깨어 있으라'(그레고레이테, 아그루프네이테 마 24:42, 눅 21:36) '스스로 조심하라'(프로스엑세테 에아우토이스, 눅 21:34), '삼가라'(블레페테, 막 13:23) '준비하고 있으라'(기네스테 헤토이모이, 눅 12:40)와 같은 말씀으로 재림과 우리의 관계를 시사하셨다. 그렇다면 그런 말씀들은 어떤 의미를 지닐까? 핵심적인 성경 본문 몇 곳을 간단하게 살펴보면 그 대답을 찾을 수 있다. 우선 열 처녀 비유를 가장 먼저 살펴보는 것이 좋을 듯하다. 그 이유는 이 비유 속에 '깨어 있는 것'의 의미가 가장 분명하게 드러나 있기 때문이다.

"그 때에 천국은 마치 등을 들고 신랑을 맞으러 나간 열 처녀와 같다

하리니 그 중의 다섯은 미련하고 다섯은 슬기 있는 자라 미련한 자들은 등을 가지되 기름을 가지지 아니하고 슬기 있는 자들은 그릇에 기름을 담아 등과 함께 가져갔더니 신랑이 더디 오므로 다 졸며 잘새 밤중에 소리가 나되 보라 신랑이로다 맞으러 나오라 하매 이에 그 처녀들이 다 일어나 등을 준비할새 미련한 자들이 슬기 있는 자들에게 이르되 우리 등불이 꺼져가니 너희 기름을 좀 나눠달라 하거늘 슬기 있는 자들이 대답하여 이르되 우리와 너희가 쓰기에 다 부족할까 하노니 차라리 파는 자들에게 가서 너희 쓸 것을 사라 하니 그들이 사러 간 사이에 신랑이 오므로 준비하였던 자들은 함께 혼인 잔치에 들어가고 문은 닫힌지라 그 후에 남은 처녀들이 와서 이르되 주여 주여 우리에게 열어주소서 대답하여 이르되 진실로 너희에게 이르노니 내가 너희를 알지 못하노라 하였느니라 그런즉 깨어 있으라(그레고레이테) 너희는 그 날과 그 때를 알지 못하느니라"(마 25:1-13).

이 비유에서 가장 주목할 만한 내용은 열 처녀(미련한 처녀들과 슬기로운 처녀들)가 모두 신랑을 기다리다가 잠이 들었다는 것이다("다 졸며 잘새"-5절). 만일 그들이 경계병이나 파수꾼이었다면 큰 잘못을 저지른 셈이 될 테지만, 신랑을 혼인 잔치로 맞아들이는 일을 담당한 신부의 친구들이었기 때문에 제시간에 깨어 맡은 책임만 잘 수행한다면 아무런 잘못도 아니었다. 슬기로운 다섯 처녀는 자신들이 맡은 일을 잘하기 위해 철저히 준비했다. 그들은 신랑을 맞이할 기름을 충분히 마련했다. 그들은 밖에서 들리는 소리에 잠에서 깨어나 등불을 켜고 신랑을 맞이했다. 그러나 미련한 다섯 처녀는 기름이 부족했던 탓에 자신들이 맡은 일을 감당하지 못했다.

따라서 이 비유가 "그런즉 깨어 있으라(그레고레이테) 너희는 그 날과 그 때를 알지 못하느니라"(마 25:13)라는 말씀으로 끝을 맺은 것은 조금 이상해 보일 수 있다. "깨어 있으라"라는 것은 말 그대로 잠을 자지 않고 있는 것을 의미한다. 데살로니가전서 5장 10절('깨어 있든지 자든지'-'그레고로멘 카듀도멘')에서는 이 용어가 잠을 자는 것과 대조되는 의미로 사용되었다. 그러나 이것은 사실 조금도 이상하지 않다. 그 이유는 예수님의 말씀이 늘 잠을 자지 않고 깨어 있다가 재림을 맞이하라는 의미가 아니기 때문이다. '깨어 있으라'라는 예수님의 말씀은 재림의 현실을 늘 의식하며 우리의 소명과 책임을 다하려고 노력해야 한다는 뜻이다. 우리는 맑은 정신과 분별력을 잃지 않고 항상 영적으로나 도덕적으로 깨어 있어야 한다. 등불을 켜는 데 필요한 기름을 준비하는 것이 우리의 책임인데 어리석음에 이끌려 그 일을 소홀히 해서는 안 된다. 우리는 몽유병자처럼 세상에서 이루어지는 하나님의 역사나 사탄의 속임수를 인지하지 못하는 잘못을 저질러서는 안 된다.

2부(15장)에서 살펴본 대로, 13절의 기본절("너희는 그 날과 그 때를 모르느니라")에는 예수님이 지금 당장이라도 오실 수 있다는 의미가 함축되어 있지 않다. 이 구절은 두 가지를 가르친다. 첫째, 영적인 몽유병자들은 그리스도께서 재림하실 때 자신의 삶을 새롭게 고칠 시간이 없을 것이다. 잠자는 자들이 영적 잠에 취해 어둠 속을 비틀거리며 돌아다니면서 저지른 일들을 올바로 교정할 수 있는 시간이 주어지지 않을 것이다. 마지막 순간에 오랫동안 익숙해져 온 세속적인 성향을 일시에 고치려는 것은 위선적인 행위에 지나지 않는다. 그런 행위는 참된 영적 생명에서 비롯된 것이 아니라 한갓 두려움으로 인한 결과

일 뿐이다. "그들이 (기름을) 사러 간 사이에 신랑이 오므로 준비하였던 자들은 함께 혼인 잔치에 들어가고 문은 닫힌지라"(마 25:10)라는 말씀대로, 준비하지 못한 이들은 천국 잔치에 참여할 수 없을 것이다.

둘째, 13절의 기본절("너희는 그 날과 그 때를 모르느니라")은 영적인 잠에 빠지면 그리스도의 재림이 임박한 징조들을 깨어 분별할 수 없다고 가르친다. 이 경고의 말씀이 예수님이 지금 당장이라도 재림하실 것이라는 의미와 아무런 관계가 없는 이유가 바로 여기에 있다. '깨어 있으라'라는 말씀은 영적인 잠에 빠지면 앞으로도 계속해서 영적으로 잠을 잘 가능성이 높기 때문에 불법한 사람이 사탄의 초자연적인 능력을 이용해 잠든 영혼들을 사로잡는 때가 이르렀어도 그것을 알아차릴 수가 없다(살후 2:9, 10). "너희는 그 날과 그 때를 알지 못하느니라"라는 말씀은 그리스도께서 지체하실 것으로 생각하고 부주의한 삶을 일삼으면 치명적인 실수를 저지를 수밖에 없다는 의미를 담고 있다.

그 날이 방탕한 영혼에게는 갑작스레 덮쳐오는 덫처럼 임할 것이다

이 마지막 요점은 예수님의 재림을 묘사한 '지혜로운 청지기와 어리석은 청지기의 비유'를 통해 더욱 분명하게 드러난다.

"지혜 있고 진실한 청지기가 되어 주인에게 그 집 종들을 맡아 때를 따라 양식을 나누어 줄 자가 누구냐 주인이 이를 때에 그 종이 그렇게 하는 것을 보면 복이 있으리로다 내가 참으로 너희에게 이르노니 주인이 그 모든 소유를 그에게 맡기리라 만일 그 종이 마음에 생각하기를 주인이 더디 오리라 하여 남녀 종들을 때리며 먹고 마시고 취하게 되면 생각하지 않은 날 알지 못하는 시각에 그 종의 주인이 이르러 엄히 때리고 신실하지 아니한 자의 받는 벌에 처하리니"(눅 12:42-46).

위의 비유는 예수님의 부활 이후 승천과 제자들을 세상에 남겨두어 그들에게 맡기신 일을 계속 수행하게 하실 것을 비유적으로 말하고 있다. 아마도 예수님은 말씀의 사역자들을 염두에 두고 "그 집 종들을 맡아 때를 따라 양식을 나누어 줄 자가 누구냐"라고 말씀하셨을 것이다. 그러니 이 비유의 가르침은 모든 그리스도인에게 똑같이 적용된다.

맡은 일을 성실하게 이행한 충실한 청지기에게는 축복이 선언된다. 그는 집안사람들을 잘 보살핀다. 그는 항상 자신의 책임을 충실하게 이행할 것이기 때문에 갑작스레 주인을 맞이할 일은 없을 것이 틀림없다. 그는 자신에게 주어진 일을 항상 잘하고 있을 것이기 때문에 주인이 언제 오든 두려워할 필요가 없다.

그러나 그다음에는 경고의 말씀이 주어졌다. 청지기가 그릇된 마음을 품고 주인이 지체할 것으로 생각하면("주인이 더디 오리라 하여") 어떻게 될까? 그런 잘못된 생각에 이끌려 "먹고 마시고 취하게 되면" 어떻게 될까? 예수님은 술에 취하면 주인의 갑작스러운 귀환에 놀라게 될 것이라고 말씀하셨다. "그 종이…먹고 마시고 취하게 되면 생각하지 않은 날 알지 못하는 시각에 그 종의 주인이 이르러"(눅 12:45, 46).

이 경고의 말씀이 우리에게 주는 교훈은 무엇일까? 이 경고의 요점은 술 취한 청지기가 주인이 아무 때나 예기치 못한 순간에 돌아올 것을 간과했다는 것이 아니라 어리석은 그가 정신적으로나 영적으로 깨어 있지 못한 상태에 놓여 있었다는 것이다. 그는 주인의 지시를 따르지 않고, 세속적인 삶에 정신이 팔렸다. 그는 눈이 멀어서 영적인 현실을 보지 못했다. "생각하지 않은 날…그 종의 주인이 이르러"(눅 12:46)라는 말씀에서 알 수 있는 대로, 그는 주인이 돌아왔을 때 아무 준비가 되어 있지 않을 것이다. 5년 혹은 50년 후에 나팔 소리가 울릴 때 그가 깨어 있을 가능성이 전혀 없다. 여기에는 영적으로 깨어 주인이 당부한 일을 부지런히 행하라는 교훈이 담겨 있다. 잠과 술 취함으로 표현된 영적 혼수상태에 빠지면 위험을 알리는 징후를 감지할 수가 없기 때문에 예기치 못한 상태로 갑작스레 심판을 받을 수밖에 없다.

예수님은 누가복음 21장 34절에서도 이와 똑같은 가르침을 베푸셨다.

"너희는 스스로 조심하라 그렇지 않으면 방탕함과 술 취함과 생활의 염려로 마음이 둔하여지고 뜻밖에 그 날이 덫과 같이 너희에게 임하리라."

예기치 않은 날 갑작스레 재림이 이루어질 것이라는 가르침은 재림이 지금 당장이라도 이루어질 수 있다는 견해와는 아무런 상관이 없다. 재림이 느닷없이 이루어지는 것처럼 보이는 이유는 인간의 마음이 '생활의 염려'에 짓눌려 둔하여진 까닭에 영적인 나태함이 발생했기 때문이다. 그리스도의 재림이 갑작스레 덮쳐오는 덫과 같이 되는 이유는 그것이 아무 때나 일어날 수 있는 일이기 때문이 아니라 지금부터 몇 년 뒤에 그리스도의 재림이 이루어질 것을 암시하는 심각한 징후들이 나타나더라도 영적인 눈이 먼 탓에 그것을 보지 못할 것이기 때문이다. 영적으로 잠이 들거나 술에 취하거나 눈이 멀면, 재림이 바로 내일이나 앞으로 10년 뒤에 이루어지더라도 뜻하지 않은 파멸에 직면할 수밖에 없을 것이다.

잠자는 자들과 술 취한 자들을 향한 바울의 경고

바울 사도는 예수님이 사용하신 비유적 표현 두 가지를 한데 합쳐 깨어 조심하라는 똑같은 가르침을 베풀었다(마 25:13, 눅 12:45, 21:34).

> "주의 날이 밤에 도둑같이 이를 줄을 너희 자신이 자세히 알기 때문이라 그들이 평안하다, 안전하다 할 그 때에 임신한 여자에게 해산의 고통이 이름과 같이 멸망이 갑자기 그들에게 이르리니 결코 피하지 못하리라 형제들아 너희는 어둠에 있지 아니하매 그 날이 도둑같이 너희에게 임하지 못하리니 너희는 다 빛의 아들이요 낮의 아들이라 우리가 밤이나 어둠에 속하지 아니하나니 그러므로 우리는 다른 이들과 같이 자지 말고(메 카듀도멘) 오직 깨어 정신을 차릴지라(네포멘)"(살전 5:2-6).

바울은 어떤 사람들에게는 그리스도의 날이 도둑같이 느닷없이 찾아와 파멸을 안겨줄 것이라고 말했다. 그러나 "형제들아 너희는 어둠에 있지 아니하매 그 날이 도둑같이 너희에게 임하지 못하리라"(살전 5:4)라는 말씀대로, 어떤 사람들에게는 그렇지 않을 것이다. 그 차이는 우리가 어둠에 있는지, 아니면 '낮의 아들인지,' 곧 영적으로 잠들어 있거나 술에 취해 있는지, 아니면 깨어 정신을 차리고 있는지에 달려 있다. 그 날이 도둑같이 임하는 이유는 '어둠' 속에 있거나 '잠'이 들었거나 '술'에 취해 무사안일한 태도로 '평안하다, 안전하다'라고 말하는 영적 상태 때문이다.

죄에 사로잡혀 재림이 지체될 것이라고 믿는 것은 파멸을 자초하는 것이다

결론적으로, 예수님이 '깨어 있으라,' '준비하라,' '주의하라,' '조심하라'라고 거듭 명령하신 이유는 재림이 순종하는 제자들에게 느닷없이 찾아올 것이기 때문이 아니다. 그 이유는 영적 혼수상태에 빠지면 세상에서 일어나고 있는 일들을 망각함으로써 느닷없이 덫에 걸린 듯 깜짝 놀라며 멸망에 이르는 결과가 초래될 것이기 때문이다. 그리스도께서 재림하실 때가 불확실하다는 사실은 영적으로 깨어 정신을 차리고 있으라고 경고하는 기능을 한다. 징조들을 알아채지 못하는 영적 상태에 이르면, 재림이 "번개가 하늘…이쪽에서…저쪽까지 비침 같이"(눅 17:24) 이루어질 때 영적 혼수상태에서 깨어나기 불가능하다. 그리스도께서 지체하실 것으로 생각하고 세속적인 것을 추구하는 삶을 정당화하는 것은 영적 자멸을 재촉하는 것이다.

만일 우리가 주님의 재림이 3년, 또는 5, 6년 뒤에 있을 것으로 생각한다면(우리는 항상 주님이 머지않아 재림하실 것이라는 마음으로 살아가야 한다), 그 날이 그처럼 가깝고, 또 언제가 될지 불확실하기 때문에 더욱 깨어 주의하는 태도로 우리의 영혼과 삶을 철저하게 관리해야 한다. 영적으로 부주의하면 깨어 인내하는 태도로 마지막 영적 싸움을 치를 수 없을 것이기 때문에 어떤 계획을 세우든 아무 소용이 없을 것이다. 그러나 우리가 영적으로 깨어 그리스도와 교제를 나누고 빛 가운데 행하면 '시대의 표적'(마 16:3)을 분별할 수 있을 것이기 때문에 도둑같이 느닷없이 임하는 재림이 아니라(살전 5:4), 종들을 섬기는 너그러운 주인과 같이 임하는 재림을 경험하게 될 것이다(눅 12:37).

깨어 있다는 것은 주님의 나타나심을 사모하는 것을 의미한다

영적으로 깨어 주의하며 분별력을 잃지 않으려고 애쓴다는 것은 주님의 나타나심을 사모하는 마음을 지닌다는 것, 곧 그분을 간절히 기다리며(히 9:28, 고전 1:7, 빌 3:20 참조), '예수 그리스도께서 나타나실 때에 (우리에게) 가져다주실 은혜를 온전히 바라는'(벧전 1:13) 것을 의미한다.

앞서 1장에서 살펴본 대로, 바울이 데살로니가후서 4장 8절에서 주님의 나타나심을 사모하라고 당부하고 나서 곧바로 주님의 나타나심보다 세상을 더 사랑했던 사람의 대표적인 사례로 데마가 언급되었다. "데마는 이 세상을 사랑하여 나를 버리고"(딤후 4:10). 예수님은 그런 태도에 대해 "너희는 스스로 조심하라 그렇지 않으면 방탕함과 술 취함과 생활의 염려로 마음이 둔하여지고 뜻밖에 그 날이 덫과 같이 너희에게 임하리라"(눅 21:34)라고 경고하셨다. 데마는 주 예수님의 나타나심을 사모하는 마음을 버리고 세상을 사랑했다. 그는 세상의 것이 더 낫다는 망상에 빠져들고 말았다.

이처럼, 깨어 주의하라는 예수님의 명령에 관한 논의는 주님의 나타나심을 사모하는 것에 관한 논의와 일맥상통한다. 영적으로 깨어 주의하는 것은 곧 주님의 나타나심을 사모하는 것이다. 영적 혼수상태에 빠져 세상을 사랑하고, 그리스도의 나타나심의 아름다움을 보지 못하는 것은 그와 정반대되는 태도를 의미한다. 이것이 곧 "어떻게 살아야 할까?"라는 질문에 대한 대답이다. 우리는 그리스도의 나타나심을 사모하며 살아야 한다. 그리스도의 나타나심을 사모하며 산다는 것은 장래를 바라며 크게 기뻐하는 삶이다. 그것은 죄에서 자유함을 누리는 큰 능력의 삶이며, 말세에 헛된 속임수에 넘어가지 않도록 우리를 보호한다.

19.
인내하고, 즐거워하며,
속지 말고, 놀라지 말라

말세를 살아가는 삶의 중요한 측면 가운데 하나는 속지 않도록 깨어 경계해야 한다는 것이다. 그 이유는 예수님과 바울이 가르친 대로 사탄의 기만행위가 마지막이 가까울수록 더욱 심해질 것이기 때문이다. 예수님은 "주의 임하심과 세상 끝에는 무슨 징조가 있사오리이까"(마 24:3)라는 제자들의 질문을 듣고서 이 위험성을 특별히 강조하셨다.

"너희가 사람의 미혹을 받지 않도록 주의하라 많은 사람이 내 이름으로 와서 나는 그리스도라 하여 많은 사람을 미혹하리라…거짓 선지자가 많이 일어나 많은 사람을 미혹하겠으며 불법이 성하므로 많은 사람의 사랑이 식어지리라 그러나 끝까지 견디는 자는 구원을 얻으리라…거짓 그리스도들과 거짓 선지자들이 일어나 큰 표적과 기사를 보여 할 수만 있으면 택하신 자들도 미혹하리라 보라 내가 너희에게 미리 말하였노라"(마 24:4-5, 11-13, 24-25).

속임수는 1세기부터 지금까지 역사 속에서 줄곧 지속되어 왔다. 그러나 불법이 성하고, 사랑이 식고, 기적과 표적이 일어나 택하신 자들까지 미혹할 것이기 때문에 끝까지 인내해야 한다는 예수님의 가르침은 말세의 마지막 때에 그런 속임수가 더욱 극심해져 절정에 달할 것을 암시한다. 따라서 예수님은 "너희가 사람의 미혹을 받지 않도록 주의하라"(마 24:4)라고 단단히 당부하셨다. 이것도 '깨어 있으라'와 '주의하라'라는 말과 똑같은 의미를 지닌다. 거짓 선지자들과 거짓 그리스도들의 기만적인 유인책에 미혹되지 말고 주님의 나타나심을 더 많이 사모하라.

속임수와 악의 최후

바울은 불법한 사람이 나타날 때 성행할 거짓된 기적과 표적을 악의 최후의 준동과 연결지었다.

"악한 자의 나타남은 사탄의 활동을 따라 모든 능력과 표적과 거짓 기적과 불의의 모든 속임으로 멸망하는 자들에게 있으리니 이는 그들이 진리의 사랑을 받지 아니하여 구원함을 얻지 못함이라 이러므로 하나님이 미혹의 역사를 그들에게 보내사 거짓 것을 믿게 하심은 진리를 믿지 않고 불의를 좋아하는 모든 자들로 하여금 심판을 받게 하려 하심이라"(살후 2:9-12).

내가 이것을 악의 최후의 준동으로 일컬은 이유는 바울이 8절에서 사탄의 힘을 빌려 속임수를 쓰는 '불법한 자'가 주 예수님의 강림하심으로 죽임을 당하게 될 것이라고 말했기 때문이다. "그 때에 불법한 자가 나타나리니 주 예수께서 그 입의 기운으로 그를 죽이시고 강림

하여 나타나심으로 폐하시리라." 이처럼 바울은 사탄이 그리스도의
백성을 해치려고 거짓된 속임수로 최후의 발악을 시도할 테니 조심하
라고 당부했다.

12절에 보면, "진리를 믿지 않고 불의를 좋아하는 모든 자들"이라
는 문구가 발견된다. 불의를 좋아하는 것은 진리를 믿는 것과 정반대
다. '진리를 믿는 것'은 '진리를 사랑하는 것'(10절)과 일맥상통한다. 단
지 진리에 동의하는 것에 그치지 않고, 진리를 사랑해야만 말세에 나
타날 사탄의 속임수로부터 보호받을 수 있다. 주 예수님의 나타나심
이라는 미래의 영광이 진리의 핵심을 이룬다. 따라서 바울은 주님의
강림하심이라는 진리를 사랑하라고(곧 그분의 나타나심을 사모하라고) 간곡
히 당부했다(딤후 4:8). 그렇다면 말세에 어떻게 살아야 할까? 거짓 것
에 미혹되지 않도록 항상 조심하며 살아야 한다. 두려워하는 마음이
아닌 그리스도의 나타나심을 진정으로 사모하는 마음으로 항상 깨어
있어야 한다.

깨어 있되 두려워하지는 말라

속임수를 경계하며 산다는 것은 두려워하는 마음으로 사는 것을
의미하지 않는다. 불안함이 아닌 사랑이 속임수를 막아주는 최선의
보호책이다. 예수님과 바울 모두 이 점을 분명하게 보여주었다. 16장
에서 살펴본 대로, '두려워하다'라는 용어가 신약성경에서 말세와 관
련된 성경 구절에 사용된 경우는 단 두 번뿐이다. 한 번은 바울이, 다
른 한 번은 예수님이 사용하셨다. 예수님은 거짓 그리스도에게 속지
말라며 주의를 일깨우고 나서 두려워하지 말라고 당부하셨다.

"많은 사람이 내 이름으로 와서 이르되 나는 그리스도라 하여 많은 사람을 미혹하리라 난리와 난리 소문을 듣겠으나 너희는 삼가 두려워하지 말라(드로에이스데) 이런 일이 있어야 하되 아직 끝은 아니니라"(마 24:5, 6, 막 13:6, 7 참조).

"이런 일이 있어야 하되"라는 문구에는 하나님의 확고부동한 계획이 실행되는 중이라는 의미가 내포되어 있다. 모든 상황이 통제되고 있다. 따라서 깨어 있되 두려워할 필요는 없다. "아직 끝은 아니니라"라는 문구는 주님이 곧 강림하실 것으로 생각해 두려워할 필요가 없다는 의미를 담고 있다. 종말의 시기는 오직 성부 하나님만이 결정하신다. 그분은 우리의 주님이요 구원자요 친구이시다. 그분이 우리를 위해 몇 달이나 몇 년이나 몇십 년을 더 인내하도록 정하셨다면, 깨어 있되 두려워하지 않으면서 사는 데 필요한 것(곧 주님의 나타나심을 사모하는 마음)을 공급해주실 것이 틀림없다.

바울도 '두려워하다'라는 용어를 사용해 이와 똑같은 가르침을 베풀었다. "형제들아 우리가 너희에게 구하는 것은⋯주의 날이 이르렀다고 해서 쉽게 마음이 흔들리거나 두려워하거나(드로에이스다이) 하지 말아야 한다는 것이니라"(살후 2:1, 2). 이것은 "삼가 두려워하지 말라⋯아직 끝은 아니니라"라는 예수님의 말씀과 거의 똑같다. 그리스도인들은 종말이 언제일지를 생각하려고 애쓸 필요가 없다. 확고한 성경적 근거가 없이 큰 파문만 일으키는 예측에 좌지우지될 필요가 전혀 없다. 주님의 재림이 임박했음을 보여주는 확실한 증거가 못 되는 징조들을 내세우는 헛된 주장에 이끌려 종말을 맞이할 계획을 세우거나 이성을 잃고 흥분해서는 안 된다.

기뻐하며 인내하라

그리스도인의 영혼은 두려워하지 않고, 늘 경성하며 주님의 나타나심을 간절히 사모한다. 이런 경성함과 간절함에는 두려움은 배제되지만, 굳건하고, 평화롭고, 즐거운 인내는 포함된다.

"그러므로 형제들아 주께서 강림하시기까지 길이 참으라 보라 농부가 땅에서 나는 귀한 열매를 바라고 길이 참아 이른 비와 늦은 비를 기다리나니 너희도 길이 참고 마음을 굳건하게 하라 주의 강림이 가까우니라 형제들아 서로 원망하지 말라 그리하여야 심판을 면하리라 보라 심판주가 문 밖에 서 계시니라 형제들아 주의 이름으로 말한 선지자들을 고난과 오래 참음의 본으로 삼으라 보라 인내하는 자를 우리가 복되다 하나니 너희가 욥의 인내를 들었고 주께서 주신 결말을 보았거니와 주는 가장 자비하시고 긍휼히 여기시는 이시니라"(약 5:7-11).

야고보는 주님의 재림을 세 차례나 언급했다(약 5:7-9). 그의 주된 관심은 기꺼이 고난을 감내하고, 끝까지 참는 인내를 촉구하는 데 있었다. 굳건한 마음으로 인내하며 확신 가운데 주님의 강림하심을 기다리는 동안 고난이 닥치더라도 결코 두려워하거나 흔들려서는 안된다.

야고보만이 아니라 예수님과 바울도 고난을 말세의 특징 가운데 하나로 언급했다. "그 때에 사람들이 너희를 환난에 넘겨주겠으며 너희를 죽이리니 너희가 내 이름 때문에 모든 민족에게 미움을 받으리라"(마 24:9). 그런 상황이 닥치더라도 두려워해서는 안 된다. '심판주가 문 밖에 서 계시다는' 것을 알고 굳센 마음으로 고난을 감내해야 한다.

바울은 그런 고난이 우리를 '하나님의 나라에 합당한 자로' 만들기 위한 하나님의 지혜로운 계획의 일부라고 설명했다(살후 1:5). 그는 우리의 고난과 관련된 하나님의 목적과 재림을 통해 드러날 그분의 정의를 하나로 연관시켜 말했다.

"그러므로 너희가 견디고 있는 모든 박해와 환난 중에서 너희 인내와 믿음으로 말미암아 하나님의 여러 교회에서 우리가 친히 자랑하노라 이는 하나님의 공의로운 심판의 표요 너희로 하여금 하나님의 나라에 합당한 자로 여김을 받게 하려 함이니 그 나라를 위하여 너희가 또한 고난을 받느니라 너희로 환난을 받게 하는 자들에게는 환난으로 갚으시고 환난을 받는 너희에게는 우리와 함께 안식으로 갚으시는 것이 하나님의 공의시니 주 예수께서 자기의 능력의 천사들과 함께 하늘로부터 불꽃 가운데에 나타나실 때에 하나님을 모르는 자들과 우리 주 예수의 복음에 복종하지 않는 자들에게 형벌을 내리시리니"(살후 1:4-8).

하나님이 "예수께서…하늘로부터 불꽃 가운데에 나타나실 때" 신자들을 박해하는 자들에게는 그에 상응하는 형벌을 내리고, 환난을 받는 자들은 구원하실 것이기 때문에 비록 우리가 고난을 당하더라도 그분의 심판은 정의롭기 그지없다. 따라서 깨어 간절히 주님의 강림하심을 기다리는 동안 고난이 닥치더라도 조금도 두려워할 필요가 없다.

신약성경은 예수님의 재림을 기다리는 동안 두려워하지 말고 인내하라고 가르친다. 심지어 신약성경은 그리스도 때문에 고난을 받거든 오히려 기뻐하라고까지 말씀한다(마 5:11, 12, 눅 6:23, 행 5:41, 롬 5:3, 빌 2:17, 골 1:24, 약 1:2). 베드로는 이런 기쁨을 예수님의 영광이 나타나는 것을 사모하는 것과 직접 연관시켰다.

> "사랑하는 자들아 너희를 연단하려고 오는 불 시험을 이상한 일 당하는 것 같이 이상히 여기지 말고 오히려 너희가 그리스도의 고난에 참여하는 것으로 즐거워하라 이는 그의 영광을 나타내실 때에 너희로 즐거워하고 기뻐하게 하려 함이라"(벧전 4:12, 13).

베드로는 그리스도의 고난에 참여하는 즐거움을 그분의 영광이 나타났을 때 즐거워할 수 있는 조건으로 제시했다. 이는 지금 그리스도의 고난에 참여하는 즐거움을 누려야만 그분이 강림하실 때 그분의 영광에 참여하는 즐거움을 누릴 수 있다는 뜻이다. 말세에는 박해도 더욱 심하게 가중되고, 불법의 영향으로 인해 사랑마저 차갑게 식어버릴 것이다(마 24:12). 그러나 그리스도인들은 두려워해서는 안 된다. 우리는 주님의 영광스러운 나타나심과 의의 면류관을 바라보면서(벧전 4:13, 딤후 4:8) 기뻐해야 한다. 우리는 "끝까지 견디는 자는 구원을 얻으리라"(마 24:13)라는 말씀을 기억하고, 타협으로 인한 안락함을 추구하거나(막 8:35), 부끄러움을 피하려고 애쓰지 말고(막 8:38), 주님의 나타나심을 더욱 사모하며 기뻐해야 한다.

우리는 사랑하는 사람들의 무덤 곁에 서 있을 때도 "소망 없는 다른 이와 같이 슬퍼하지" 말아야 한다(살전 4:13). 왜냐하면 "주께서 호령과 천사장의 소리와 하나님의 나팔 소리로 친히 하늘로부터 강림하시고 그리스도 안에서 죽은 자들이 먼저 일어날 것이기" 때문이다(살전 4:16). 이미 죽은 자들도 조금도 불리함이 없이 주님의 영광스러운 재림을 직접 경험할 것이다. "우리 살아남은 자들도 그들과 함께 구름 속으로 끌어 올려 공중에서 주를 영접하게 하시니리"(살전 4:17). 따라서 깨어 있는 마음으로 말세를 살아가다가 죽음을 맞이하더라도 두려워할 필요가 전혀 없다. 소망을 잃지 말고 끝까지 인내해야 한다. 어떤 손실이나 유혹을 당하든 주님의 나타나심을 간절히 사모해야 한다.

20.
온유한 태도로 정의가
이루어질 때를 기다려라

두려워하지 않고, 깨어 인내하며 즐거운 마음으로 주님의 나타나심을 사모하며 살려고 노력하는 데서 우리가 간절히 사모하는 주 예수님처럼 살아가려는 순결함의 열정이 생겨난다. 요한일서 3장 2-3절에 이런 사실이 분명하게 드러나 있다.

"사랑하는 자들아 우리가 지금은 하나님의 자녀라 장래에 어떻게 될지는 아직 나타나지 아니하였으나 그가 나타나시면 우리가 그와 같을 줄을 아는 것은 그의 참모습 그대로 볼 것이기 때문이니 주를 향하여 이 소망을 가진 자마다 그의 깨끗하심과 같이 자기를 깨끗하게 하느니라."

이 구절에 함축된 심리적인 역학 관계에 주목하라. "주를 향하여 이 소망을 가진 자마다"라는 문구는 예수님처럼 되려는 소망을 가리킨다. "그가 나타나시면 우리가 그와 같을 줄을 아는 것은…주를 향하여 이 소망을 가진 자마다…자기를 깨끗하게 하느니라."
이 말씀의 요점은 주님이 나타나실 때 그분을 봄으로써 그분처럼 되기를 원한다면, 지금 그분처럼 되려고 노력할 것이라는 것이다. 주님의 나타나심을 사모한다고 주장하면서 순결함과 거룩함에 무관심하다면, 그것은 위선에 지나지 않는다. 그리스도께서 강림하실 때 일어나게 될 일을 간절히 바라고 사모하는 마음으로부터 그리스도처럼 순결하고, 거룩하고, 사랑이 많고, 희생적인 사람이 되겠다는 열정이 생겨난다. 간단히 말해, 거룩한 삶을 살려는 열정은 그리스도의 나타나심을 사모하는 마음으로부터 비롯한다.

우주적인 멸망에 내포된 도덕적 명령

베드로는 자신의 두 번째 서신에서 재림을 '거룩한 행실과 경건함'을 장려하는 동기 부여의 수단으로 제시했다(벧후 3:11). 그는 그리스도를 닮는 것이 아름답다는 식으로 말하지 않고, 그분을 닮지 않으면 모든 것을 잃고 말 것이라는 식으로 말했다. 그러고 나서 그는 오직 의만 거하는 새 하늘과 새 땅을 언급하는 내용으로 자신의 가르침을 마무리했다(벧후 3:13). 사실, 그는 그리스도의 강림하심이나 나타나심을 많이 언급하지 않았다. 그는 단지 '주의 날이 도둑 같이 올 것'이라고 말했을 뿐이다(벧후 3:10). 이 말은 재림을 가리키는 것이 분명하다.[1]

---

1) 8장에서 말한 대로, 이 책의 목적은 '주의 날'에 뒤따를 모든 사건을 분류해서 열거하는 데 있지 않다. '날'은 24시간으로 이루어진 하루를 가리키지 않는다. 이 말은 긴 시간을 가리킬 수 있다. 예를 들어, 성경은 "신랑을 빼앗길 날이 이르리니 그 날에는 금식할 것이니라"라고 말씀한다(막 2:20, 요 8:56, 16:23, 고후 6:2, 엡 6:13, 히 8:9 참조). 하나님의 생각 속에서는 '날'로 일컬어진 시간이 한정된 시간을 가리킬 수 있지만, 우리의 유한한 견지에서 보면 그 길이가 얼마인지 확실하게 알 수 없다. 따라서 그 시간 안에 많은 사건이 일어날 수 있다. 따라서 나는 '주의 날,' '하나님의 날,' '심판의 날,' '진노의 날'과 같은 성경의 표현들을 사용할 때는 사건들의 순서를 가려내거나 그것들 사이에 얼마만큼의 시간이 흐를 것인지를 따지려고 하지 않고, 그런 날들이 이르렀을 때 다양한 사건들이 일어날 수 있는 여지를 남겨

"주의 날이 도둑같이 오리니 그 날에는 하늘이 큰 소리로 떠나가고 물질이 뜨거운 불에 풀어지고 땅과 그 중에 있는 모든 일이 드러나리로다 이 모든 것이 이렇게 풀어지리니 너희가 어떠한 사람이 되어야 마땅하냐 거룩한 행실과 경건함으로 하나님의 날이 임하기를 바라보고 간절히 사모하라 그 날에 하늘이 불에 타서 풀어지고 물질이 뜨거운 불에 녹아지려니와 우리는 그의 약속대로 의가 있는 곳인 새 하늘과 새 땅을 바라보도다 그러므로 사랑하는 자들아 너희가 이것을 바라보나니 주 앞에서 점도 없고 흠도 없이 평강 가운데서 나타나기를 힘쓰라"(벧후 3:10-14).

필시 베드로는 천체들과 세상이 파괴될 것에 초점을 맞추고 있다. 그 이유는 바로 앞에서 거짓 교사들이 창조된 우주(하늘과 땅)가 여전히 견고하기 때문에 그 어떤 파국도 생각할 수 없다고 주장하며 재림을 부인했기 때문이다. "(조롱하는 자들이) 이르되 주께서 강림하신다는 약속이 어디있느냐 조상들이 잔 후로부터 만물이 처음 창조될 때와 같이 그냥 있다 하니"(벧후 3:4). 따라서 베드로는 '주의 날'을 묘사하면서 자연에 미칠 큰 재앙에 초점을 맞추었다.

그러나 그의 진정한 목적은 "어떻게 살아야 할까?"라는 질문에 대답하는 것이었다. "땅과 그 중에 있는 모든 일이 드러나리로다 이 모든 것이 이렇게 풀어지리니 너희가 어떠한 사람이 되어야 마땅하냐

두는 것이 좋다고 생각한다. 나는 하늘과 땅의 완전한 혁신을 언급한 베드로의 말과 관련해서도 그 일이 '주의 날'에 뒤따를 다른 사건들과 관련해 언제 일어날 것인지를 굳이 설명하려고 애쓸 생각이 전혀 없다.

거룩한 행실과 경건함으로"(벤후 3:11)라는 말씀에 그의 논리가 분명하게 드러나 있다.

불의는 사라지고, 의는 영원할 것이다

베드로의 생각도 '피조물이 허무한 데 굴복해…썩어짐의 종노릇을 하게 되었다는' 바울의 생각과 조금도 다르지 않아 보인다(롬 8:20, 21). 타락한 인간에게 그리스도의 구원 사역을 통한 혁신이 필요한 것처럼, 자연도 혁신이 필요하다. "그 바라는 것은 피조물도 썩어짐의 종노릇한 데서 해방되어 하나님의 자녀들의 영광의 자유에 이르는 것이니라"(롬 8:21)라는 말씀에서 알 수 있는 대로, 바울은 하나님이 기존의 세상을 없애고 새로운 세상을 다시 만드는 것이 아니라 그것을 '썩어짐의 종노릇한' 데서 해방하심으로써 새로운 혁신이 이루어질 것이라고 가르쳤지만, 그런 혁신과 정화가 어떤 식으로 이루어질 것인지에 대해서는 아무 말도 하지 않았다. 그러나 베드로는 그런 일이 불로 인해 이루어질 것이라고 말했다.

물론, 이것은 지구와 천체들이 모두 불에 타 없어지고, 새 하늘과 새 땅이 무로부터 다시 창조될 것이라는 의미가 아니다. 창조에 관한 베드로의 생각은 바울의 생각과 같았다. 바울은 "(피조물이 없어지는 것이 아니라) 썩어짐의 종노릇한 데서 해방되어 하나님의 자녀들의 영광의 자유에 이르는 것이니라"(롬 8:21)라고 말했다. 따라서 하늘이 "떠나가고" 땅이 뜨거운 불에 풀어진다는 것(벤후 3:10)은 무서운 산불이나 화산으로 인해 일어나게 될 일을 가리키는 의미로 보인다. 땅의 나무와 식물들을 비롯해 인간이 만든 구조물들이 모조리 파괴될 테지만 땅 자체가 사라지는 것은 아니다.

"어떻게 살아야 할까?"라는 문제에 대한 베드로의 대답은 이렇다. 즉 하늘과 땅이 철저하게 파괴되어 경건하고, 거룩한 것 외에는 아무것도 남지 않을 것이다. 거룩하고 경건하지 않은 것은 모두 없어질 것이고, "우리는…의가 있는 곳인 새 하늘과 새 땅을 바라볼 것이다"(벧후 3:13). 불의는 사라지고, 의는 영원할 것이다. 그러므로 "너희가 어떠한 사람이 되어야 마땅하냐 거룩한 행실과 경건함으로…사모하라"(벧후 3:11, 12). 베드로는 파괴와 혁신을 상기시키고 나서 "사랑하는 자들아 너희가 이것을 바라보나니 주 앞에서 점도 없고 흠도 없이 평강 가운데서 나타나기를 힘쓰라"(벧후 3:14)라고 당부했다.

온유한 태도로 정의가 이루어지기를 기다려라

바울 사도는 신자의 인격적 성품을 "(장차 의와 정의가 승리할 텐데) 너희가 어떠한 사람이 되어야 마땅하냐"라는 베드로의 질문에 대한 대답으로 제시했다. 그의 대답에 따르면, 재림을 사모하는 신자는 온유해야 한다. 그의 이런 가르침은 빌립보서 4장 4-7절과 로마서 12장 19-21절에서 발견된다.

바울은 빌립보서 4장 5절에서 "너희 관용(gentleness, 부드러움)을 모든 사람에게 알게 하라 주께서 가까우시니라"라고 말했다. 이것은 주님이 오실 날이 가깝고, 또 확실하기 때문에 그것을 올바로 생각하고, 느낀다면 온유한 태도를 지닐 수밖에 없다는 뜻이다.[21] 〈영어 표준역 성경〉은 헬라어 '에피에이케스'를 '관용'이 아닌 '온당함(reasonableness)'으로 번역했다. 그러나 바울은 디모데전서 3장 3절에

---

21) '가깝다'라는 표현의 의미에 대해서는 14장을 참조하라.

서 이 용어를 폭력적인 행위와 대조시켰다. 감독은 '구타하지 아니하며 오직 관용해야 한다(메 플레크텐 알라 에피유케).' '폭력적인'의 반대는 '온당한'이 아닌 '온유한'이다.

이와 비슷하게 디도서 3장 2절에서는 '에피에이케이스'가 '다투지 않는, 칼이 없는'을 뜻하는 '아마쿠스'와 나란히 열거되었다. 이 말은 '평화적인(비폭력적인)'이라는 뜻이다. 이것도 '온당한'보다는 '온유한'과 뜻이 더 잘 통한다. 바울이 디도에게 한 말은 "아무도 비방하지 말며, 평화적이며, 관용하며 모든 사람에게 온유함을 나타내라"라고 번역할 수 있다.

바울이 온유함을 주님의 재림을 사모하는 마음의 특징으로 간주했다고 생각할 수 있는 또 하나의 이유는 로마서 12장 19-20절에 기록된 그의 가르침 때문이다.

> "내 사랑하는 자들아 너희가 친히 원수를 갚지 말고 하나님의 진노하심에 맡기라 기록되었으되 원수 갚는 것이 내게 있으니 내가 갚으리라고 주께서 말씀하시니라 원수가 주리거든 먹이고 목마르거든 마시게 하라 그리함으로 네가 숯불을 그 머리에 쌓아 놓으리라."

온유함(관용)이란 악을 악으로 갚지 않고, 원수에게 선을 베푸는 것을 의미한다. 이것이 바울이 요구하는 것이다. 원수 갚는 것은 주님께 맡겨야 한다. 주님은 "원수 갚는 것이 내게 있으니 내가 갚으리라"라고 약속하셨다. 주님이 마지막 날에 정의를 시행하실 것이라고 믿는다면, 이 세상에서 원수들에게 보복하려고 해서는 안 된다. 우리는 온유한 태도로 악을 선으로 갚아주어야 한다.

이것이 재림과 연관성을 갖는 이유는 재림의 날이 곧 주님의 복수가 이루어지는 날이기 때문이다. 바울은 데살로니가후서 1장 7-8절에서 이 점을 분명하게 언급했다. "주 예수께서 자기의 능력의 천사들과 함께 하늘로부터 불꽃 가운데에 나타나실 때에 하나님을 모르는 자들과 우리 주 예수의 복음에 복종하지 않는 자들에게 형벌을 내리시리니." 로마서 12장 19-20절에 기록된 바울의 가르침은 빌립보서 4장 5절("너희 관용을 모든 사람에게 알게 하라 주께서 가까우시니라")에 언급된 주님의 재림과 기독교적인 온유함이 서로 연관성을 지니는 이유를 여실히 보여준다. 주님이 재림하시면 모든 일을 정의롭게 처리하고, 잘못된 것을 모두 바로잡으실 것이다. 따라서 우리는 복수를 기꺼이 주님께 맡기고, 온유한 태도를 유지해야 한다.

21.
부지런히 일하며
열심히 교회에 나가라

말세에 온유하게 살아가라는 가르침이 이상할 정도로 평범하게 느껴진다면, 이번 장의 내용은 더더욱 그럴 것이다. 우리가 알고 있는 세상이 종말을 고할 것이라면, '깨어 있으라'라는 것은 매우 적절한 가르침이 아닐 수 없다. 그러나 '온유하라'라는 것은 그다지 적절하지 않은 가르침처럼 들린다. 그것은 덜 긴박한 시대에나 필요한 덕성처럼 보인다. 그러나 예수님의 생각은 우리의 생각과 다르고, 그분의 길은 우리의 길과 같지 않다. 온유함은 사랑이 없고, 적대적인(마 24:10, 12) 시대의 문화적 시류를 거스르는 덕성이기 때문에 그 무엇도 그리스도의 능력을 이보다 더 분명하게 증언할 수는 없을 것이다. 그와 비슷하게 부지런히 일하며 열심히 교회에 나가는 것도 문화적 불안이 팽배한 상황 속에서 매우 평범하게 보이는 일이지만, 심원하고, 평화롭고, 확신에 찬 태도로 주님의 나타나심을 사모하는 마음을 보여주기에는 더할 나위 없이 적합하다.

따라서 신약성경은 주님의 나타나심을 사모하는 사람은 부지런히 일해야 한다는 것을 "어떻게 살아야 할까?"라는 질문에 대한 또 하나의 대답으로 제시한다. 우리는 믿음직한 태도로 부지런히 일함으로써 주님이 오실 때 우리의 소명을 충실히 이행한 사람으로 드러나야 한다. 예수님과 바울 모두 이 점을 분명하게 강조했다.

데살로니가 사람들의 과잉 반응과 게으름

바울이 주님을 기다리면서 부지런히 일해야 한다고 가르친 이유는 데살로니가에서 그와 정반대되는 상황이 전개되었기 때문이다. 바울은 데살로니가후서에서 이 문제를 다루었다. 첫째, 데살로니가 신자들 가운데는 생산적인 직업 활동을 중단한 사람들이 적지 않았다. 바울은 그런 상황을 묘사하면서 그런 잘못된 태도를 바로잡기 위한 가르침을 베풀었다.

"형제들아 우리 주 예수 그리스도의 이름으로 너희를 명하노니 게으르게 행하고 우리에게서 받은 전통대로 행하지 아니하는 모든 형제에게서 떠나라 어떻게 우리를 본받아야 할지를 너희가 스스로 아나니 우리가 너희 가운데서 무질서하게 행하지 아니하며 누구에게서든지 음식을 값없이 먹지 않고 오직 수고하고 애써 주야로 일함은 너희 아무에게도 폐를 끼치지 아니하려 함이니 우리에게 권리가 없는 것이 아니요 오직 스스로 너희에게 본을 보여 우리를 본받게 하려 함이니라 우리가 너희와 함께 있을 때에도 너희에게 명하기를 누구든지 일하기 싫어하거든 먹지도 말게 하라 하였더니 우리가 들은즉 너희 가운데 게으르게 행하여 도무지 일하지 아니하고 일을 만들기만 하는 자들이 있다 하니 이런 자들에게 우리가 명하고 주 예수 그리스도 안에서 권하기를 조용히 일하여 자기 양식을 먹으라 하노라 형제들아 너희는 선을 행하다가 낙심하지 말라"(살후 3:6-13).

데살로니가 신자들 가운데 '게으르게 행하고'(살후 3:6), '일하기 싫어하고'(3:10), '일을 만들기만 하고'(3:11), 다른 사람들이 열심히 벌어 장만한 음식을 '값없이 먹는'(3:8) 사람들이 있었다. 그런 일이 일어난 이유는 무엇일까? 바울은 데살로니가후서 2장에서 그 이유를 설명했다.

데살로니가 교회의 신자들 가운데 일부가 과잉 반응을 보였던 이유는 '주의 날이 이르렀다고' 생각했기 때문이었다(살후 2:2). 다시 말해, 그들은 '주님이 곧 오실 텐데 일을 해서 뭐해?'라고 생각했다.

> "형제들아 우리가 너희에게 구하는 것은 우리 주 예수 그리스도의 강림하심과 우리가 그 앞에 모임에 관하여 영으로나 또는 말로나 또는 우리에게서 받았다 하는 편지로나 주의 날이 이르렀다고 해서 쉽게 마음이 흔들리거나 두려워하거나 하지 말아야 한다는 것이라 누가 어떻게 하여도 먼저 배교하는 일이 있고 저 불법의 사람 곧 멸망의 아들이 나타나기 전에는 그 날이 이르지 아니하리니"(살후 2:1-3).

내가 과잉 반응이라는 용어를 사용한 이유는 바울이 '쉽게 마음이 흔들리는(살류데나이 후마스 아포 투 보오스)' 사람들이 있다고 말했기 때문이다(살후 2:2). 그들은 주의 날이 이르렀다고 생각하고 비이성적으로 행동했다. 바울은 "먼저 배교하는 일이 있고 저 불법의 사람 곧 멸망의 아들이 나타나기 전에는 그 날이 이르지 아니하리니"(살후 2:3)라는 말로 그런 생각이 잘못이라는 점을 깨우쳐주었다. 바꾸어 말해, 그는 알아볼 수 있을 정도로 확연한 배교 행위와 불법한 사람이 아직 나타나지 않았기 때문에 주님의 날이 아직 이르지 않았다고 말했다.

따라서 우리는 주 예수님이 재림하실 때를 기다리는 동안, 우리의 소명에 충실해야 한다. 종말이 왔다고 과잉 반응하지 말고, '선을 행하다가 낙심하지 말아야 한다.' (사회적으로나 개인적으로나 직업 소명과 관련해) 주님이 오시는 그 날까지 선을 행해야 한다. 우리가 세상에서 행하는 의무들은 주님이 오실 때까지 중단되지 않는다. "무슨 일을 하든지 마음을 다하여 주께 하듯 하고 사람에게 하듯 하지 말라"(골 3:23)라는 것이 그분이 오실 때까지 우리가 지켜야 할 규칙이다.

일하다가 발견되면 복되다

예수님이 오실 때까지 세상의 일을 충실히 이행해야 한다는 사도의 가르침은 예수님의 가르침에 근거한다. 예수님은 여러 차례 재림을 우리의 일과 연관시켜 말씀하셨다. 예를 들어, 베드로는 "너희는 마치 그 주인이 혼인 집에서 돌아와 문을 두드리면 곧 열어 주려고 기다리는 사람과 같이 되라"(눅 12:36)라는 예수님의 가르침을 듣고 나서 "주께서 이 비유를 우리에게 하심이니이까 모든 사람에게 하심이니이까"(눅 12:42)라고 질문했다. 예수님은 그 질문에 이렇게 대답하셨다.

> "지혜롭고 진실한 청지기가 되어 주인에게 그 집 종들을 맡아 때를 따라 양식을 나누어 줄 자가 누구냐 주인이 이를 때에 그 종이 그렇게 하는 것을 보면 그 종은 복이 있으리로다 내가 참으로 너희에게 이르노니 주인이 그 모든 소유를 그에게 맡기리라"(눅 12:42-44).

예수님은 "이 비유를 우리에게 하심이니이까 모든 사람에게 하심이니이까"라는 베드로의 질문에 직접 대답하지 않고, 그를 비롯해 모든 사람에게 적용되는 원리(주인이 종들에게 할 일을 맡기고 출타했다는 것)를 제시하셨다. 주인은 자기가 돌아왔을 때 종들이 자기가 맡긴 일을 충실하게 하고 있기를 기대했다(마 24:42-51 참조).

이것은 우리를 자유롭게 하는 가르침이 아닐 수 없다. 우리는 시대의 징조가 갈수록 분명해지더라도 그것에 관심의 초점을 맞출 필요가 없다. 종말이 가까워지면서 어떤 일이 일어나고 있는지를 영적으로 분별하는 것은 좋은 일이지만, 종말의 징조를 파악하는 것이 주인이 종들에게 요구하는 주된 자질은 아니다. 주인이 자신의 종에게 '잘하였도다'(마 25:21, 23)라고 말한 이유는 그 종이 멀리 지평선 위로 모습을 드러낸 주인을 발견했기 때문이 아니라 그가 자기에게 주어진 일을 끝까지 충실하게 행했기 때문이다.

물론, 우리는 끝까지 영적으로 깨어 주의해야 한다. 충실한 종은 영적 나태함이나 무지에 빠져들어서는 안 된다. 그렇게 되면 "생각하지 않은 날 알지 못하는 시각에…주인이 이르러 엄히 때리고 신실하지 아니한 자의 받는 벌에 처할 것이다"(눅 12:46). 그러나 그렇게 깨어 주의해야 하는 이유는 주님의 재림이 얼마나 가까이 다가왔는지를 예측하기 위해서가 아니라 주님의 일을 하기 위해서다. 우리는 "때가 아직 낮이매 나를 보내신 이의 일을 우리가 하여야 하리라 밤이 오리니 그때는 아무도 일할 수 없느니라"(요 9:4)라는 예수님의 말씀을 우리의 좌우명으로 삼아야 한다. 우리는 주님이 지체하시더라도 우리에게 할 일을 맡기셨다는 것을 기쁘게 생각하고, 항상 그분의 나타나심을 간절히 사모하며 아침에 잠에서 깨어나면 부지런히 일해야 한다.

그 날이 다가올수록 교회에 열심히 나가라

말세에는 일하러 가는 것보다 훨씬 더 중요한 것이 있다. 그것은 교회에 나가는 것이다. 그 날이 다가올수록 우리는 더욱 열심히 교회에 나가야 한다. 히브리서 저자는 그리스도의 날이 가까울수록 더욱 열심히 모여야 한다고 가르쳤다.

"서로 돌아보아 사랑과 선행을 격려하며 모이기를 폐하는 어떤 사람들의 습관과 같이 하지 말고 오직 권하여 그 날이 가까움을 볼수록 더욱 그리하라"(히 10:24, 25).

"그 날이 가까움을 볼수록 더욱 그리하라." 여기에서 '그 날'은 히브리서 9장에서 언급한 사건과 똑같은 사건을 가리킨다. "이와 같이 그리스도도 많은 사람의 죄를 담당하시려고 단번에 드리신 바 되셨고 구원에 이르게 하기 위하여 죄와 상관없이 자기를 바라는 자들에게 두 번째 나타나시리라"(9:28). 즉 '그 날'은 그리스도께서 강림하시는 날을 가리킨다.

히브리서 저자는 신자들이 그 날이 가까워지는 것을 '볼(블레페테)' 수 있다고 말했다. 모든 세대마다 주님의 재림을 가리키는 징조들이 있을 것이 분명하다. 그러나 이 말은 그 날이 가까이 다가온다고 해서 징조들이 훨씬 더 분명하게 나타날 것이라는 의미를 함축하고 있지 않다. 앞서 17장에서 그리스도의 재림을 가리키는 일반적인 징조들 외에 확연하게 식별할 수 있는 징조들, 곧 그리스도의 재림이 임박했음을 알리는 징조들(배교와 불법한 사람)이 나타날 것이라고 말한 바 있다(살후 2:3). 영적 분별력을 지닌 신자들에게는 '그 날이 도둑같이 임하지 않을 것이다'(살전 5:4). 그들은 '그 날이 가까움을 볼 수 있을' 것이다(히 10:25).

징조들이 없을 것이라는 주장

어떤 학자들은 주님의 재림이 임박했음을 보여주는 징조들이 없을 것이라고 주장한다. 예를 들어, 샘 스톰스는 이렇게 말했다.

'파루시아'는 주님도 알지 못하는 때에 일어날 것이다. 그 날을 알려줄 징조는 아무것도 없을 것이다. 예수님이 그런 식으로 말씀하신 이유는 세계적인 위기나 전쟁이나 지진과 같은 국가적, 자연적 격변이 새롭게 일어나는 것을 재림의 분명한 징조라고 섣불리 결론짓지 않도록 하게 하시기 위해서인 듯하다.[1]

스톰스는 아래와 같은 말씀을 근거로 그 날을 가리키는 징조들이 없을 것이라고 결론지었다.

"노아의 때와 같이 인자의 임함도 그러하리라 홍수 전에 노아가 방주에 들어가던 날까지 사람들이 먹고 마시고 장가들고 시집가고 있으면서 홍수가 나서 그들을 다 멸하기까지 깨닫지 못하였으니 인자의 임함도 이와 같으리라"(마 24:37-39).

그는 이 말씀을 토대로 다음과 같이 추론했다.

사람들에게 예수님의 재림이 임박했음을 알려줄 전대미문의 세계적

---

1) Sam Storms, *Kingdom Come: The Amillennial Alternative* (Fearn, Rossshire, UK: Mentor, 2013), 277-78.

인 재난이나 대이변은 없을 것이다. 오히려 인류는 늘 하던 대로 일상사에 전념하고 있을 것이다. 그 날은 노아의 날과 같을 것이다. 세상이 아무것도 모르고 있을 때 주님이 홀연히 강림하실 것이다. 사람들은 농사짓고, 교제하고, 결혼하는 등, 늘 하던 대로 살아가고 있을 것이다(눅 17:28-30, 살전 5:3). 예수님은 모두가 무관심한 태도로 정상적으로 살아가며 물질적인 노력을 기울일 때, 곧 모든 사람이 세상의 일과 야망을 추구하는 것에 몰두하고 있을 때 재림하실 것이다(벧후 3:3, 4 참조). 그분은 사람들이 일상의 일을 하고 있을 때 아무 소리도 없이 느닷없이 임하실 것이다(40, 41절). 예수님은 언제 오실까? 그분은 사람들이 재림을 전혀 생각하고 있지 않을 때 오실 것이다.[2]

이 결론의 문제점은 영적 어둠으로 인해 주님의 재림을 망각한 채 살아가는 세상 사람들과 그분의 재림을 고대하며 살아가는 빛의 자녀들을 구별하지 못한 것에 있다. 전자에게는 그 날이 덫과 같이 임할 테지만(눅 21:34), 후자에게는 그 날이 도둑같이 임하지 않을 것이다(살전 5:4). 예수님과 바울 모두 징조들을 보지 못하는 사람들과 그렇지 않은 사람들을 분명하게 구별했다.

"주의 날이 밤에 도둑같이 이를 줄을 너희 자신이 자세히 알기 때문이라 그들이 평안하다, 안전하다 할 그 때에 임신한 여자에게 해산의 고통이 이름과 같이 멸망이 갑자기 그들에게 이르리니 결코 피하지 못하리라 형제들아 너희는 어둠에 있지 아니하매 그 날이 도둑같이 너

---

2) Storms, *Kingdom Come*, 278.

희에게 임하지 못하리니"(살전 5:2-4).

"너희는 스스로 조심하라 그렇지 않으면 방탕함과 술 취함과 생활의
염려로 마음이 둔하여지고 뜻밖에 그 날이 덫과 같이 너희에게 임하
리라 이 날은 온 지구상에 거하는 모든 사람에게 임하리라 이러므로
너희는 장차 올 이 모든 일을 능히 피하고 인자 앞에 서도록 항상 기
도하며 깨어 있으라"(눅 21:34-36).

세상 사람들은 그리스도의 재림을 전혀 생각하지 못하다가 그 날
이 '덫'과 같이 임하는 것을 보게 될 테지만, 깨어 있는 신자들은 그렇
지 않을 것이다. 그들은 '그 날이 가까움을 볼' 것이다(히 10:25).

말세에 교회에 가야 할 이유

그 날이 가까울수록 함께 모이기를 힘써야 하는 이유는 한 권의 책
을 써도 될 만한 내용이 되기에 충분할 것이다. 만일 그런 책을 쓴다
면 거기에는 성만찬에 관한 논의가 포함되어야 할 것이다. 그 이유는
바울이 (예수님이 누가복음 22장 16절에서 하셨던 것처럼) 성만찬을 재림과 연
관시켰기 때문이다. 그는 "너희가 이 떡을 먹으며 이 잔을 마실 때마
다 주의 죽으심을 그가 오실 때까지 전하는 것이니라"(고전 11:26)라고
말했다. 아울러, 히브리서에서는 "모이기를 폐하는 어떤 사람들의 습
관과 같이 하지 말고 오직 권하여"라는 말씀을 통해 서로를 권면하는
것을 함께 모여야 할 이유로 제시했다. 히브리서 3장 12-13절에 따르
면, 그런 상호 권면은 배교를 예방하기 위한 것이었다.

"형제들아 너희는 삼가 혹 너희 중에 누가 믿지 아니하는 악한 마음을 품고 살아 계신 하나님에게서 떨어질까(아포스테나이) 조심할 것이요 오직 오늘이라 일컫는 동안에 매일 피차 권면하여 너희 중에 누구든지 죄의 유혹으로 완고하게 되지 않도록 하라."

'살아 계신 하나님에게서 떨어지지(아포스테나이)' 않도록 피차 권면하라는 것이다. "성령께서 밝히 말씀하시기를 후일에 어떤 사람들이 믿음에서 떠나(아포스테손타이)"(딤전 4:1)라는 말씀에서 알 수 있는 대로, 바울은 배교를 말세의 특별한 징후 가운데 하나로 간주했다. 예수님도 말세에 교회 안에서 그런 위험이 발생할 것을 예고하셨다.

"그 때에 많은 사람이 실족하게 되어 서로 잡아 주고 서로 미워하겠으며 거짓 선지자가 많이 일어나 많은 사람을 미혹하겠으며 불법이 성하므로 많은 사람의 사랑이 식어지리라 그러나 끝까지 견디는 자는 구원을 얻으리라"(마 24:10-13).

하나님이 말세에 모이기를 힘쓰는 것을 중요하게 생각하시는 이유에는 여러 가지가 있을 수 있다. 히브리서가 제시한 그런 이유 가운데 하나는 하나님에게서 멀어지게 만드는 불신앙의 속임수를 방지하기 위한 상호 권면이었다. 바꾸어 말해, 우리는 서로의 사랑이 식지 않도록 돕고, 기쁜 마음으로 주님의 나타나심을 기대하고, 사모하는 열정이 계속해서 활활 타오르도록 서로를 격려해야 한다.

22.
당신 자신과 복음 전도를 위한
말세의 기도

앞서 말한 대로, 말세에는 함께 모여 사랑이 식지 않고, 믿음으로 인내하도록 서로를 권면해야 한다. 말세의 기도는 이런 노력과 매우 밀접한 관계를 맺고 있다. 예를 들어, 베드로는 이렇게 말했다.

> "만물의 마지막이 가까이 왔으니 그러므로 너희는 정신을 차리고 근신하여 기도하라 무엇보다도 뜨겁게 서로 사랑할지니 사랑은 허다한 죄를 덮느니라"(벧전 4:7, 8).

'그러므로'라는 접속사는 재림과 기도의 관계를 보여준다. "만물의 마지막이 가까웠으니 그러므로…기도하라." 이 말씀은 기도가 긴급히 필요한데도 기도에 게으르지 않도록 영혼과 육체의 차원에서 모두 깨어 근신하라는 뜻이다.

그렇다면 베드로가 종말이 가까울수록 기도가 그토록 긴급하게 필요하다고 생각했던 이유는 무엇일까? 그것은 그가 예수님이 하신 말씀을 들었기 때문이다.

"너희는 스스로 조심하라 그렇지 않으면 방탕함과 술 취함과 생활의 염려로 마음이 둔하여지고 뜻밖에 그 날이 덫과 같이 너희에게 임하리라…이러므로 너희는 장차 올 이 모든 일을 능히 피하고 인자 앞에 서도록 항상 기도하며 깨어 있으라"(눅 21:34, 36).

그리스도인들은 말세에 믿음을 방해하는 다양한 요인들을 경험하게 될 것이기 때문에 그것들의 파괴적인 영향력에 대처하려면 특별한 능력이 필요할 수밖에 없다. 끝까지 견디는 사람만이 구원을 얻는다(마 24:13). 바울은 '너는 이것을 알라 말세에 고통하는 때가 이르러'(딤후 3:1)라고 말했다. 하나님은 자기 백성이 말세의 교회 출석과 말세의 기도를 통해 말세의 강력한 위협 요인들을 감내할 수 있기를 바라신다. 예수님과 베드로는 그런 어려움을 이겨내기 위해 깨어 기도에 힘쓰라고 당부했다.

'나라가 임하시오며'

"나라가 임하시오며 뜻이 하늘에서 이루어진 것 같이 땅에서도 이루어지이다"(마 6:10)라는 기도는 주 예수님이 우리에게 가르치신 기도 가운데 하나다. 하나님 나라의 도래에 다양한 의미가 함축되어 있는 것처럼 이 기도에도 여러 가지 의미가 함축되어 있다.[1] 그리스도의 구원적 통치가 점점 더 많은 사람들의 마음속에서 이루어지면서 하나님 나라는 점진적으로 도래한다(롬 5:21, 14:17, 고전 4:20, 골 1:13). 그러나 "나라가 임하시오며"라는 기도는 새 하늘과 새 땅에 그리스도의

---

1) 이 책 3부 머리글에서 하나님 나라의 도래와 관련된 다양한 의미를 논의했으니 참조하라.

왕국이 건설될 때 궁극적으로 성취된다(고전 15:24, 딤후 4:1).

따라서 나라가 임하기를 바라는 기도는 우리의 마음속에서 하나님의 통치가 더욱 온전하게 이루어지고, 그분의 구원 사역이 복음 전도와 세계 선교를 통해 더욱 전진해 나가고, 예수님의 재림을 통해 역사가 정점에 달하기를 바라는 의미를 지닌다. 이런 점에서 말세의 기도에는 '추수하는 주인에게…추수할 일꾼들을 보내 달라는' 기도(마 9:38)가 포함된다. 우리는 예수님이 강림해 역사를 완전하게 종결지으시기를 바라는 마음으로 '우리 주여 오시옵소서(마라나타)'(고전 16:22), '아멘 주 예수여 오시옵소서'(계 22:20)라고 기도해야 한다.

그 날이 빨리 오기를 바란다면 선교 사역을 끝내야 한다

세계 복음화가 점진적으로 이루어져 나가기를 바라는 기도나 주 예수님이 구름을 타고 오시기를 바라는 기도에는 사실상 하나님이 역사를 속히 완성하시기를 바란다는 의미가 담겨 있다. 예수님은 마태복음 24장 14절에서 "이 천국 복음이 모든 민족에게 증언되기 위하여 온 세상에 전파되리니 그제야 끝이 오리라"라고 말씀하셨다. 앞서 17장에서 살펴본 대로, 이 말씀에는 현 세상이 끝날 때까지 지상 명령을 힘써 수행해야 한다는 것과 그 일이 완료되면 그리스도께서 재림하실 것이라는 의미가 내포되어 있다. 이런 점에서 마태복음 24장 14절은 복음이 전파될 때마다 주님이 오실 날이 조금씩 더 가까워지고 있다고 격려함과 동시에 재림의 날이 임하기를 '간절히 사모하며'(벧후 3:12) 세계 복음화에 큰 열정을 쏟아부을 수 있도록 고무한다.

조지 래드는 "예수님이 오실 때까지 어떻게 살아야 할까?"라는 문제와 관련하여 마태복음 24장 14절의 의미를 정확하게 파악했다. 나는 그의 말이 강한 설득력을 지니고 있다고 생각한다.

우리가 선교 사역에 힘써야 하는 이유는 "그제야 끝이 오리라"라는 말씀대로 우리의 사역이 완료될 때 최종적인 승리가 이루어질 것이기 때문이다. 성경의 다른 곳에서는 "그제야 끝이 오리라"라는 말씀이 발견되지 않는다. 그리스도께서는 언제 재림하실까? 그것은 바로 교회가 자신의 사역을 끝마쳤을 때다. 세상은 언제 종말을 고할까? 그것은 바로 세상이 복음화되었을 때다. "주의 임하심과 세상 끝에는 무슨 징조가 있사오리이까"(마 24:3). "이 천국 복음이 모든 민족에게 증언되기 위하여 온 세상에 전파되리니 그제야 끝이 오리라." 언제 끝이 오는가? '그제야,' 곧 교회가 하나님이 맡기신 선교 사역을 완료할 때 끝이 온다.[2]

그러나 어디까지가 세계 선교의 완결인지 모호하지 않은가? 우리는 그리스도께서 "각 족속과 방언과 백성과 나라 가운데에서 사람들을 피로 사서 하나님께 드리신 것"(계 5:9)이 하나님의 뜻이라는 사실을 알고 있다. 이 다양한 민족과 나라들은 대체 누구를 가리킬까? 래드는 이런 모호성이 복음 사역의 긴급성을 조금도 방해하지 않는다고 강조했다.

아마도 어떤 사람은 "선교 사역이 완결된 때를 어떻게 알 수 있는가? 선교 사역이 완결되기까지 얼마나 남았는가?…종말이 얼마나 가까이

---

2) George Eldon Ladd, *The Gospel of the Kingdom: Scriptural Studies in the Kingdom of God* (Grand Rapids, MI: Eerd mans, 1990), loc. 2084-88. 킨들.

이르렀는가? 그것을 알면 날짜를 정할 수 있지 않을까?"라고 물을지도 모른다. 내 대답은 '모른다'이다. 그런 용어들이 무엇을 가리키는지는 오직 하나님만이 아신다. 나는 '각 족속'이 누구를 가리키는지 정확하게 알 수 없다. 오직 하나님만이 '복음 전도'의 의미를 정확히 알고 계신다. 천국 복음이 모든 민족에게 증언되기 위해 온 세상에 전파될 것이라고 말씀하신 주님만이 그 목표가 언제 이루어질 것인지를 아신다. 그러나 나는 그때가 언제인지 알 필요가 없다. 나는 오직 한 가지, 곧 그리스도께서 아직 재림하지 않으셨기 때문에 복음 사역이 끝나지 않았다는 사실만을 알 뿐이다. 그 일이 완결되면 그리스도께서 오실 것이다. 우리의 책임은 우리의 사역과 관련된 용어들을 정의하겠다고 나서는 것이 아니라 그것을 완수하는 것이다. 그리스도께서 재림하지 않으시는 한, 우리의 사역도 아직 완결되지 않은 것이다. 따라서 부지런히 우리의 선교 사역을 완수하도록 노력하자.[3]

주님의 나타나심을 사모한다면, 그분의 선교가 완결을 향해 나가기를 간절히 원하게 될 것이다. 다시 말해, 복음이 모든 민족, 곧 모든 사람(각 족속과 방언과 백성과 나라)에게 전파될 것이라는 약속을 믿고 용기를 내 "모든 민족을 제자로 삼으라"(마 28:19)라는 주님의 명령에 충실하게 순종할 것이고, "그리스도께서 재림하지 않으시는 한, 우리의 사역도 아직 완결되지 않은 것이다. 따라서 부지런히 우리의 선교 사역을 완수하도록 노력하자."라는 래드의 명확하면서도 긴급한 권고에 기꺼이 응할 것이다.

---

3) Ladd, *Gospel of the Kingdom*, loc. 2034-49. 킨들.

오, 주 예수여,
오시옵소서, 오시옵소서

그리스도께 드리는 찬송

십자가에 못 박혀 죽었다가 부활하신 위대한 그리스도,

하늘에 오르시어 통치하시는 만주의 주,

한때 희생 제물로 바쳐진 사랑스럽고, 지고하신 어린 양,

그 앞에 수많은 천사가 엎드리누나!

구세주여, 세상을 가장 좋은 것으로 여기는

저희의 눈을 불쌍히 여기소서.

주님의 날이 가까이 이르렀으니

사랑을 일깨우시고, 깨어 일어나

"오, 주 예수여, 오시옵소서, 오시옵소서."라고

외치게 하옵소서.

지극히 뛰어난,

세상에서 가장 위대한 광경,

주님의 영광은 그 아름다움과 위대함과 가치를

우리가 보고, 느낄 수 있게 하소서.

장차 마지막 환호성이 있기 전에

찬란하게 빛나는 천군천사가 주님과 함께 능력으로
강림하는 것을 보게 될 테니 마음속으로부터
"오, 주 예수여, 오시옵소서, 오시옵소서."라고
부르짖게 하소서.

주님의 종들이 불꽃이 이는 그 큰 날에
두려움으로 떨지 않게 하소서.
주님의 이름을 공경하지 않았던 사람들은
자신들이 갈망하던 것을 얻게 될 테지만,
주님의 면전에서 쫓겨난 장소가
그렇게 두려운 곳일 줄은 꿈에도 생각하지 못할 것입니다.
오, 그리스도여, 심판으로부터 저희를 자유롭게 해
아무 두려움 없이 항상
"오, 주 예수님, 오시옵소서, 오시옵소서."라고
외치게 하소서.

비록 저희가 결함이 있고, 정직하지 못해도
주님이 "잘하였도다, 사랑하는 자녀여."라고 말씀하시는 소리를
듣게 될 날이 속히 임하기를 원합니다.
그 날은 혹독하고, 나무나 짚은 모두 불에 타 없어질 테지만,
저희는 주님의 미소, 곧 모든 것을 변화시키는 얼굴을 보고,
영원한 은혜를 맛보게 될 것입니다.
저희가 그 앞에 엎드리는 순간,
다시는 죄를 짓거나 넘어지는 일이 없을 것입니다.

"오, 주 예수님, 오시옵소서, 오시옵소서."

오, 하나님, 주님의 나팔 소리를 어서 울리소서.
오 그리스도여, 주님의 마지막 호령을 발하소서.
천사장이여, 달과 태양을 향해서는 얼굴을 가리고,
땅과 바다를 향해서는 그리스도의 신부를 내놓으라고 말하시오.
눈 깜박할 사이에 승리한 교회가
영원히 죽지 않을 육체를 입고 살아날 것이오니
"오, 주 예수님, 오시옵소서, 오시옵소서."

오, 그리스도여, 그 날에 주님의 위엄을 새롭게 드러내고,
주인의 권위를 잠시 내려놓고서 우리의 종이 되신다니
 저희로서는 이루 다 헤아리기 어렵지만, 감히 바라오니
 주님이 죽음으로 사신 교회가 영광스러운 자리를 감사하게 받아들
이고,
 주님의 잔치 자리에서 가장 사랑받는 존재가 될 수 있게 하소서.
"오, 주 예수님, 오시옵소서, 오시옵소서."

오, 그리스도여, 지금은 거울을 보는 것처럼
 희미하지만, 얼굴을 마주하고 보는 것이
 저희의 소원입니다. 슬프게도
 저희의 사랑은 연약하지만, 하나님의 빛을 받아 찬란하게 빛날 것
이라는
 소망을 지니고 있나이다.

그 큰 날이 이르면 저희는 온전히 만족하고서 더는
"오, 주 예수님, 오시옵소서, 오시옵소서."라고
외치지 않을 것입니다.